创新与发展

——应用型人才培养研究与实践

北京吉利学院 编著

INNOVATION AND DEVELOPMENT

Research and Practice of Applied talents training

中国经济出版社
CHINA ECONOMIC PUBLISHING HOUSE
·北 京·

图书在版编目（CIP）数据

创新与发展：应用型人才培养研究与实践/北京吉利学院编著．
北京：中国经济出版社，2017.5（2025.7 重印）
ISBN 978－7－5136－4592－8

Ⅰ.①创… Ⅱ.①北… Ⅲ.①高等学校—人才培养—研究—中国
Ⅳ.①G649.2

中国版本图书馆 CIP 数据核字（2017）第 013825 号

责任编辑　丁　楠
责任印制　马小宾
封面设计　久品轩

出版发行　中国经济出版社
印 刷 者　三河市同力彩印有限公司
经 销 者　各地新华书店
开　　本　710mm×1000mm　1/16
印　　张　19
字　　数　321 千字
版　　次　2017 年 5 月第 1 版
印　　次　2025 年 7 月第 2 次
定　　价　78.00 元
广告经营许可证　京西工商广字第 8179 号

中国经济出版社 **网址** http://epc.sinopec.com/epc/ **社址** 北京市东城区安定门外大街 58 号 **邮编** 100011
本版图书如存在印装质量问题，请与本社销售中心联系调换（联系电话：010－57512564）

序言
PREFACE

当前，我国已经建成了世界上最大规模的高等教育体系，为现代化建设做出了巨大贡献。但随着经济发展进入新常态，人才供给与需求关系发生了深刻变化，面对经济结构深刻调整、产业升级步伐加快、社会文化建设不断推进，特别是创新驱动发展战略的实施，迫切要求高校转型发展，建立适应生产服务一线紧缺的应用型、复合型、创新型人才培养机制，调整人才培养结构，提高人才培养质量，以适应经济结构调整和产业升级的要求。

北京吉利学院（原北京吉利大学）是国家教育部批准的普通本科高校，由吉利集团于2000年创办。学校遵照党和国家的教育方针，在教育部、北京市委市政府、北京市教委等各级教育主管部门的大力支持和悉心指导下，按照李书福董事长提出的“走进校园是为了更好地走向社会”的校训，积极探索人才培养新途径。学校主动适应我国经济发展新常态，主动融入产业转型升级和创新驱动发展，坚持社会需求导向，服务地方经济社会发展，加强产教融合、校企合作，在人才培养模式、专业课程体系、课程开发、实践实训、创业教育等方面取得了一定成绩，增强了学生的就业创业能力，为社会培养了一批适应区域经济发展要求的高素质应用型人才。

第一，创新应用型人才培养模式。建立以提高实践能力为引领的人才培养流程，依托吉利集团办学优势，建立产教融合、协同育人的人才培养模式，实现专业教学与产业的紧密结合。

第二，构建理实一体化的创业教育体系。贯彻落实《关于深化高等学校创新创业教育改革的实施意见》，将创新创业教育融入人才培养全过程，将专业教育和创业教育有机结合，创新教育理念，优化教育内容，建立双能型师资队伍，提供资金保障和实践项目支持，构建包含教育内容、师资、资金保障在内的理实一体化的创业教育体系。

第三，深化人才培养方案和专业课程体系改革。在对行业企业进行深入调研并借鉴其他优秀高校宝贵经验的基础上，确定人才培养目标、培养规格、培养要求，优化课程设置，形成集通识教育课、专业基础与核心课、实验实践课一体，必修课与选修课共存，理论课时与实践课时合理配比，第一课堂与第二课堂相结合的应用型人才培养体系。

第四，推行素质教育。为全面提高学生综合素质，增强学生就业竞争力，结合学校办学定位和学生特点，融合全校资源，形成成长计划、小荷成长训练、心智训练在内的一系列素质教育课程，并开展教师团队建设和配套教学场地设施建设。经过多年实践，形成产学研一体的素质教育组织和实施运作模式，其研究成果获得北京市高等教育教学成果二等奖。

第五，开展课程开发与改革。以行动导向、沙盘教学、项目教学、情境化教学、案例教学等为指导，结合课程在专业课程体系中的定位，基于工作岗位开展课程教学内容与教学方法改革。同时，按照社会经济发展和产业技术进步要求，开展课程的研发设计，形成系列特色课程。

第六，加强实验、实训、实习等实践教学。结合专业特色，形成校内和校外一体的实践教学体系。将现代信息技术全面融入教学改革，充分利用网络资源补充课堂教学，打造校内实训课程；开展校内外学科技能竞赛，课赛结合，提升学生实践能力；利用各种资源建设校内外实验实训实习基地和创客中心，构建实践教学环境；校企合作，充分利用校外实验实训实习基地，开展顶岗实习等。

第七，开展教学反思与总结，形成科研教改成果。在人才培养过程中，学校营造研究氛围，通过校内课题、校本专项课题等各种形式，给予教师资金支持，鼓励教师在专业理论学习与研究、教学理论探索、教学方法研究与实践、教材建设、课堂实践教学等各方面进行研究，并形成相应的研究成果。

为更好地梳理、总结学校近年来在以上各方面的工作，在北京市教委民办教育发展促进项目资金支持下，现将相应研究成果汇集成册，希望以此为基础，进一步研究和探索，不断提升我校应用型人才培养的理论和实践水平，为我国应用型本科高校的改革和发展做出应有的贡献，也期望得到更多高校同行的批评、建议，共同进步。

北京吉利学院

2016 年 11 月

目 录

CONTENTS

第一章　人才培养模式研究

第二章　专业课程体系建设

第三章　素质教育

第四章　课程开发

第五章　实践实训

第六章　教学思考与实践

第七章　科研

创新与发展

第一章

人才培养模式研究

北京吉利学院本科通识教育方案

北京吉利学院

内容摘要：为培养学生高尚的道德品质、健全的人格、勇于担当的精神，使学生能够正确认识自我，与社会、自然和谐相处，并能够跟随社会经济的发展变化而不断学习、成长和发展，设立包含课程教学、成长计划、课外阅读计划三种形式的通识教育课程体系，形成教学计划，确保实施。

关键词：通识教育　成长计划　课外阅读计划

一、通识教育的目标

通过通识教育，培养学生高尚的道德品质、健全的人格、勇于担当的精神，使学生能够正确认识自我，与社会、自然和谐相处，并能够跟随社会经济的发展变化而不断学习、成长和发展。

二、通识教育的形式与内容

我校通识教育包括课程教学、成长计划、课外阅读计划三种形式，共 60 学分（必修 34 学分，选修 26 学分）。

（一）通识教育课程

包括三个部分，即自我认知课程、社会认知课程、自然认知课程。总计 54 学分。

（1）自我认知课程：本部分课程学习的目的，是使学生能够正确认识自我，养成自觉、自控的能力，不断完善自己的人格，能跟随社会经济的发展变化自我学习、自我发展。14 学分。

（2）社会认知课程：本部分课程旨在使学生能够了解、把握社会发展的规律，并具备相应的文化素养和观察、分析、处理各种社会问题的能力。36 学分。

（3）自然认知课程：本部分课程旨在培养学生尊重自然、热爱自然、保护环境的意识，了解人类活动与自然的互动发展规律，并能在未来的生活与职业发展中为人类与自然的和谐发展做出贡献。4 学分。

（二）成长计划

包括明德计划、学长计划、企业游学计划、海外游学计划、科研训练计划。必修 3 学分。海外游学计划、科研训练计划为选修，各 1 学分。成长计划的目的是通过系统而丰富的课外实践，培养学生良好的道德品质、综合素质和自主学习、自我发展能力。

（1）明德计划：明德，语出《大学》，即“大学之道，在明明德，在亲民，在止于至善”，意即“光明正大的品德”。通过明德计划，培养学生良好的道德品质。明德计划 1 学分，必修。学生入学时，经审查符合入学资格，即获得初始积分 60 分。如学生在校期间发生违纪或不道德的行为，即被扣除相应的分数；如学生在校期间参加公益活动或获得各种奖励，即获得相应的加分。如果学生明德计划分数低于 60 分，不能毕业；明德计划分数高于 80 分，才能被评为优秀毕业生。

（2）学长计划：学生在校期间要至少拜访一名以上已毕业工作 3 年以上的学长，按照采访提纲完成访谈。通过学长计划，使学生加深对专业学习的了解，并对自己的职业规划和学习计划有所帮助。学长计划 1 学分，必修。

（3）企业游学计划：学生在校期间要至少到 3 家以上企业进行参观、调研，并按照要求完成报告。企业游学计划 1 学分，必修。

（4）海外游学计划：学生在校期间到中国大陆之外的组织、机构参观考察。海外游学计划为选修，1 学分。

（5）科研训练计划：学生在校期间独立完成或参加科研项目，经指导教师考核合格，获得 1 学分。此项目为选修。科研训练计划旨在培养学生的科学研究和创新能力。

（三）课外阅读计划

课外阅读计划由学生根据学校的阅读书目自由安排时间选读，并撰写读书报告，进行阅读交流。阅读交流要求以演讲的形式进行，时间 15 分钟，要制作 PPT。读书报告和交流合格，获得 3 学分。书目由学校学术委员会审定并颁布，学生按此书目选择阅读。此计划在第一到第三学期完成。

（1）文化经典阅读：文化经典是历经漫长的历史进程而流传下来代表

某一时期思想、理念精髓及相关文化的作品，蕴含了深刻的社会内容、璀璨的思想光芒、完美的表现形式和精湛的艺术手法。学生在文化经典的阅读中，提升自身的文化修养和人文底蕴，是大学全人教育的重要形式和内容。

（2）名人传记阅读：历史是由人创造的，名人是一个时代的一面镜子，从他们的身上可以大致了解到那个时代的历史。通过名人传记的阅读，学习他们做人、做事的智慧。

（3）学科经典阅读：学生根据本学科的要求选择自己所学学科专业领域有代表性的学术专著进行阅读，了解本学科重要的思想流派及其基本的理论、方法，并能比较和鉴别，结合当今的社会、经济、技术问题进行运用。

三、教学计划

具体的课程与教学计划，见表1、表2、表3、表4、表5。

表1 自我认知课程清单

类别	课程名称	学分	必/选修	备注
自我认知（14学分）	心智成长（一）、（二）、（三）、（四）	4	必修	
	素质拓展（一）、（二）	2	必修	
	体育与健康（一）、（二）、（三）、（四）	4	必修	
	从校园到社会（人生规划）	2	必修	
	潜能开发	2	选修	
	领导力	2	选修	
	形象（一）、（二）、（三）、（四）	2	选修	

表2 社会认知课程清单

类别	课程名称	学分	必/选修	备注
社会认知（36学分）	思想道德修养与法律基础	3		
	毛泽东思想和中国特色社会主义理论体系概论	6	必修	理论2，实践1
	马克思主义基本原理	3	必修	理论4，实践2
	中国近现代史纲要	2	必修	理论2，实践1
	国防理论与军事训练	1		
	生存避险	1		

续表

类别	课程名称	学分	必/选修	备注
社会认知（36学分）	社会学	2	任选2学分	
	生活中的经济学	2		
	生活中的管理学	2		
	创业管理	2		
	逻辑学	2		
	应用数学	2		
	艺术概论	2	任选2学分	
	艺术实践（素描、声乐、乐器、舞蹈等）	2		
	中国传统文化经典：知与行	2	任选2学分	
	中国文化与中国哲学	2		
	世界历史	2	任选2学分	
	西方哲学	2		
	国际政治与经济	2		
	当代中国与世界的政经关系	2		
	非政府组织与社会发展	2		
	婚姻与家庭	2	任选2学分	
	家庭教育	2		
	科学育儿	2		
	食品安全	2		
	生活与健康	2		
	大学语文	2	任选2学分	
	跨文化沟通	2		
	人际沟通	2		
	口头与书面表达	2		
	演讲与口才	2		
	计算机应用基础	4	任选4学分	
	电脑平面设计	4		
	最新信息技术与应用	4		
	英语	4	任选4学分	
	韩语	4		
	俄语	4		
	日语	4		
	法语	4		
	德语	4		

表 3　自然认知课程清单

类别	课程名称	学分	必/选修	备注
自然认知（4 学分）	生态环境与人类发展	2	任选 4 学分	
	探索：世界自然奇观	2		
	灾害的形成与预防	2		

表 4　成长计划

类别	课程名称	学分	必/选修	备注
成长计划（3 学分）	明德计划	1	必修	
	学长计划	1	必修	
	企业游学计划	1	必修	
	海外游学计划	1	选修	
	科研训练计划	1	选修	

表 5　课外阅读计划

类别	课程名称	学分	必/选修	备注
课外阅读计划（3 学分）	课外阅读计划（一）	1	必修	第一学期
	课外阅读计划（二）	1	必修	第二学期
	课外阅读计划（三）	1	必修	第三学期

四、说明

（1）本科生专业教学计划修读总学分 160 学分，其中通识教育 60 学分（必修 34 学分，选修 26 学分）；专业课程 95 学分（必修 70 学分，选修 25 学分），跨学院选修课 5 学分。

（2）在通识课程中，与学生修读专业课程中相近的课程，学生可以不修，由各专业教学计划确定。

（3）根据本方案另行制定北京吉利学院通识教育课程标准、北京吉利学院通识教育成长计划大纲、北京吉利学院通识教育课外阅读计划大纲。

理实一体化的创业教育体系构建

赵开华①

内容摘要：理实一体化的创业教育体系，包括教育内容、师资、资金保障三大方面。其中，创业教育内容又包括创业教育理念、创业教育课程、第二课堂与校内外实践项目等；师资队伍要体现双能的要求，要校内、校外师资相结合；资金保障方面，学校要积极拓宽资金筹集渠道，激发学生的创业潜力，争取政府和社会的支持，吸引校友投资。

关键词：理实一体化　创业　教育　高校

在市场经济条件下，企业是创造、积累物质财富最重要的组织形式。想了解一个国家或地区的经济实力和活力，关键要看其企业的管理、技术、服务和创新能力的综合水平。这在国内外的发展经验中都得到了印证。当前，国与国之间、地区之间的竞争，实际上是企业综合经营实力的竞争。

推动企业经营水平不断提升的各种力量中，教育，作为政府提供的制度和政策的重要组成部分，起着重要的作用。而高校则是创业教育中最主要、最重要的机构。尽管高校一般不直接创办、管理企业，但其创业教育的成效往往会对一个地区或者国家的创业产生重大的影响，最典型的莫过于美国的斯坦福大学。

2015 年 5 月 4 日，国务院办公厅印发《关于深化高等学校创新创业教育改革的实施意见》（以下简称《意见》），把深化高等学校创新创业教育改革作为国家实施创新驱动的发展战略。同时指出，高校创新创业教育存在以下问题：一些地方和高校重视不够，创新创业教育理念滞后，与专业教育结合不紧，与实践脱节；教师开展创新创业教育的意识和能力欠缺，教学方式方法单一，针对性实效性不强；实践平台短缺，指导帮扶不到位，创新创业教育体系亟待健全。

---

① 赵开华（1972—），男，硕士，教授，研究方向：创业管理、市场营销。

根据这一文件精神，为进一步做好创业教育工作，我们在总结过去创业教育的基础上，借鉴国内外创业教育的优秀成果，提出构建理实一体化的创业教育体系，并不断在实践中改革和完善。这一体系的构成如下图所示：

<table>
<tr><td>创业社团</td><td>学生创业项目</td><td>教师创业项目</td><td rowspan="3">校内授课教师、创业导师</td><td rowspan="3">外聘企业兼职授课教师、创业导师</td><td rowspan="3">政府资金</td><td rowspan="3">教师项目投资</td><td rowspan="3">学校创业基金</td><td rowspan="3">校友企业投资</td></tr>
<tr><td>创业研究</td><td>创业课程</td><td>创业论坛</td></tr>
<tr><td colspan="3">创业教育理念</td></tr>
<tr><td colspan="3">内容</td><td colspan="2">师资</td><td colspan="4">资金</td></tr>
</table>

一、创业教育理念

要做好创业教育，学校及教师的理念很重要。创业教育的理念要解决的问题是我们要怎样去培养，要培养什么样的创业人才。这涉及两个问题，一是培养什么样的人，二是怎样培养，这是构建高校创业教育体系的基石。

高校，要引领社会的发展，促进社会的文明。因此，我们培养创业人才，不能仅着眼于个人或企业物质财富的创造和积累，更要看物质财富创造和积累的过程和结果是否符合社会发展和进步的要求。如果这个问题没给学生讲明白就去给学生讲创业的知识和方法，不仅会害了学生，还有可能对社会造成巨大的伤害。因为不符合社会进步、损害社会大众利益的创业和企业经营，也许在短期内会获得一些经济利益，但最后都会因违背社会道德而被摧毁。在高校的创业教育中，必须毫不含糊、旗帜鲜明地让学生树立这样的理念：创业目标的确定和项目的选择，必须既要考虑个人的兴趣和利益，也要符合社会发展和进步的要求，不能损害社会和他人的利益，不能搞坑蒙拐骗，不能制造假冒伪劣产品，不能破坏环境，不能制造、销售对人和环境有害的产品或服务。这也是当前我国供给侧改革和经济转型升级的要求。

同时，创业是实践性和艺术性很强的过程，也是优胜劣汰的激烈竞争过程。因此，创业教育必须要在实践中去培养创业人才，只有理论，没有实践，是不可能培养出创业人才的。不仅要让学生实践，老师也必须实践，就像我们无法想象一个不会游泳的教练教学生游泳一样。一个对企业经营的实践一窍不通的教师，不敢于实践的教师，是难以引领学生走向创业之路的。在创业教育做得比较好的美国，很多高校的教师都通过自己创业，或参与投资以及支持学生创业开展创业研究和实践。反观国内，绝大多数创业教师不仅鲜有企业经营管理经验，更没有创业或投资经验。

创业成功的结果是美好的，但创业的过程是艰辛而残酷的，没有亲身实践很难体会到。无论是老师的教，还是学生的学，创业教育离开了实践都是纸上谈兵。

二、创业教育课程

创业课程的开设涉及两个问题，即讲什么、谁来讲，也就是内容和师资。

根据前面所说的，创业教育要体现实践性的要求，课程内容也要体现创业实践的特点。因此，根据创业的各个环节以及对相关知识、技能和素质的要求，我们开发了创业系列课程，如创业管理、电子商务、新媒体营销、领导力等。同时，根据创业实践制定了相应的课程内容，如创业管理课程讲述为什么创业、创业自我评估、商机的发现和选择、市场分析、制定创业计划、团队组建、注册企业、募集资金、创业企业运营等内容，并在课程中贯穿相应的实践活动。同时还要根据社会发展和学校创业教育的不断提升开发新的课程。比如我校最初在2006年时，只开设创业管理课程，后陆续开设了领导力等课程，现在正在开发和完善新媒体营销课程。

同时，在教师的选拔和培养方面，也要体现实践性的要求。在这方面，我们借鉴义乌工商职业技术学院的经验，鼓励、支持教师开展创业相关实践。尽管北京吉利学院是由吉利集团创始人李书福先生创办的高校，他本人是很多校内外学生创业的偶像，这对学生创业起到了一定的激励作用，但教师的言传身教对学校的创业教育的深入、全面开展才是根本。在这方面，我们已经形成了一支企业经营与创业实践丰富的师资队伍，比如承担领导力课程教学的林一鸣教授在跨国企业做过多年的高层管理，参与投资的北京市春立正达医疗器械股份有限公司已经在香港上市，还参与投资创办北京延丰谷生态农场；承担创业管理课程，并作为学校创业教育开创者的赵开华教授，创办贵州田美花园生态农庄，开发的植物精油、纯露系列产品已于2016年9月上市销售；任广新、陈葆华两位教授自己出资建设迷Ta商城，作为学生的实践平台和商学院的校企合作实践平台，目前已经上线，得到了换面鞋首创者皮皮诺公司的支持，并作为首家产品供应商。

在做好相关课程教学的同时，学校还举办创业论坛或者在相关课程中邀请创业者与学生进行创业交流，如2015年的校友年会在学校举办，主题是“生态、凝聚、机会”，观众网CEO张拓、忆江山园林设计股份有限公司的总经理张盛、银创财富（中国）管理集团董事长周全等创业优秀校友与吉利集团董事长李书福先生就新经济形势下的企业应对、创业机会等与广大学生进行了对话和交流。

三、校内实践平台

校内实践平台包括三个方面。一是鼓励、支持、指导学生成立创业社团，自我管理，进行创业交流和学习，目前学校的学生创业类社团有创业俱乐部、创业协会；二是鼓励、支持、指导学生独立开展创业实践项目，并在场地上给予支持，如利马儿、吖到、蓝色星空（Bluesky）等；三是学校和老师发起创业实践项目，带领、指导学生进行创业实践，如众人行拓展培训、迷Ta商城。有的师生创业项目逐步孵化走向校外。

四、校外实践平台

校外实践平台通过学校与合作企业共同搭建，实现资源共享。如商学院师生建设的迷Ta商城与皮皮诺换面鞋达成合作，学校师生利用迷Ta商城为企业开展销售业务，皮皮诺公司为师生进行产品创新、企业管理、营销等培训、指导。这些企业中还有吉利师生创办的校友企业，如2006级学生张盛创办的北京忆江山园林科技股份有限公司，学校师生可以参与相关项目的设计和实践；赵开华教授创办的贵州田美花园生态农庄提供有关产品供学生开展创业实践，农庄还是师生创业体验基地；艺术设计专业教师的工作室承接社会项目，教师带领学生根据客户需求进行个性化的定制设计等等。

五、师资

学校创业教育的师资由校内教师和来自企业的高级管理人员组成。校内教师要求具备双能：能从事教学、科研，还要具备企业经营管理实践经验和能力，不仅能讲课和从事研究，还要能带领、指导学生开展创业实践。目前学校从事创业教育的师资都具有行业企业工作经验，有的还参与投资、创办相关企业。除了聘请各行各业的企业高级管理人员担任学校的创业导师外，学校还充分发挥校友会的作用，聘请创业优秀校友担任创业导师，参与师生创业项目的投资、咨询、指导。这种校外专家参与教学的方式还扩展到其他课程，取得了良好的效果，学校正在大力逐步推行。

六、资金保障

对于创业教育和学生创业，既不能有太多的钱，也不能没有钱。创业本身就是一个创造、积累财富的激烈竞争过程，如果资金太容易获得，反而不利于学生创业。笔者2008年接触的一位学生创业者，家里有比较大的家族企业，不缺钱，父母给了他20万元进行创业实践，他在校园里开了一家蛋糕房，由于不懂经营和管理，创业资金也来得太容易，没有压力，很快就败光了。相反，2009年时，另一位学生创业者向父母借了600元开始创业，从动物园批发市场批发袜子卖给同学，由于精打细算、充分了解和分析市场，不怕吃苦，到第二个月就能每个月赚近万元。2015年，一位家庭贫寒的学生也对创业充满激情，他根据自己缺乏资金的实际情况，先兼职给餐厅送外卖，靠自己勤劳的双手，每个月能赚到3000多元，餐厅管饭还省了饭钱，他计划大学毕业前存够5万元作为自己的创业启动资金。

因此，对于学校开展创业教育的资金保障，老师和学生都要树立这样的理念：不是因为有了钱才去创业，恰恰是没钱才要去创业。有的创业者创业失败，不是因为没钱，而是钱来得太容易，不懂得充分利用资源和艰苦创业，把钱很快花光导致资金链断裂。创业初期，没有资产抵押、没有信誉，创业又充满风险，融资是很困难的，要根据自己的实际情况一步一步来。

目前学校开展创业教育的资金来源主要有以下几个方面：

（一）学校提供相关场地，并成立创业基金

创业场地的提供要根据项目特点和学生创业的实际，从一开始就要培养学生艰苦创业的精神。目前学校把一些房屋腾出来免费给学生创业社团或创业实践团队使用，对已经成形并开始盈利的项目，尽量按照市场化的要求对学生进行创业管理。现在有很多机构建漂亮的园区、装饰得富丽堂皇，很适合参观，却不一定有利于学生创业，培养学生的艰苦创业精神。在创业教育做得很好的浙江义乌工商学院，学校提供的创业场地非常简陋，除了电线、网线，其余都要靠学生自己解决，他们自嘲是全国最简陋的创业园，但学生干得如火如荼。在资金方面，学校2012年成立了学生创业基金，经申报、评审通过的学生项目可以获得50万元以内的资金支持，学校以免息借款、投资入股等形式扶持学生创业，不搞免费模式。其中2012年投资的观众网目前估

值已经超过3亿元。

（二）师生自筹资金投资

现在风投领域有一种不好的风气，就是拿着一个项目计划书就去忽悠人，找人投资，自己一分钱不愿意投。由于自己不担风险，压力小、责任心不强，项目往往以失败告终。因此，在创业教育中，我们强调创业者自己先投入一定的资金开展项目的重要性，这是向投资人证明你的诚意和决心的最好方法。如果学生没有基本的启动资金，就建议、指导学生先利用别人的资源和平台，用自己的能力和汗水先赚取、积累一定的资金，或者先从一些力所能及的小项目开始，既锻炼自己的经营管理能力，又能筹集创业启动资金，而不是一开始就指望有人能投资。如商学院老师和校友创办的众人行拓展培训、迷Ta商城，学生创办的吖到、利马儿、蓝色星空项目，都是教师、学生自筹资金、利用自己的专业技能开始做起来的。

（三）校友企业投资

学校2016年腾出一栋楼建设创业园，重点吸引校友企业入驻投资。目前已有燕园教育、众人行拓展培训等企业入驻。未来将在校友会的基础上成立校友投资基金会，与学校学生创业基金一起共同支持学生创业。

（四）政府资金

当前，各级政府都出台了支持学生创业的政策，也配套了资金支持，但作为民办高校，申报和获得资金支持较困难。目前的财政资金大多只能用于购买设备或免费发给学生，对学生创业教育和实践来讲，这种支持方式是不科学的。2015年我校获得北京市一个20万元的项目支持机会，在申报中我们希望把资金用于学生创业启动资金，学生项目经申报和评审通过后给予支持，创业成功的项目要还回支持资金并给予适当的返利，力争使资金能够不断滚动发展壮大，支持更多的学生创业，但这不符合资金使用要求，只能用于学校购买设备、房屋装修，或者免费发给学生，最后只批了17500元，项目根本无法实施。

因此，在政府的资金支持方面，希望政府能转变观念，真正按照创业的规律和要求进行支持，既使资金发挥最大的效用，又能培养学生正确的创业观和创业能力。

创业实践是一个复杂的过程，学生走向创业之路是政府政策、经济、文化、教育、个人兴趣、投资环境等多种因素作用的结果。因此，创业教育也是一个体系，要根据各自学校的特点进行设计、实施和不断完善。在创业教育的道路上，我们还有许多问题要继续探索，要根据社会环境和经济的发展变化不断进行改革，这本身也是一种创业。

应用型本科院校人力资源管理专业人才培养模式研究

陈葆华[①]

内容摘要： 为实现人力资源管理专业应用型人才的培养，通过对企业的人力资源岗位群的用人需求进行深入的访谈和问卷调研，以及对目前本科院校的人力资源管理专业人才培养现状进行调研分析，构建人力资源管理专业的人才培养模式，并通过人才培养定位、优化课程设置和教学内容、携手企业共同落实实践教学体系，探索出有效促进与市场需求契合的应用型人力资源管理专业人才培养模式。

关键词： 应用型　人力资源管理　人才培养模式

一、引言

随着我国企业国际化的深入和竞争的日趋激烈，迎来了人力资本价值增值时代，人力资源的开发和管理越来越受到重视，一个现代企业，最重要的不是资金是否充足，而是是否有一群有知识、有能力，并与企业同甘共苦的员工，而这些需要人力资源管理专业人才去开发、管理和培训。该职业的人才已成为社会中的紧缺人才，经过专业学习的 HR 人才，已成为企业争夺的对象。在“亚洲最紧缺的 30 种人才”调查中，人力资源专业位居其中。虽然全国有几百所高职和本科院校都有人力资源管理专业，但是毕业生很难满足企业对人力资源管理人才的需求，导致专业人力资源管理人才缺口急剧放大，成为了制约企业进一步发展的瓶颈。如何培养适合企业需求的应用型人力资源管理人才是当前应用型本科高校应重点解决的问题。这就需要通过大量调研，梳理企业需要什么样的人力资源管理人才，根据企业的用人要求来指导应用型本科高校的人力资源管理专业的人才培养。

---

① 陈葆华：（1980—），女，硕士，在职博士研究生，教授，研究方向：人力资源管理、企业管理。

（一）应用型人才的界定

应用型人才主要是在一定的理论规范指导下，从事非学术研究性工作，其任务是将抽象的理论符号转换成具体操作构思或产品构型，将知识应用于实践。换言之，应用型人才就是与精于理论研究的学术型人才和擅长实际操作的技能型人才相对应的，既有足够的理论基础和专业素养，又能够理论联系实际，将知识应用于实际的人才。学术型本科高校是以学科体系为本位，面向学科设置专业，重视学科知识的系统性和理论性，以学科系统性来构建课程和教学内容体系，培养的是学术研究型人才。而应用型本科院校是以行业需求为本位，面向行业设置专业，重视知识的复合性、现时性和应用性，以知识应用、解决问题来构建课程和教学内容体系，培养的是理论应用型人才。应用型人才的主要任务是将科学原理直接应用于社会实践领域，从而为社会创造直接的经济利益和物质财富。随着“互联网＋”时代的到来，出现了大量技术知识密集型企业，企业与企业之间的竞争越来越激烈，对应用型人才的需求急剧扩大。

（二）应用型人力资源管理人才培养

应用型本科人才是应用型人才的主体构成，我国大规模开展应用型本科人才培养仅仅十多年时间，至今人们对应用型本科人才培养的基本规律存在概念不清、认识模糊的问题，培养措施和方法更是难觅真谛。再加上我国在人力资源管理方面的教育和研究起步较晚，许多高校人力资源管理专业办学时间不长，办学水平不高，如较普遍存在专业定位不准、培养目标和规格不明确、课程体系和课程内容结构不合理、缺乏体系较为完善的系列教材和较为成熟的人才培养模式等问题，从而导致了这一专业的人才培养滞后，培养的人才远远不能适应和满足社会经济发展的需要。于是探索适合我国企业需要的人力资源管理人才培养模式成为应用型本科院校人力资源管理专业建设与发展的主要任务。

二、企业对人力资源人才的需求分析

（一）企业对人力资源人才需求的任职资格分析

为了满足企业对应用型人力资源管理人才的需求，使应用型本科院校针对性地对人力资源管理人才进行培养，笔者专门对 30 家企业的人力资源岗位群的用人需求进行问卷调研，同时对 30 家企业的人力资源主管、经理、总监进行深入访谈，获取了企业需求的第一手资料。同时为了确保样本的数量，笔者从智联招聘网收集了500家企业对人力资源管理人才的招聘信息。通过对一手资料和二手资料的分析，比较全面和准确地梳理了企业对人力资源管理专业的人才需求的层次、标准、规格等要求（见表1）。

表1　人力资源管理岗位群任职条件分析表

岗位群	职业能力要求	职业素质要求	工作经验、学历及其他要求
人力资源专员/助理/主管/经理	1. 协助经理从事人力资源各个模块的工作 2. 制定公司人力资源规划 3. 制定公司用工制度、日常人事管理制度、薪资制度、人事档案管理制度、绩效管理制度、培训体系等规章制度；组织公司薪酬福利管理工作，监督公司年度薪酬福利计划及薪酬福利调整方案的编制	1. 具有良好的书面、口头表达能力、极强的亲和力与服务意识，沟通领悟能力强 2. 具有较强的应变能力、责任感及敬业精神，能承受较大的工作压力	1. 本科及以上学历，人力资源管理类专业优先 2. 专员、助理一年以上工作经验；主管具有三年人力资源各个模块的工作经验 3. 经理具有五年以上企业人力资源管理工作经验 4. 具有行业经验者优先 5. 熟练运用各种办公软件
培训专员/助理/主管/经理	1. 培训需求分析、评估 2. 培训项目方案设计 3. 培训组织实施 4. 培训计划与总结、培训现状分析与改进方案 5. 培训报表统计分析 6. 培训项目策划 7. 培训费用的预算及控制	1. 严谨的逻辑思维能力，较强的责任感及影响力 2. 职业化素养好，沟通良好，工作敬业	1. 本科及以上学历，人力资源管理相关专业 2. 专员、助理一年以上工作经验 3. 主管、经理三年以上培训实施工作经验 4. 有行业经验者优先 5. 善用各种办公软件
招聘专员/助理/主管/经理	1. 简历筛选与有效判定能力 2. 简单面试实施 3. 人员需求分析，编制年度人员招聘计划 4. 面试组织实施 5. 招聘渠道维护、开发、评估 6. 招聘广告的撰写，招聘网站的维护和更新	1. 具有较强的沟通力、理解力、观察力及团队合作精神 2. 具有较强的责任感，事业心，耐心、细心，以及严谨的逻辑思维能力	1. 本科及以上学历，人力资源管理相关专业 2. 专员、助理一年以上人力资源招聘模块工作经验 3. 主管、经理需要三年以上招聘工作经验 4. 有行业经验者优先

续表

岗位群	职业能力要求	职业素质要求	工作经验、学历及其它要求
薪酬绩效专员/助理/主管/经理	1. 协助人事主管起草公司的薪酬管理方法、绩效管理办法 2. 实施薪酬福利管理、绩效管理 3. 汇总统计考核结果 4. 会处理被考核者的投诉、复议申请 5. 制定薪酬方案及绩效考核方案	1. 具备强烈的责任感，事业心，优秀的沟通能力，耐心、细心，以及严谨的逻辑思维能力 2. 具有较强的协调能力和语言文字表达能力	1. 本科及以上学历，人力资源管理相关专业 2. 专员、助理两年以上人力资源管理相关工作经验 3. 主管、经理需要三年以上薪酬、绩效模块工作经验 4. 有行业经验优先
员工关系专员/主管	1. 建立和完善员工关系管理体系 2. 负责员工劳动合同签订、变更与终止相关手续的办理 3. 负责员工离转调岗等调动手续的办理 4. 处理员工关系，解决员工投诉和劳动纠纷	1. 具备良好的人际关系管理处理能力，责任心强 2. 有亲和力和说服能力	1. 专员一年以上工作经验 2. 本科以上学历，人力资源管理专业优先；熟悉人力资源工作内容和国家劳动法律法规 3. 主管具备三年以上人力资源管理工作经验，两年以上员工关系管理工作经验

1. 工作经验、学历及其他要求

通过深入的调研，发现企业对人力资源管理的人才需求90.12%需要本科及本科以上的学历，7.18%明确需要研究生以上的学历，2.7%的企业需要专科以上的学历。专员、助理的工作经验要求平均一年，人力资源各模块的主管或经理的平均工作经验要求为三年，人力资源经理平均工作经验要求为五年。几乎100%的企业岗位都明确要求能够熟练运用各种办公软件，96%的企业明确表示有行业经验者优先。

2. 职业能力要求

95%的企业岗位明确要求需要有良好的口头表达能力；42%的企业岗位明确要求具有一定的书面表达能力；41%的企业要求有严谨的逻辑思维能力；99%的企业明确要求熟练掌握人力资源各个模块的业务工作。

3. 职业素质要求

97%的岗位要求工作认真细心、耐心、负有责任感、敬业，具有较好的职业素质；87%的岗位要求具有较好的团队合作精神；77%的企业岗位要求能承受较大的工作压力。可见多数企业都要求从事人力资源管理工作需要具备一定的职业素质。

（二）企业对应届毕业生的评价和要求

笔者通过对30家企业的人力资源主管、经理、总监的深入访谈，了解到企业方总体认为目前应届毕业生的岗位实践工作能力较差，职业素质欠缺，演讲总结能力较差，急躁，缺少稳定性。其实职业岗位能力和毕业生应具有的职业素质同样重要，如富有责任感、敬业、细心、耐心，能承受较大的工作压力等，但这些都是应届毕业生极其缺乏的，尤其是人力资源管理的各个岗位对职业素质的要求更高。同时随着人力资源部门在整个企业运营过程中的重要性逐渐提升，95%的企业认为人力资源管理是可以服务企业的各个部门，使企业形成合力，因此，更加需要既精通人力资源管理各个模块业务实务，又懂行业的人才。

三、本科院校人力资源管理专业人才培养现状

通过对各高校人力资源专业的调研，了解到目前本科院校人力资源管理专业人才培养情况，归纳总结出以下几点。

（一）人才培养定位过高

国内的一批本科高校人力资源管理专业的人才培养目标基本定位在培养能在企业、事业单位及政府部门从事人力资源管理与开发及其教学、科研等方面工作的高级专门人才。本科二批、三批高校也都基本定位在培养高级应用型人力资源管理人才。

（二）专业核心课程的开设基本一致

目前国内各高校开设的人力资源管理专业课程状况虽然有一定的差异，但关于人力资源管理专业的核心课程基本一致，基本围绕人力资源的六大模块开设相应的课程，如薪酬管理、招聘与配置、培训与开发、绩效管理、劳动关系与劳动法、心理学等课程。这种课程设置不仅难以办出特色，而且不符合企业对人力资源管理专业人才需求的发展规律。

（三）课程欠缺对学生职业素质的培养

近年来，大学生就业能力和就业质量已越来越受到高校的重视，也已成为社会评判高校教学是否成功的重要标准。毕业生职业素质的高低直接关系

到他一生的成就，职业能力和专业知识固然重要，但是要在职场中成功，最关键的是职业素质。可以这么说，优秀的职业素质是一个人事业成功的基础，是大学生进入企业的金钥匙，在大学生就业严峻的形势下，应用型本科高校应该把培养大学生的职业素质作为重要的任务之一。当前的高校在课程设置上重视专业技能的培养，忽略了大学生软技能的培养，但在人力资源管理具体的岗位工作中，企业是非常重视这一点的。

（四）实践教学没有落实到位

首先，人力资源管理专业的实践教学体系不够完善，一般而言，目前实践教学是指教学计划之内的课堂实践教学、技能训练、综合实训、学生见习和实习等。通过对部分本科院校的调研发现，多数本科院校采取的实践教学体系主要是校内实训软件的学习和到校企合作企业专业实践学习。由于人力资源管理专业的特性，一个企业难以安排数量多的学生进行专业实践学习，所以到校外合作企业专业实践学习基本难以实现。其次，还有一些本科院校教师缺乏对实践教学环节的设计，课程设置、教学模式相对单一，重视理论课程授课，忽视将知识应用于实际工作中的实践环节的设计，主要是因为很多授课教师自身没有相关企业工作经验，有些高校表面上重视学生的实践，但是只停留在书面层次，有的高校根本没有人力资源管理相关模块的实训软件，有的高校即使有相应的实训软件，但是仅凭实训软件也难以完全培养学生的专业实践能力。以上种种原因导致实践教学无法执行到位。

四、应用型本科人力资源管理专业人才培养模式的探析

（一）契合企业需求的明确人才培养定位

根据调研、访谈所获取的企业对人力资源管理专业人才的要求、职业晋升的路径和应用型本科层次学生的特点，同时广泛听取和征求校内外专家的意见，明确提出本科人力资源管理专业应用型人才培养目标。具体如下：①具有职业素质，包括责任感、敬业、诚信、正直、能承受较强的工作压力；②具备五种能力：人际关系沟通能力、语言文字组织和表达能力、创新创业能力、协调和团队合作能力、持续发展能力；③掌握两种技能：一是计算机办公软件使用技能，二是职业岗位专业技能。即从事人力资源管理活动所必需的专业技能主要包括招聘、培训、绩效薪酬、员工关系等各项技能，主要培养的是经过实际工作 1 ~2 年后，能够有效适应大中型企业人力资源管理的

中级管理型人才，如招聘经理或主管、培训经理或主管等人力资源各个模块的经理或主管，作为应用型本科的人才培养定位不适合定位在高级管理型人才，高级管理型人才如人力资源总监不是单纯培养出来的，需要在企业进行历练，即使能力达到还得看在企业能否有机会。

（二）优化专业课程设置和教学内容

1. 避免重复设置专业课程和教学内容

通过调研发现目前很多应用型本科院校的人力资源管理专业的课程设置重复，人力资源管理专业的核心课程开设有：人力资源管理、招聘与配置、培训与开发、工作分析、绩效管理、薪酬管理等课程，其实在人力资源管理这门课程中已经包含了招聘与配置、培训与开发、工作分析、绩效管理、薪酬管理这几大模块，这样就会存在两大问题：一是教师在讲授人力资源管理这门课程时，会把人力资源管理的每个模块全部讲到，那后面学生再学招聘与配置、培训与开发、工作分析、绩效管理、薪酬管理这些课程时会认为不是很新鲜，似乎以前人力资源管理的老师已经讲过，会失去兴趣和学习热情，从而产生错觉，认为学习商科专业旷几节课也没关系；二是专业课之间交叉的知识点太多，占用课时，影响学生学习一些职业提升拓展的课程。同时也应注意课程与课程之间的授课内容应该有交叉，但应避免重复。开设的每门专业核心课程具体讲授内容要遵循两大原则：一是本门课程在整个专业人才培养过程中承担的任务；二是本门课程在企业实际岗位工作中对专业知识的要求。如对人力资源管理专业的学生而言，开设人力资源管理这门课程不是很合适，应将其改为人类资源管理认知，主要从宏观和中观的角度介绍人力资源管理的历史渊源、就业前景、发展趋势以及企业人力资源管理各岗位群的任职要求，总体给学生描绘人力资源管理专业的知识框架体系；让学生对后续各个模块的专业充满好奇，也使自己对该如何学好这个专业有心理准备。

2. 重视职业素质教育课程

现在很多应用型本科院校比较重视专业核心课程的开设，重视开设一些人文、历史、艺术等选修课程，开阔学生的视野，陶冶学生的情操，但忽略了当今大学生比较欠缺，而在未来职场非常重视的职业素质较育。对商科的学生而言，职业素质尤为重要。如何在大学期间培养学生的职业素质，除了开设一些专门职业素质训练的课程之外，还应该重视第一课堂和第二课堂的结合，将职业素质渗透到每门专业课程中和学生管理过程中的每个细节，严格抓学风和班风建设。围绕职业素质教育，从学生的自我管理开始，以班级为单位，有步骤地开展第二课堂活动。

3. 增设行业特色课程

随着社会的发展，人力资源管理越来越受到重视，众多院校的人力资源管理专业主要是教会学生通用的选人、用人、育人、留人的工具，通过调研发现，从企业用人的角度来分析，企业需要大量的拥有行业知识、经验而又精通人力资源管理模块专业知识、技能的人才。所以，培养应用型人力资源管理人才，单单培养其精通人力资源各个模块的专业知识、技能远远不够，可以根据学校专业发展的特点、校企合作企业的资源、区域经济发展的需要，开设某一个或两个行业的特色课程，如汽车行业、零售行业、金融行业。让学生真正成为企业需要的懂得行业，又精通人力资源各个模块管理的应用型人力资源管理专业人才。

4. 加强创新创业素养训练

人力资源管理专业是一门实践性很强的应用性学科，必须跟紧社会经济的发展和企业的现实需求，要通过创新创业课程的学习，给学生以思维素质的训练、基本技能的训练、行为规范的训练和适应环境的训练，对培养学生独立自主的人格、超强的自我管理能力和责任感发挥很大的作用。所以应用型本科院校开设创新创业课程不是以单纯让学生创办企业为目的，而是培养学生的创新意识、创新精神、创业能力，这与应用型本科院校的商科人才培养息息相关。

（三）构建完善的实践教学体系

人力资源管理专业是应用性极强的一个专业，每门职业岗位核心课程都对应企业人力资源管理中的一个真实的工作岗位，作为应用型本科高校应该全方位、多角度地为学生构建良好的培养实践能力的平台。

1. 加强课堂实践教学环节设计

设计好课堂实践教学环节是培养应用型本科人才的基础。可以采取岗位化、任务化教学，教师根据每节课所讲授的知识点结合实际岗位工作的需要精心设计相应的工作任务情境，通过对任务的思考、分组讨论、练习，能够锻炼学生利用专业理论知识分析、解决实际问题的逻辑思维能力，提升专业知识的实际应用能力；能够锻炼学生在小组讨论中、发言中的语言组织、表达和沟通说服能力；能够锻炼学生在小组任务完成过程中的资料查找、收集信息的能力，以及团队协作与组织能力和制作 PPT 的能力。通过这种任务工作情境的学习，让学生在工作情境任务中自觉地将理论知识与实际职业岗位技能相结合，综合培养学生企业需要的各种实践能力和职业素质。真正能够实现把学生的职业素质教育渗透到每门专业课的学习过程中来。

2. 完善实验实训教学

建设完善的人力资源管理专业模拟实验实训室，对学生实践能力的培养也是至关重要的。有着完善的校内实验实训软件平台，能够确保学生在较短的时间内，和授课进度一致地进行实践演练，能够让学生亲身感受到较为系统、全面的人力源管理的各个环节，通过在实验实训软件平台的模拟操作，培养学生将人力资源各模块的专业理论知识如人力资源规划、工作分析与设计、员工招聘、培训与开发、员工素质测评、绩效管理、薪酬设计、员工职业生涯规划等应用于实践的能力。

3. 携手校企合作企业实现实践教学

作为培养应用型本科人才的高校，应该说服企业不应只将实习生当成廉价劳动力，而应和学校携手共同有步骤、有计划地培养学生，这样才能真正培养出应用型人才。能否找到合适的合作企业与院校携手培养人才，这是决定院校是否能培养出与企业需求契合的应用型人才的关键点。

（1）校企合作企业实践，老师参与授课

关于职业岗位核心课程，要求每门课程均由校内和校外企业实践老师共同完成，既能确保学生对基本的理论知识的掌握，又能保证学生知道本门课程在企业实际岗位工作过程中是如何应用的，不仅开阔了学生的视野，同时也会增强学生学习的趣味性和信心，让他们直接感受到所学的就是企业需要的，也能保持学生持续努力学习的动力。

（2）培养校内教师的实践能力

校内教师通过与企业的接触、交流及对其进行的调研，或者利用假期到企业挂职锻炼，都能更直接地了解企业的实际情况，提升教师自身的实践能力水平，尤其是对年轻没有企业工作经验的教师，这一点显得更加重要。这不仅有利于教师把企业的真实案例和实际问题带到课堂实践教学中来，也有利于教师更好地发现企业的问题，作一些应用型的科研，更好地提高服务区域经济的发展。

(3) 给学生提供真实实践学习的平台

让学生真正参与到企业实际的工作过程中，不仅能提升学生的职业岗位技能，更重要的是能让学生提升人力资源管理艺术，培养学生的情商，磨炼学生的意志、责任感、敬业度，提高学生人际关系处理、沟通等能力。对于人力资源管理专业的学生，除了掌握专业的理论知识之外，做好校内仿真情境的实践学习，可以为学生进行校外企业的真实实习做好铺垫。实现应用型本科人才的培养，建立完善的校外企业实践学习“岗位认知实践学习 + 专业实习 + 行业体验实习 + 毕业实习”多层次分步递进的实践学习模式是实现应用型人才培养的重要一环。

首先，岗位认知实习应作为第一学年教学计划确定的一个实践性教学环节，主要是邀请企业人力资源总监来校给大一的人力资源管理专业的新生以讲座的形式总体介绍人力资源管理专业的走势、发展前景、职业晋升路径、企业最欢迎的大学毕业生是什么样子的。然后带学生到企业参观见习，提高学生对本专业和未来工作岗位的整体认识，对本专业课程设置在企业中的实际运用有初步的认识和了解，激发学生对本专业的学习憧憬，加深学生对专业学习和培养目标的理解。

其次，专业实习和行业体验实习。在学生学习了部分通识教育课程、专业基础知识课程、职业岗位核心课程、职业岗位能力提升与拓展课程的基础上，让学生深入到企业专业岗位一线，由企业的指导老师指导学生在工作分析、员工招聘与培训、绩效考核、薪酬设计、员工关系管理等方面将理论知识运用于实践。同时进行岗位轮换，结合行业特色课程，了解企业其他业务部门的运营流程。实现专业知识与行业知识的结合，实现专业技能训练与职业素质训练的结合，实现理论知识与实践的结合，提高学生专业技能和职场的适应力。

最后，毕业实习。使学生深入企业实际，在专业实习和行业体验实习的基础上，适应角色转换，全面参与企业相应的人力资源管理的岗位工作，以巩固专业理论知识和专业技能，为毕业后更快地适应工作和晋升打好基础。

（四）采用“3 + 3 + 1”的人才培养模式

对于培养应用型本科人才的商科的人力资源管理专业的学生而言，由于专业的特性，有很多实践和艺术的成分单靠在校园内的学习是难以实现的，应该给以足够的时间和平台让学生亲身实践，更有利于实现应用型人才培养目标。人力资源管理专业适宜采取“3+3+1”的人才培养模式，第一个“3”指的是正常在校内专业课程的学习；第二个“3”指的是主要在校内学习前三年的3个暑假，有步骤分层次地到校企合作企业进行最基本的行业体验实习、职业岗位技能实践学习；最后一个“1”就是到企业相应的人力资源岗位工作，主要从事人力资源专员或助理的工作，前期扎实的实践教学的落实，为这一年能做好基层岗位工作打下了良好的基础，这一年教师的作用主要是对学生进行心理指导、职业规划指导、专业指导，这样学生毕业后若留在校企合作企业工作，将会以更快的速度晋升，如果毕业后重新找工作，毕业生将具有较强的竞争力，不仅有丰富的理论专业知识、行业知识，还有行业经验和基层的人力资源管理工作经验，学生的起点较高，会较快地适应工作，同时有利于企业更好地留住人才。实践证明通过“3+3+1”的人才培养模式培养的学生，有85%毕业后都愿意留在校企合作企业，原因有两个：一是通过校企合作企业三年的培养，企业的文化已经渗透到学生的心灵深处了，有着较强的归属感；二是通过这种模式培养学生的职业岗位能力和职业素质较好，基层的锻炼基本都在大学期间训练结束了，毕业后不久一般都能达到中层管理岗位，与应用型本科院校中层管理型人才培养的目标相符。

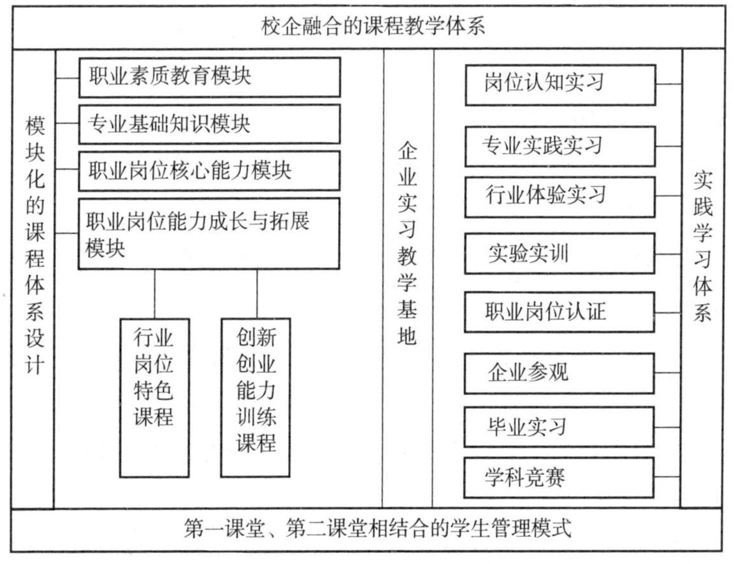

图1　人力资源管理专业人才培养框架图

（五）建立应用型人才培养的教学质量和效果评价体系

为了实现本科院校应用型人才培养的目标，应建立相应的实践性教学质量和效果评价体系，改变过去传统的以校内教师理论知识闭卷考试为主的测试方法，建立以“能力+技能+素质”测试为主的考核评价体系。结合社会对人力资源管理专业的要求，采取闭卷和开卷相结合的考试方式。考核学生基本的理论知识的掌握情况时，可以采取闭卷考试方式，考核学生的专业技能和职业素质时，可以采取开卷考试，如案例分析、方案设计、情景模拟、角色扮演，重点考察学生对知识、原理的理解、把握和应用，以及学生的职业适应性能力和素质。对毕业生的就业质量评价也是检验教学质量和效果的重要方法。以用人企业的评价为标准，以就业率和就业质量为主要评价指标。关于应用型本科人才定位，在行业中，用人单位是最具发言权的评价主体，市场就是应用型本科人才培养质量的考场。市场对毕业生的质量评价和检验，应融合在整个人才培养的过程中。

参考文献

[1] 潘懋元，吴玫．高等学校分类与定位问题［J］．复旦教育论坛，2003（1）．

[2] 吴中江，黄成亮．应用型人才内涵及应用型本科人才培养［J］．高等工程教育研究，2014（2）：66－70．

[3] 罗文广，胡波，曾文波，叶洪涛．地方院校应用型本科人才的校企合作培养模式研究［J］．实验技术与管理，2013（3）：15－16．

[4] 赵海峰．应用型本科院校的商科人才培养模式［J］．高等教育研究，2012（4）：88－89．

[5] 宋伯宁，宋旭红．山东省高等学校分类研究［M］．山东大学出版社，2012．

[6] 缪雄．本科人力资源管理专业应用型人才培养模式探析［J］．中国科教创新导刊，2011（1）：227－22．

[7] 杨新荣．本科人力资源管理专业课程体系建设与实践教学研究［J］．高等教育研究，2014（9）：43－45．

[8] 李强，李明仪，石红红．基于企业需求的应用型物流管理人才培养规格研究［J］．重庆科技学院学报（社会科学版），2011（18）：176－177．

［9］杨红玲，徐广．职业素养提升与训练［M］．大连理工大学出版社，2015.

［10］赵春蕾．应用型本科院校人力资源管理专业实践教学体系的构建［J］．吉林工商学院学报，2014（8）：113－114.

［11］孙敬延．新建地方本科院校人力资源管理专业应用型人才培养体系的构建［J］．教育论丛，2010（1）：158－159.

［12］黄柱坚．对大学生知识转化为实践能力的培养方式的探索——基于高校人力资源管理教学的视角［J］．教育探索，2013（5）.

本文系校级课题“应用型本科人力资源管理专业建设”部分研究成果。

应用型新闻传播人才培养模式的探索与实践

王海燕①

内容摘要： 随着互联网对传媒业的渗透和媒介融合的必然趋势，传媒业发生了巨大的变革，但不管时代和环境怎样变化，如何培养出适合时代需要的新闻传播人才，都是新闻传播教育必须面对的课题。本文以新闻传播实际教学实践为例，从应用型新闻传播人才培养模式的特征、课程体系重建、授课方式改革等方面，探索应用型新闻传播人才培养的途径。

关键词： 应用型新闻传播人才培养模式　课程体系改革　教学方法改革

一、应用型新闻信息人才培养模式的特征

随着互联网在传媒业的广泛渗透，传媒业发生了巨大的变革，正在以前所未有的规模和速度进入新的发展时期。传播形势发生剧烈变化以及新闻教育的时代性、实践性特征，对应用型新闻传播人才培养提出了新的要求，我们认为新型新闻人才培养需要体现如下方面的特点：

（一）新闻传播人才培养需突出实践性

新闻信息传播教育需要突出实践性。一般认为，突出新闻教育实践性就是让学生采访、写作、拍摄以及进行其他一些技能训练。我们认为，新闻传播是人类特有的社会实践活动，实践教学是新闻传播教学的本质要求。新闻的实践性及实践教学包括以下三层含义：

第一，新闻实践性特征要求新闻教学要通过大量的实践来加强专业知识和技能的学习，例如新闻采访写作、新闻编辑、网页设计与制作、视频编辑与制作等课程都需要有明确的实训载体，让学生广泛参与新闻实践，以此来强化学生对相关技能的掌握。

---

① 王海燕（1977—），女，博士，教授，研究方向：新闻传播职业教育、国际传播。

第二，突出新闻实践性，除了让学生更多参与新闻信息的采、写、编、评、摄外，突出新闻传播教育的时代性特征，则需要引导学生关注国家发展现状、关注当下热点话题、关注涉及百姓和受众切身利益的重大议题。新闻报道的实践性价值在于关注民生。如果一个新闻专业的学生不了解社会问题、不了解国情民情，怎么可能具备较强的新闻敏感性，怎么可能敏锐地发现生活中的新闻从而创作出优秀的新闻作品。

第三，新闻实践性特征还表现在必须把新闻实践中产生的新东西引入到新闻教学中。当前，传媒行业发生了巨大变革，与传统的传播模式相比，无论是传播理念，还是传播技巧、传播形式都发生了很大的改变，对于实现新闻传播教育实践性特征来讲，传媒行业在实践中的新做法、产生的新内容应该及时渗透到授课过程中，这样才可以使教学跟上实际行业的需求，使学生学到最新的知识和理论，不至于导致新闻教学与新闻实践的脱节。

基于上述对新闻实践性特征的理解，我们要求学生从入校开始，就要坚持收听、收看国内外热点新闻，关注国情、民情和社情，提高社会责任感和职业使命感；学院为学生搭建《吉利青年报》、吉利广播台、吉利学院官网等全媒体实践平台，提升学生的新闻业务能力；开设特色课程，如重大新闻报道、听看选评新闻等，改革创新教学方法，搭建自媒体平台，让学生完成对国内外重大事件的策划与报道，以工作身份参与校内不同类型的媒体实践，其他核心课程如新闻采访写作、编辑基础等课程也结合各自的授课目标，设置合理可行的课程训练项目，以项目为训练载体，提升学生的新闻实践能力。

（二）新闻传播人才培养突出复合型

在各类新闻实践中，我们发现很多从事新闻工作的专业人士本身并不是新闻专业毕业的，他们往往具有中文、法律、经济、科技等不同专业背景。媒体同行也经常表达他们对于复合型新闻信息传播人才的渴求。所谓复合型新闻传播人才是指新闻工作者除了具备新闻专业的基础知识之外，还具备另外一个学科的专业背景，如法律、经济、科技等。

复合型新闻传播人才符合行业对人才的需求，但当前在我国如何通过合理的课程体系设置实现行之有效、低成本、易操作的复合型新闻传播人才培养目标，是摆在新闻教育工作者面前的一道难题。安徽大学新闻学专业2009年对新闻学专业进行调整，改为“1.5+2.5”模式，即前一年半打通专业教学，开设通识类课程，后两年半实行新闻专业教学。但因为新闻信息工作者究竟需要哪些专业的哪些知识是由未来所在岗位的性质和任务决定的，具有很大的不确定性，所以这种课程体系改革能在多大程度上符合现实的需要，也是值得推敲的。

针对培养复合型新闻传播人才，我们认为可以以媒体为师，在重大新闻及国内外重大热点事件的报道过程中，通过让学生完成相应的报道任务，引导学生学习报道中涉及的政治、经济、文化、科技等各领域知识，通过一种实战的方法来培养适应岗位需要的复合型人才。总之，是通过让学生完成报道的模式来带动学生学习相关领域的知识。例如通过让学生完成广州亚运会的报道来学习体育赛事的相关知识和亚运会的相关背景，实践证明，这种做法效果较好，不但促进了复合型新闻传播人才的培养，也培养了学生的终身学习能力，为以后学生的发展打下了一个较好的基础。

（三）做好岗位分析，教育目标突出定向性

对于职业教育来讲，做好岗位分析，根据岗位的要求来制定人才培养方案和落实对人才的培养是非常迫切和必要的。在新闻传播人才培养过程中，非常重要的一个人才培养基点是对未来学生就业所面对的岗位及岗位群做岗位能力分析，在此基础上明确授课内容及方式。基于对用人单位和国内外新闻传播教育现状的广泛调研发现，在全世界范围内，媒介融合对全媒体人才的需求愈加迫切。随着新闻信息生产流程的改变，需要对各种不同类型的新闻作品（如文字、图片、视频、音频等）进行策划与组合，并发表在同一数字生产平台上。这样的工作内容就要求传媒业从业人员对报纸、广播、电视、新媒体等不同类型的新闻制作都有所了解，理解它们在呈现理念上的差异，并学会这些新闻的基本制作技巧。

依据对岗位分析的结论，我们认为，应用型新闻传播人才培养的目标之一是培养学生具备较强的新闻敏感与价值判断能力，表现为能够综合运用多种媒体手段，及时捕捉、准确判断新闻价值；掌握采写编评摄等基本技能；同时了解媒体的新经验、新做法，具有信息获取、加工与传播的能力，重点培养学生学会运用网络、数据库、多媒体等多种信息渠道，检索采集各类信息资源，并能根据用户需求，完成新闻信息的分类统计、数据信息的整合加工等，为用户提供高质量的新闻信息内容服务；掌握多媒体传播技术，适应新闻信息产品多媒体化的发展趋势，初步掌握运用多媒体技术进行新闻信息编辑和写作的能力；掌握新媒体传播技术，了解新媒体传播规律，熟悉各类新媒体产品应用，能够利用新媒体技术完成各类新闻产品的制作。基于培养目标的设定，我们开设了相应的系列课程。

二、对应用型新闻信息传播人才培养模式的探索与实践

（一）构建体现新闻教育时代性、实践性的课程体系

我们针对传统新闻教育与实际传媒行业对人才的需求现状，重新思考和界定了新闻教育的时代性、实践性特征，针对未来学生就业的岗位群，搭建了实用够用的课程体系，该课程体系更加注重培养学生的职业能力和综合素质，注重培养行业需要的应用型新闻信息传播人才。

新闻传播职业教育应以学生基本职业素质培养为主线，强化实践能力训练为主导，突出新闻传播教育的时代性、实践性，压缩、减少纯理论课程，加大实践、实训课程比重。我们构建的课程体系分为三个模块：通用基础课、专业核心实践课和综合实践课。三个模块在实践能力培养上并无严格的界限，均把突出职业基本素质和实践能力培养放在首位。该课程体系具有如下鲜明的特点：

第一，夯实理论基础，开设突出新闻教育时代性、实践性的创新课程。在整合传统高校新闻学理论课的基础上，开设了听看选评新闻和重大新闻报道等系列创新课程。这些课程把培养学生的时代感、使命感、洞察社会的能力作为重点，把媒体实践中创造的新成果、新经验、新方法引入到教学中，使新闻教育与时代合拍，融新闻职业素质教育、职业能力教育为一体，有效突出新闻传播教育的时代性、实践性。

第二，提高学生的信息素质，开设适应信息内容服务产业发展需求的信息类课程。信息素质教育是终生学习能力的教育，据此，课程体系中增设了网络信息资源整合开发、信息编辑与策划综合实训等课程，目的是使学生熟练运用与新闻信息服务业务相关的计算机技术、网络技术（主要是各类软件的使用），掌握信息的采集、检索、分类、加工、存储、管理、传输、产品开发等基础知识和技能。

第三，适应媒介融合发展趋势，开设以复合型人才培养为目的的多媒体采编系列课程。传播内容的多媒体化，需要大批一专多能的跨媒体、全能型人才，为适应这一需求，课程体系中增加了图像、图形处理软件、新闻摄影、视频编辑与制作、多媒体包装与设计等课程。通过多媒体系列课程的学习，

学生可以全面了解多媒体技术的概念、技术和发展现状，同时掌握图片综合处理、网页设计、视频软件应用及视频编辑制作等媒介融合技术。

第四，整合课程内容，课程设置体现综合化，以项目推动学生能力训练。如设立报网综合实践课，通过指导学生实际办报、办网，训练学生综合实践能力，加深对融合性媒体产品的认知与理解；设置电视节目制作综合实践课，按照实际的电视节目制作流程，指导学生实际制作新闻类作品、教育类作品、影视艺术类作品、艺术设计类作品等；设置新媒体综合实践课，借助校媒移动 APP 应用平台，指导学生完成手机媒体产品的信息编辑与制作，以及产品定向目标的市场推广，使学生能够加深对手机媒体产品的认知与理解，同时建构市场意识与服务意识。

这一课程体系，既保留了原有传统新闻教育所要求的基本理论和知识，又根据信息时代对新闻传播人才知识结构的新的要求和学生未来就业的岗位需求，增加了一系列传授新知识、新技能的课程，从而大大拓展了教学内容，也为学生就业拓宽了领域。

（二）转变教学模式，实行能力目标项目化，突出学生的主体地位

教学目标的实现除了合理的教学内容的支撑外，同样需要良好适宜的教学方法。传统满堂灌式课堂之所以一直为人所诟病，主要原因在于主体表达的缺失，而这种缺失的前提也正在于对于课堂主体的忽视或错判。如果我们确定我们的教学培养的目标是生产一种鲜活灵动的、有着敏捷思维与善变的头脑以及良好的社会适应性的相对完善的人格的产品，而不是一架被动地装满书本知识的机器，那么，上述问题的答案就不言自明：课堂的主体不是教师而是学生，而这种主体性实现的方式正在于让学生的主体地位得到体现，如果学生的主体地位得到充分的体现，课堂将会变得生动鲜活，富有生命。

能力目标项目化在职业教育课程改革中广为各大职业院校认可和使用。我们在教学方法上也注重推行能力目标项目化，注重以学生为中心，以训练项目和任务为载体，以不同的类型媒体为发布平台，提高学生的职业上岗能力和综合素质。通过不同类型报道任务的完成和小组之间的竞争，提高了学生的学习兴趣和上岗能力。例如在“两会”集中授课期间，我们利用“两会”召开的良好时机，组织学生对总理政府工作报告、总理记者会及相关专题做系列报道。在其他不同类型的重大事件中，相应的课程也会根据具体课程的授课目标制定相应的实训项目，最后通过不同报纸、网络、视频网站、

微信等不同发布平台予以发布。

经过对课程体系及授课模式多年的摸索、改进与完善以及配套实训基地的搭建，吉利学院应用型新闻传播人才培养模式也已日渐成熟。该人才培养模式以媒体行业所需能力为基本出发点，通过各种媒体形式的实训和演练，组织学生参与各类报道，强调国情教育，注重引导学生关注社会热点。在此过程中，学生的新闻敏感性以及新闻策划、报道能力也获得很大提升。实践证明，这种人才培养模式在培养符合行业需要的新闻信息传播人才方面做出了有效的探索。

参考文献

[1] 中央全面深化改革领导小组第四次会议《关于推动传统媒体和新兴媒体融合发展的指导意见》[EB/OL]. 2015－01，http：//pinpai. china. com. cn/2015－01/05/content_ 7572936. htm.

[2] 蔡雯. 新闻传播人才培养模式观察与思考 [EB/OL]. 2005－12，http：//media. people. com. cn/GB/22100/26506/55784/3887092. html.

[3] 蔡雯，罗雪蕾. 新闻院校如何培养新型的新闻传播人才——由胡锦涛总书记在人民大学新闻学院的谈话引发的思考 [J]. 新闻记者，2010 (9).

[4] 李希光. 新闻教育未来之路 [M]. 北京：清华大学出版社，2010.

[5] 张庆胜. 新闻改革实践对新闻教育事业的促进 [J]. 当代传播，2009 (4).

[6] 周春霞. 地方高校新闻专业实践教学探索与思考——基于安徽大学新闻学专业五年毕业生的调查 [J]. 新闻世界，2012 (10)：201－204.

[7] 沈正赋. 我国新闻传播教育现状及其发展态势新探 [J]. 新闻战线，2006 (3).

[8] 孙凤毅. 新闻专业复合型人才的培养模式探索 [EB/OL]. 中国记者，2009 (9)，http：//news. sina. com. cn/m/2010－09－15/142721107751. shtml.

[9] 王海燕. 对落实新闻教育时代性、实践性的探索——重大新闻报道课程的改革与实践. [J]. 教育教学论坛，2013 (7).

[10] 王海燕. 以“两会”为训练平台　落实新闻教育实践性　提升学生职业能力 [J]. 科教导刊（上旬刊），2013 (4).

[11] 余育章. 浅析新闻报道的实践性与深入性. [EB/OL]. http：//www. docin. com/p－142649481. html.

基于企业需求的应用型本科物流管理专业人才培养探析

陈葆华　任广新①

内容摘要：为实现应用型物流管理中高级人才的培养，通过对企业的物流管理岗位群的用人需求进行深入的访谈和问卷调研，构建物流管理专业的人才培养定位、优化课程设置和教学内容、携手企业共同落实实践教学体系，探索出有效促进与市场需求契合的应用型物流管理专业人才培养模式。

关键词：企业需求　应用型　物流管理　人才培养

一、引言

物流产业在中国经济发展中越来越受到关注，伴随着中国经济的发展，近几年来物流产业蓬勃兴起，整个物流行业竞争激烈。物流人才是稀缺资源，更是战略资源。随着现代物流管理、运作、标准化建设加快及满足现代物流全球一体化进程的需求，社会需要能对物流的整个流动过程进行综合集成管理的现代应用型物流人才。虽然全国有几百所高职和本科院校都有物流管理专业的要求，但是毕业生很难满足企业对物流人才的需求，导致物流人才缺口急剧放大，成为制约物流行业进一步发展的瓶颈。如何培养适合企业需求的应用型物流人才是当前应用型本科高校应重点要解决的问题。这就需要本科高校通过大量调研梳理企业需要什么样的物流人才，根据企业的用人要求来指导应用型本科物流管理专业的人才培养。

应用型本科人才是应用型人才的主体构成，我国大规模开展应用型本科人才培养仅仅十多年时间，至今人们对应用型本科人才培养的基本规律存在概念不清、认识模糊等问题，培养措施和方法更是难觅真谛。再加上我国在

---

① 陈葆华（1980—），女，硕士，在职博士研究生，教授，研究方向：人力资源管理、企业管理。

任广新（1969—），硕士，教授，研究方向：应用型本科教育、企业管理。

物流管理方面的教育和研究起步较晚，许多高校物流管理专业办学时间不长，办学水平不高，专业的人才培养滞后，培养的人才远远不能适应和满足社会经济发展的需要。于是，探索适合我国企业需要的物流管理人才培养模式，成为应用型本科物流管理专业建设与发展的主要任务。

二、企业对物流管理人才的需求分析

为了满足企业对应用型物流管理人才的需求，使应用型本科院校针对性地对物流管理人才进行培养，专门对30家企业的物流管理岗位群的用人需求进行问卷调研，同时对30家企业的人力资源经理和物流相关部门的经理进行深入访谈，获取了企业需求的第一手资料，比较全面和准确地梳理了企业对物流管理专业人才需求的类型、层次、标准、规格等要求。

（一）现代企业对物流人才需求的类型

1. 物流规划型人才

物流规划型人才是高素质的复合型专业物流人才，主要负责公司物流投资预算、运输费用分析、新项目的规划、生产，大物流模式的规划，合理布局和规划物流网络和运输货站，并对物流系统进行进一步的完善和提高等，这属于企业稀缺型人才。

2. 物流运营管理型人才

重点负责企业计划的落实，针对特定的领域进行具体管理，要求物流运营管理人才熟练掌握自身从事领域各个环节的运营情况，主要包括仓储管理、物流运作、采购工作，进行具体的项目策划和实际运作管理等。不但要使自身从事环节有效、合理，同时，还要协同配合联系部门，最大限度地保障整个物流系统的合理化、科学化。这类型人才也是缺乏的。

3. 物流操作型人才

物流操作型人才是整个物流系统的执行层，主要负责具体事件的操作，如货物上架、分拣、堆垛、打包、配送等，偏向于体力劳动者。对于操作型人才的要求相对较低，如具有操作能力、沟通能力和团队合作精神，能够使用办公软件。这类型人才并不缺乏。

（二）企业对物流人才具备的专业知识和素质要求

1. 物流人才应具备的专业知识

（1）物流管理的基础知识和基本的物流操作能力：无论是物流企业还是

企业的物流部门的何种类型人才，都需要具有基础的物流管理知识和基本的物流操作能力，如在仓储管理方面，随着物流服务需求的个性化和信息技术的发展，仓储管理除传统的货物进出仓、堆码摆放等工作外，还包括库存控制、自动化控制、配送管理、包装、加工、检验、维修及其他增值服务职能。

（2）财务成本管理知识：物流与商流、资金流、信息流是同样重要的，每一项物流管理都与成本密切相关，物流被称为“第三利润源，就是通过节约成本的方式为企业提高经济效益，作为中高级物流管理人才，担任的是企业中高层岗位，只有精通财务知识，才能在工作中正确地为企业进行物流诊断，不仅要了解每个环节作业费用发生的原因，而且要具有进行成本分析、成本控制，能向客户提出合理的解决方案的能力。在调研的这些企业中，普遍认为懂物流同时又精通会计和财务的，属于企业稀缺人才。

（3）计算机信息系统知识：现在各行各业已进入信息化时代，当然现代企业的物流运营对信息系统的要求也比较高，高级物流人才不仅能熟练地使用办公自动化软件，还能运用信息系统，站在专业的角度，正确地判断企业物流的需要，为企业物流的优化和变革指明方向。

（4）英语知识：随着物流活动区域的国际化和电商物流的发展，英语被广泛应用在物流活动的各个领域，尤其是海关、报关这样的岗位需要更高的英语知识和应用能力。

（5）安全管理知识：物流企业处于供应链的中间环节，事故的影响将蔓延到企业的上下游各个环节，将会引起一连串的问题，最终造成的损失将无法估量。

2. 企业对物流人才职业素质的要求

基本所有的企业均要求物流人才能够吃苦耐劳、负有责任感、敬业，具有较好的职业素质，并具有较好的团队合作精神，能承受较大的工作压力。

（三）企业对物流人才工作经验、学历的要求

通过深入调研，发现当前在企业承担物流重要职位的一般都不是学物流管理专业的，但是一定都是具有五年以上行业工作经验的；对基层物流操作型人员的学历要求都较低，有中专、大专；一致认为企业很欢迎的专业中高级物流管理人才，是那种既懂得从战略的角度规划企业长远发展，又有基层一线沉淀的经验的人才，这类人才能成为物流管理类岗位的中高级物流管理专业人才。但是有很多学物流管理专业的毕业生，都难以忍受在基层一线工作的辛苦和枯燥，有的甚至改行不从事物流行业了。

（四）企业对应届毕业生的评价和要求

笔者通过对30家企业的人力资源主管、经理、物流相关岗位主管、经理的深入访谈，了解到企业方总体认为目前应届毕业生的岗位实践工作能力较差，职业素质欠缺，尤其是无法承受又苦又累的基层工作。其实对物流专业人才而言，职业岗位能力和职业素质是同样重要的，如负有责任感、敬业、吃苦耐劳等，但这些都是应届毕业生极其缺乏的。很多物流管理专业的毕业生都无法承担物流规划的工作，以及物流成本核算方面的工作。这些工作不仅需要有一定的专业知识，还需要有丰富的行业经验。目前很多高校培养的物流人才知识面比较单一，企业急需综合型的中高级物流管理人才，急需既懂物流，又精通财务、金融、互联网营销、数据分析的人才。

三、应用型本科物流管理专业人才培养模式的探析

（一）符合企业需求的明确的人才培养目标

根据调研、访谈所获取的企业对物流管理专业人才的要求、职业晋升的路径和应用型本科层次学生的特点，同时广泛听取和征求校内外专家的意见，明确提出本科物流管理专业应用型人才培养目标。具体如下：①具有职业素质，包括吃苦耐劳、责任感、敬业、正直、承受较强的工作压力；②具备五种能力：人际关系沟通能力、语言文字组织和表达能力、协调和团队合作能力、创新创业能力、持续发展能力；③掌握三种技能：一是计算机管理信息系统使用技能；二是职业岗位专业技能，即能够从事物流企业的运营管理，包括采购、库存控制、货物的运输与配送、物流中心的规划与布局等；三是职业岗位提升技能。主要培养的是经过基层一线工作2～3年后，能够有效适应企业需要的中级物流管理型人才。

（二）优化专业课程设置和教学内容

1. 避免重复设置专业课程和教学内容

通过调研发现目前很多应用型本科院校的物流管理专业的课程设置重复，每门课程所讲授的内容是根据教师的特点而定的，比较随意，因此开设的每门专业核心课程具体讲授内容要遵循两大原则：一是本门课程在整个专业人才培养过程中承担的任务；二是本门课程在企业实际岗位工作中对专业知识的要求。如对物流管理专业的学生而言，开设物流管理基础这门课程不是很

合适，因为这门课将涉及多数物流管理专业后续开设的课程，不利于学生充满兴趣地学习后续的课程。将其改为物流管理认知，主要从宏观和中观的角度介绍物流管理的历史渊源、行业情况、就业前景、发展趋势以及企业物流管理各岗位群的任职要求，总体给学生描绘物流管理专业的知识框架体系。让学生对后续各个模块的专业学习充满好奇，也使自己对该如何学好这个专业有心理准备。

2. 增加职业素质教育训练课程

现在很多应用型本科院校比较重视专业核心课程的开设，重视开设一些人文、历史、艺术等选修课程，开阔学生的视野，陶冶学生的情操，但忽略了当今大学生比较欠缺，而在未来职场非常重视的职业素质教育。对物流管理专业的学生而言，培养其吃苦耐劳的、爱岗、敬业的职业素质尤为重要。应将职业素质的培养渗透到所有专业课的教学过程中和实践、实习的环节中。

3. 拓宽专业知识面课程

通过企业深入调研和访谈，发现应用型本科物流管理专业要培养的是中级物流管理型人才，需要具备综合的知识和能力，所以除了开设与物流管理基本流程相关的知识外，还应重点增加开设互联网营销、财务、会计、金融、数据分析相关课程，并不是作为选修课简单学习了解即可。这些课程对物流管理专业学生未来职业的提升发展非常重要，是其未来能够提拔为中高级物流管理人才的重要条件。

4. 加强创新创业素养训练

物流管理专业是一门实践性很强的应用性学科，必须跟紧社会经济的发展和企业的现实需求，通过创新创业课程的学习，对学生进行思维素质的训练、基本技能的训练、行为规范的训练和适应环境的训练，对培养学生独立自主的人格、超强的自我管理能力和责任感、吃苦耐劳的精神发挥很大的作用。

（三）构建完善的实践教学体系

物流管理专业是应用性极强的一个专业，作为应用型本科高校应该全方位、多角度地为学生构建良好的培养实践能力的平台。

1. 加强课堂实践教学环节设计

设计好课堂实践教学环节是培养应用型本科人才的基础。可以采取岗位化、任务化教学，教师根据每节课所讲授的知识点，结合实际岗位工作的需要，精心设计相应的工作任务情境，通过对任务的思考、分组讨论、练习，能够锻炼学生利用专业理论知识分析、解决实际问题的逻辑思维能力，提升专业知识的实际应用能力和各种职业能力。

2. 完善实验实训教学

建设完善的物流管理专业模拟实验实训室，对学生实践能力的培养也是至关重要的。有着完善的校内实验实训软件平台，能够确保学生在较短的时间内和授课进度一致地进行实践演练，能够让学生亲身感受到较为系统、全面的物流管理的各个环节。

3. 携手校企合作企业，实现应用型人才培养

能否找到合适的合作企业与院校携手培养人才，这是决定院校是否能培养出与企业需求契合的应用型人才的关键点。

（1）说服企业应该改变观念。作为培养应用型本科人才的高校，应该说服企业不应只将实习生当成廉价劳动力，应舍得在大学生身上投资，应和学校共同携手为学生创造实训、实习、实践的平台，甚至为高校提供有资深实践经验的专家为学生授课。共同有步骤、有计划地培养学生，才能真正培养出应用型物流管理专业人才。

（2）企业成为提升校内教师实践能力的平台。校内教师的实践能力水平的高低，直接影响和决定应用型人才的培养。校内教师通过与企业的接触、交流及对其进行的调研，或者利用假期到企业挂职锻炼，都能更直接地了解企业的实际情况，提升教师自身的实践能力水平，尤其是对年轻没有企业工作经验的教师，这一点显得更加重要。这有利于教师把企业的真实案例和实际问题带到课堂实践教学中来。

（3）给学生提供基层实践工作积累的平台。让学生真正参与到企业实际的工作过程中，不仅能提升学生的职业岗位技能，而且能让物流管理专业的学生在校期间基本完成基层一线实践经验的积累，同时也能磨炼学生吃苦耐劳的意志、责任感、敬业度，提高学生的沟通等能力。大众普遍认为物流工作低廉，不是“高大上”的专业，工资低、辛苦，不学习物流管理专业也能做物流工作，而实际上企业却需要有专业的物流管理知识，扎实的基层一线实践经验的人才，同时还需要很多有跨领域、跨行业的知识的综合型中高级物流管理人才，这需要进行专业的培养才能实现。但是有很多物流管理专业的毕业生难以度过基层一线实践经验积累阶段，就纷纷离职寻找新的工作，

有的甚至一开始就不从事物流行业。针对企业需求和专业特点以及学生情况，建立完善的校外企业实践学习“岗位认知学习 + 分散兼职实习 + 专业集中实习 + 毕业综合实习”多层次分步递进的实践学习模式，是实现应用型物流管理人才培养的重要一环。

第一，岗位认知实习。岗位认知实习应作为第一学年教学计划确定的一个实践性教学环节，可以邀请企业中高级物流管理人才或往届优秀的在物流领域发展得好的毕业生，以讲座的形式总体介绍物流管理专业的走势、发展前景、职业晋升路径等。然后带学生到企业参观见习，让学生对本专业和未来工作岗位有个整体性的认识，更深入理解物流管理专业，对日后的学习会更有信心。

第二，分散兼职实习。分散兼职学习是有组织的，需要企业专为在校物流专业学生设计和安排分层次的、递进的实习工作内容。就是让学生在校期间根据专业课的学习情况和企业的实际需要，利用寒暑假、节日或平时没课的时间，进行兼职实习，但这些学生不是以挣钱为目的，主要是为毕业后更快地晋升奠定基础。企业需要个性化地为这些学生安排实习内容，主要根据这批本科生毕业之后要能在最短的时间能够胜任相应的物流管理岗位工作，应具备哪些基层一线的实践工作能力和经验积累，从而有意识地从大一开始让学生有步骤地将基层一线工作一步一步地进行体验，就能缩短毕业后在企业基层实践的工作时间。所以企业应该针对校企业合作的学生，规定每一岗位大约应实习多少个工作日，才能再轮换到另一岗位，并且应根据校内专业课设置的先后顺序安排相应的岗位。

第三，专业集中实习。根据前期三年的分散兼职实习奠定的基础，因为分散兼职实习是短期间断的，所以应通过专业集中实习再系统地全方位地对前期断断续续分散兼职实习的工作内容进行系统的实践锻炼。

第四，毕业综合实习。使学生深入企业实际，在专业集中实习的基础上，适应角色转换，全面参与企业相应的各个岗位工作，以巩固专业理论知识和专业技能，为毕业后更快适应工作和进入管理岗位打好基础。

（四）建立配套的应用型人才培养教学质量和效果评价体系

为了配合实现本科院校应用型人才培养的目标，应建立相应的教学质量和效果评价体系，改变过去传统的以考核理论知识为主的闭卷考试方法，并且应同时改变考核主体，建立实践与理论相结合、校内与校外相结合、闭卷与开卷相结合的多重评价体系。关于应用型本科人才定位，在行业中，用人单位是最具发言权的评价主体，市场就是应用型本科人才培养质量的考场。市场对毕业生的质量评价和检验，应融合在整个人才培养的过程中。

参考文献

[1] 潘懋元，吴玫. 高等学校分类与定位问题 [J]. 复旦教育论坛，2003 (1).

[2] 吴中江，黄成亮. 应用型人才内涵及应用型本科人才培养 [J]. 高等工程教育研究，2014 (2)：66 -70.

[3] 罗文广，胡波，曾文波，叶洪涛. 地方院校应用型本科人才的校企合作培养模式研究 [J]. 实验技术与管理，2013 (3)：15 -16.

[4] 赵海峰. 应用型本科院校的商科人才培养模式 [J]. 高等教育研究，2012 (4)：88 -89.

[5] 郑晓奋. 本科物流管理专业应用型人才培养模式研究 [J]. 高校教育工程，2010 (5).

[6] 罗文广，胡波. 地方院校应用型本科人才的校企合作培养模式研究 [J]. 实验技术与管理，2013 (3).

[7] 孟艳玲，牛阮霞. 企业物流人才需求分析及人才培养策略 [J]. 研究与探讨，2015 (4).

[8] 张旭凤，王蕾，聂玉兰. 物流企业人才需求与高校物流专业培养模式分析 [J]. 研究与探讨，2009 (4).

[9] 赵海峰. 应用型本科院校的商科人才培养模式 [J]. 高等教育研究，2012 (4).

[10] 王建华. 高等教育的应用性，[J]. 教育研究，2013 (4).

本文系2015年北京市民办教育促进项目—服务区域经济发展—北京吉利学院教育教学改革试验项目—应用型本科物流管理专业课程体系建设项目部分研究成果。

高职应用型法律人才培养模式探析

徐　飞[①]

内容摘要：科学而严谨的人才培养方案是培养应用型法律人才的基本前提；优秀的“双师型”教师是培养应用型法律人才的首要条件；多角度的校企合作是培养应用型法律人才的核心平台。

关键词：应用型法律人才　人才培养方案　双师型教师　校企合作

高等教育有三大职能即人才培养、科学研究与服务社会，其中培养人才应该是其核心职能。综观当今法学教育，应用型人才的培养已经成为共识。北京吉利学院（原北京吉利大学）的法律事务专业于2003年正式招生，一直延续到今天。在培养应用型法律人才方面，历任学院领导和全体师生一直没有停止探索的脚步。笔者有幸参与其中，现将一些好的经验与遇到的困难通过本文总结如下，供大家借鉴与研究。

一、科学而严谨的人才培养方案是培养应用型法律人才的基本前提

（一）确定应用型法律人才的培养标准

深入市场，做好法律职业岗位人才需求调研。在制定人才培养方案的过程中，学院领导组织了若干次法官、律师、企业法律顾问、知识产权公司等方面的座谈会，仔细认真地研究如何才能在人才培养方案中体现应用型人才培养的特点。在人才培养方案中，用人单位非常重视两个方面，一是学生的职业素质，有没有通过2～3年的培养，形成良好的职业道德。二是核心知识群的构建，知识群是不是完整，能不能指导以后的实践工作，或者转化成实际的工作能力。

---

① 徐飞（1977—），女，第二学士，副教授，研究方向：民事诉讼法学。

（二）规划应用型法律人才培养方案中的核心课程

规划核心课程也就是法律核心知识群的构建工作。核心课程是法律知识金字塔的基层，一方面要能够指导学生的实践工作，另一方面还要能为部分学生毕业升学做准备。我们在这方面主要做了以下工作：一是课程名称的修改，比如说原来的民事诉讼法学，改为民事诉讼法原理与实务，教材也选用应用性为主的教材。二是课程理论学时和实践学时做了适当的调整。三是选择了部分实用的课程作为核心课程，比如说法律文书写作课程、模拟法庭实训课程。

在实际教学中，教师也遇到过不少困难，比如有的课程在理论学时和实践学时划分上存在争议，有的课程在理论学时和实践学时的教学衔接上把握不好。还有实践学时如何安排课程内容也曾令人头疼，实践学时有时需要走出学校去，这样的教学模式也会增加不少教学成本，需要各部门配合，对于学生安全问题教师也有所顾虑。

（三）设计应用型法律人才的实习、实训、毕业工作

笔者和团队在这方面有过三次尝试。一是在教学计划中增加中期实践。二是压缩最后一个学期的课程，毕业生在10月完成学校课程学习，进入毕业实习环节。三是改革毕业论文的纯理论研究，探索新的毕业设计，结合工作岗位，从实习工作中提取素材，以法律文书、案件分析报告的形式呈现给教师，教师在批阅的过程中能够和学生一同成长。

由于第一种形式主要由学生在寒暑假自己完成，缺乏有效的监督和指导，流于形式。后两种是学院合并后新领导的教改思想，有配套的措施跟进，目前效果较好。

人才培养方案确定人才培养目标，只有根据市场需要制定好人才培养目标，才能培养出合格的应用型法律人才。而好的人才培养方案必须做好以上三个环节的工作。

二、能干会讲的“双师型”教师是培养应用型法律人才的首要条件

培养人首先看谁在培养人，如果没有“双师型”教师，培养应用型法律人才也只能是纸上谈兵。我所认为的“双师型”教师肯定是一方面在法律职业中是经验丰富的能手；另一方面在课堂上能够理论联系实践，将工作中的

方法与技巧传授给学生。在实务工作中能干，在学生课堂上会讲。能干会讲是评价标准，那么如何来找到并留住这样的人才也是一个不小的难题。

大多院校都是通过对原有老师的培训和校外成熟人才的引进来解决找人的问题。但是在留人方面笔者遇到的问题始终很难解决。有人说是待遇问题，工资上去了，人就留住了，但笔者认为并不尽然，比如说律师来做教师，实务工作和教学有很大冲突性，法院开庭的时间、当事人约见的时间多半都不是律师本人能够决定的。而上课的时间是固定的，当二者时间上有冲突时，当律师的教师就要承受内心的煎熬，这两件事是很难平衡好的。久而久之，势必要在两者间选择。这也是笔者和团队在探索培养应用型法律人才过程中，在师资方面遇到的难题之一。

三、多角度的校企合作、全方位的校内外实训、实习基地是培养应用型法律人才的核心平台

（一）校内实训主要模式

（1）模拟法庭。模拟法庭是诉讼法课程的程序演练基地，主要侧重对社会热点、争议较大的民事案件、刑事案件的模拟审判，有效地巩固了课堂上对实体法知识的掌握，还能使学生非常熟练庭审程序，对卷宗的归档有清晰的认识，有助于在法院的实习工作。与此同时，笔者和团队还积极参与了北京市大学生模拟法庭大赛，以赛促教。做比赛培训过程中，请到法院优秀法官、知名律所的律师来为学生做详尽的指导，在第四届北京模拟法庭大赛中获得了团体二等奖的好成绩。

（2）法律服务中心（诊所式教学）。法律服务中心的宗旨是服务校园群体，为学生提供真实的案件素材，通过分析，帮助解决当事人的困难，提升学生实际处理问题的能力。看起来一举两得，但在实际运作中也产生了一些问题。比如法律服务中心收到的案件要不要收费，怎么收费，当事人的隐私问题如何保护，收到的案件主要由谁处理，法律风险由谁承担，等等。

（3）知识产权师证书培训。证书课程植入教学计划，更加有利于应用型法律人才的培养。目前知识产权公司非常认可知识产权师的证书，同等学历下，有证书的学生更受人青睐。笔者所在的学院曾累计进行了十余次初级知识产权师的培训，先后有二十几名学生毕业后进入知识产权公司就业。

（4）“12・4”宪法日、“3・15”国际消费者权益日、“6・5”环境日等

定期的普法宣传。这样一些活动可以锻炼学生的组织、策划能力，现场的灵活应变能力、口头表达能力。这些有助于帮助学生形成综合的法律职业素养。

（二）校外实训、实习基地建设

校外实训、实习基地的建设是培养应用型法律人才的最后环节，是不是应用型的法律人才只有通过实际工作岗位的检验才知道最终结果，所以尤为重要。笔者认为好的实习、实训基地必须符合以下几点要求。

（1）实习、实训基地最好与专业对口。法律的对口实习、实训单位主要涵盖公检法、律所、企业法律顾问、知识产权公司等几大核心领域。如果能够进入到以上任何一个领域，经过近一年的实习，都能够在具体的某一个岗位承担基本的法律辅助工作。比如在法院，学生作为法官助理人员，对于书记官的工作就会比较熟悉，将来真正进入法院，工作起来会得心应手。

（2）实习、实训基地是长久的、比较固定的。固定的实习、实训基地会使学校的教师和学生产生安全感，方向感。固定的实习、实训基地有利于形成良好的合作关系，有利于教学相长。工作当中学生的表现反馈到教学中，学校不断完善和修正人才培养方案的教学目标，教师不断更新和调整核心知识群，不断提升和改进自身的教学方法，使培养的人才更具有应用型特征。

（3）实习过程中实行双导师制。这也是学院合并后院领导对培养应用型法律人才的重要举措之一。对于刚刚结束学习的学生来讲，工作是相对陌生的，在真实的工作环境中，实习单位的导师会分配给学生具体的工作任务，制定基本的工作流程，解决在实际工作中遇到的具体问题。学校的导师这个时候反而有生活导师的特征，除了在一些专业知识方面的指导外，更多的是帮助学生解除思想包袱，对学生的工作给予支持和肯定。比如说在法律方面的实习岗位上，多数没有工资，许多学生选择非法律专业而有固定回报的实习工作，如何说服学生，对校内的指导教师就是一个挑战。

（4）实习、实训基地最好能是学生将来从事的工作领域。解决好这一问题需要做好三方面的工作：一是解决学生本科学历。我院在这方面做得较好，较早地和中国政法大学合作专升本项目，使大部分学生能够取得本科学历，让学生在这一领域就业的可能性大大提高。二是提前帮助学生做好规划，在学生选择实习单位时，指导教师多问一句为什么比如准备回地方考公务员的、做书记官的学生，可以推荐其去法院实习。比如准备做律师的或者家中开律所的学生，法院和律所都是首选。让学生在选择实习地的时候就看到就业的光明，更具有针对性，能更好地提升学生实习的积极性。

校内实训基地是对教学的延展和补充，校外的实习基地是对教学成果的检验与反馈。

综上所述，笔者认为应用型法律人才的培养是社会发展的需要，任何一种应用型人才的培养都不能脱离科学而严谨的人才培养方案。没有优秀的“双师型”教师和多样化的校内外实训、实习基地，应用型人才的培养就像无源之水、无本之木，是站不住脚的。

参考文献

[1] 钟铭佑．应用型法律人才素质教育研究［J］．广西师范大学学报，2008（4）：10.

[2] 唐波，黄超英．加强法律职业训练，培养应用型法律人才［J］．中国法学教育研究，2013（2）：16.

[3] 陈京春．论高等政法院校的法律职业能力教育［J］．法学教育研究，2011（1）：18－21.

[4] 袁振国．当代教育学［M］．北京：教育科学出版社，2004：78.

本文系北京吉利学院2015—2016校级科研课题“民事诉讼法原理与实务课程项目化教学探析”部分研究成果。

创新与发展

第二章
专业课程体系建设

应用型本科经济与金融专业课程体系的思考与构建

陈喜霖　李　敏①

内容摘要：应用型本科教育培养的是具有扎实理论基础、较宽专业知识面、较强实践能力、较高综合素质的高级应用型专门人才。本文从应用型本科教育人才培养目标要求出发，结合区域经济发展要求和学校发展方向与特色，构建经济与金融专业课程体系，据此培养高级应用型人才，满足社会的需要。

关键词：应用型本科　经济与金融专业　课程体系　构建

随着经济结构的调整和科技进步，社会对高层次应用型的人才需求逐步增加，而与之不相称的是大学生就业形势不容乐观。一方面大学生一岗难求，另一方面企业抱怨招不到人，人才供需矛盾日益突出。究其原因，主要在于我们所培养的人才虽然具备一定的理论知识，但个人专业素质和专业能力较差，不能适应市场需要。因此作为拥有世界最大规模高等教育体系的国家，迫切呼吁调整高等教育结构，以社会需求为导向，提升教育教学质量，培养学生的实践能力、就业能力、创新能力，满足企业对应用型、复合型、创新型人才的需要。这就要求我们要不断深化人才培养方案和课程体系改革，以就业为导向整合通识教育课、专业基础课、专业核心课、专业选修课和实验实践课，以培养学生的职业技能和创新创业能力。

一、课程体系改革的总体思路

作为一种新型的教育类型，应用型本科教育既不同于学术型的本科教育，也不同于高职教育，它主要培养技术密集型高级应用型人才和生产一线的管理者、组织者。为此应用型本科教育的专业课程体系必须体现高级应用型人

① 陈喜霖（1971—），女，硕士，教授，研究方向：经济与金融、教学管理。
李敏（1978—），女，硕士，教授，研究方向：经济与金融、教学管理。

才的培养规格，其课程结构既不能像学术型本科教育一样完全以学科知识为体系，也不能像高职高专一样完全以岗位标准为体系，而要与行业需求相适应，寻找学科专业建设与服务社会相结合的生长点，使专业教学技能化、教学内容任务化，以满足经济建设和社会发展的要求。基于此，课程体系改革的总体思路确定如下：

（1）对相关经济、金融行业、企业进行调研，明确社会对本专业人才的层次要求及职业能力标准，据此确定专业培养目标和人才培养方案。

（2）调研应用型本科学生适合的职业岗位与岗位群，同时调研所有适合岗位需要的知识和技能，然后对所有适合岗位需要的专业知识、技能进行整合分层。把岗位群按照培养“应用型”人才的发展思路，对知识和技能课程设置进行分层，使学生掌握综合了不同能力模块的知识和技能。

（3）结合金融相关行业标准及从业资格证书、相关高级职业证书的要求，推行学历证书+资格证书的“双证教育”，课程设置除了以岗位分层和所需知识技能为基础的专业课程外，还开设对接如证券从业资格考试、基金从业资格考试等相关的专业考证课程，确保学生毕业后至少取得一个与行业相关的资格证书，为以后步入工作岗位打下基础。

（4）按照人才培养定位和创新创业教育目标要求，设置创新创业教育课程，对全体学生开设创新创业教育选修课，纳入学分管理，以促进专业教育与创新创业教育的有机融合。

此外，课程体系的构建还要充分考虑其他学校的人才培养模式以及学生的需求，所以，最终课程体系的建立，是在对以上模块的充分调研与整合的基础上完成，既要考虑学生的接受能力和学习时间限制，又要考虑到所学知识技能的社会接受性；既要有一定的学术性，又要有一定的实践性，以满足应用型本科人才培养的要求。

二、课程体系的整体架构

经过充分的企业调研、高校调研和学生调研，课题组成员总结出了适合本经济区域和本校经济与金融专业的职业岗位群，以及其应具备的岗位能力和素质，了解了兄弟院校相关专业的课程设置，明确了专业学生可以获取的相关职业资格证书，知晓了学生的需求和感受。在此基础上，进行了学习领域课程开发，拟定了课程体系初稿，之后邀请相关行业专家进行反复论证，最终完成了课程体系的构建。

（一）课程体系的构成

新的课程体系采用“通识教育课—专业基础课—专业核心课—专业选修课—任选课—综合实践”的模式，强调“夯实基础理论”和“强化实践教学”的结合，并将创业课程融入整个课程体系当中，使学生具有职业岗位必备的知识、技能和素质，从而顺利进入工作岗位，此外还强调学生学习应变能力的培养，以满足学生职业转换、升迁的需要。具体如表1所示：

表1　经济与金融专业课程体系结构

<table>
<tr><td rowspan="2">通识教育</td><td>必修</td><td colspan="2">思想道德修养与法律基础、毛泽东思想和中国特色社会主义理论体系概论、马克思主义基本原理、中国近现代史纲要、国防理论与军事训练、生存避险、心智成长、素质拓展、体育与健康、从校园到社会（人生规划）、企业游学计划、课外阅读计划、外语</td></tr>
<tr><td>选修</td><td colspan="2">自我认知课程、社会认知课程、自然认知课程、成长计划</td></tr>
<tr><td colspan="2">专业基础课</td><td colspan="2">经济数学、宏观经济学、微观经济学、会计学原理、应用统计、金融学</td></tr>
<tr><td colspan="2" rowspan="2">专业核心课</td><td>理论模块</td><td>实践模块</td></tr>
<tr><td>商业银行业务与经营、证券投资学、保险原理与实务、国际金融实务、公司金融、国际经济学</td><td>商业银行综合业务实验、证券投资实验、保险综合实验、外汇投资实验、金融理财规划综合实验</td></tr>
<tr><td colspan="2" rowspan="2">专业选修课</td><td>职业岗位能力提升与拓展模块</td><td>创新创业能力提升模块</td></tr>
<tr><td>经济法、管理学、现代商务沟通、互联网金融导论、风险投资与私募股权、企业并购与资产重组、金融营销、金融营销沙盘模拟等</td><td>创业基本素养、创业实战体验、互联网创业、人力资源与创业、营销与创业、财务融资与创业等</td></tr>
<tr><td colspan="2">任选课</td><td colspan="2">从全校各学院其他专业课程和基础部所开设的选修课程中选修</td></tr>
<tr><td colspan="2">综合实践</td><td colspan="2">专业实习、毕业实习、毕业设计</td></tr>
</table>

（二）课程体系的创新点

经济与金融专业课程体系根据行业所覆盖的职业岗位群与岗位能力设置课程，具体如下：

1. 专业基础课体现了培养岗位能力、增加就业竞争力的前发基础性

专业基础课包括经济数学、宏观经济学、微观经济学、会计学原理、应用统计、金融学等课程。这些课程在夯实基础理论的同时，着重培养学生的统计、会计等分析技能。

2. 专业核心课的设置体现就业导向，突出岗位能力的培养，注重微观化、实务化、国际化

第一，鉴于经济金融涉及的行业众多，我们不可能面面俱到，因此专业核心课的设置上偏微观化，在覆盖金融基本范畴的基础上，强化银行、证券、保险等基本岗位能力的培养。通过专业核心课学习，使学生在校期间能够掌握相关行业所需要的职业能力，实现人才培养与岗位职业要求的“零距离”。

第二，专业核心课程设置围绕就业岗位所需要的岗位能力与技能，注重理论教学与实践教学并重，因此专业核心课分为理论模块和实践模块两部分。

理论模块包括商业银行业务与经营、证券投资学、保险原理与实务、国际金融实务、公司金融、国际经济学，以满足学生对金融基本范畴和进入金融行业所需知识和技能的掌握。

实践模块与理论模块相对应，结合行业、专业岗位群设置，引入商业银行综合业务实验、证券投资实验、保险综合实验、外汇投资实验、金融理财规划综合实验等课程，培养就业上岗能力、团队合作能力，为培养实践技能奠定良好的基础。

另外，对于实训模块可以邀请相关行业从业人员进行集中教学，充分利用校内外实训基地，以便提高学生的动手能力和岗位适应能力。

第三，专业选修课侧重学生职业能力、创新创业能力的提升与拓展。为了使学生更好地掌握职业能力课程以及今后进一步的发展与提升，应开设专业选修课，培养学生的终身学习能力、职业转换和升迁能力，以适应未来职业发展的变化。专业选修课分为职业岗位能力提升与拓展模块和创新创业能力提升模块。

职业岗位能力提升与拓展模块包括经济法、管理学、现代商务沟通、互联网金融导论、风险投资与私募股权、企业并购与资产重组、金融营销、金融营销沙盘模拟等课程，学生可以根据自己的兴趣、就业意向有针对性地选修。

创新创业能力提升模块选修课包括创业基本素养、创业实战体验、互联网创业、人力资源与创业、营销与创业、财务融资与创业等课程，旨在培养学生的创新精神、实践能力和创业能力，从而提高学生的自我发展能力。

三、结束语

以就业为导向的经济与金融专业课程体系更符合专业人才培养目标的需要，将对提高学生综合能力、提高教师业务技能、提高教学质量发挥重要的

作用。具体如下：

第一，根据行业所覆盖的职业岗位群与岗位能力设置课程体系，能够全面提高教师和学生的素质，从而提高教学质量。

第二，以就业为导向的课程体系能够激发学生的学习兴趣，培养学生的就业能力、实践能力、自主学习能力、理论联系实际的能力和创新创业能力，从而提高就业率，真正实现“走进校园是为了更好地走向社会”。

第三，新的课程体系要求加强与企业的合作，通过“走出去”和“请进来”，促进教师业务的提高，使其成为真正意义上的“双师素质”教师，从而组建一支高水平的教师队伍。

第四，课程体系改革对于实验实训设施建设及规范教学管理等方面也具有一定的现实意义。

但与此同时，我们也应看到，应用型本科经济与金融专业课程体系的实施，必然要求相应的教学管理、学生管理模式的配套变革，也要求更为高素质的教师队伍，开展相关课程设计与教学改革，提高教学质量，以使我们的学生更好地走向社会。

参考文献

[1] 史秋衡．王爱萍．应用型本科教育的基本特征 [J]．教育发展研究，2008 (21)：34－37.

[2] 朱科蓉．地方应用型本科院校课程体系改革思路 [J]．中国电力教育，2010 (1)：104－106.

[3] 陈飞．应用型本科教育课程调整与改革研究 [D]．华东师范大学，2014.

[4] 陈新民．应用型本科的课程改革：培养目标、课程体系与教学方法 [J]．中国大学教学，2011 (7)：27－30.

基金项目：2015 年北京民办教育发展促进项目，民办高校转型发展项目（人才队伍建设），北京吉利学院教学名师项目。

应用型本科物流管理专业课程体系建设研究

单月鸿　陈葆华①

内容摘要：构建科学合理的课程体系是实现与区域经济协调发展的应用型本科物流管理专业人才培养目标的重要载体，本文以北京吉利学院为研究背景，针对物流管理专业应用型人才培养的目标定位，结合区域经济发展对物流管理应用型人才的需求，构建应用型本科物流管理专业课程体系，形成“1 + N”的课程建设团队，结合岗位要求编写课程标准。

关键词：应用型本科　物流管理专业　课程体系　物流人才培养

近些年，我国物流产业发展迅速，社会对物流人才的需求出现层次化，这也促使高校物流管理专业建设得到了较快发展，形成中职、高职、应用型本科、研究型本科、硕士和博士等教育教学体系，以满足市场对不同层次物流人才的需求。作为应用型本科院校，首先，要基于人才培养目标定位，进行市场调研，分析所培养的人才面向的地区、企业规模、相关岗位（首次就业），应与培养技能型人才的高职和培养研究型人才的研究型本科有明显区别；其次，应结合人才培养目标及市场对人才能力的需求，构建科学合理的课程体系，包括理论教学课程体系和实验实践教学课程体系；最后，根据人才培养目标对应的工作岗位要求制定课程标准，选用或编写适用的教材，并根据经济发展和市场对人才知识结构、职业素养的需求变化动态调整。

北京吉利学院的前身是北京吉利大学，2014 年由高职院校升格为普通本科院校，根据《国家中长期教育改革和发展规划纲要（2010—2020 年）》（下文简称《教育规划纲要》）提出的高等教育要“优化结构办出特色”“重点扩大应用型、复合型、技能型人才培养规模”的指导思想，学校确立了“培养具有国际视野并适应中国经济社会发展需要的应用型、创新型高级人才”的办学定位。在应用型本科办学定位下，确定物流管理专业应用型人才培养目

---

① 单月鸿，（1981—），女，硕士，北京吉利学院商学院，副教授，研究方向：物流管理。
陈葆华，（1980—），女，在职博士研究生，北京吉利学院商学院教授，研究方向：企业管理。

标，构建科学合理的课程体系，为京津冀地区区域经济发展输出应用型物流管理人才。

一、应用型本科物流管理专业课程体系构建依据

应用型本科院校物流管理专业为企业培养应用型物流紧缺人才，应用型本科人才培养模式不能只是在原有高职教育的基础上做出调整，也不能只是在综合同类院校的基础上进行简单调整，而是要在对学生首次就业的企业类型、岗位、职位进行调研、分析的基础上进行构建。

（一）区域经济发展对物流人才的需求

《教育规划纲要》指出高等教育要“增强社会服务能力”，应用型本科院校要办出特色，一定要与区域经济发展密切结合，并服务于区域经济发展。应用型本科院校应对学校所面向的区域经济物流产业的发展现状及未来五年的物流产业结构变化趋势进行剖析，分析物流产业对应用型本科物流管理专业人才的需求。北京吉利学院面向京津冀地区输送应用型物流管理专业人才，京津冀地区地处环渤海经济圈，应用型本科首次就业所面向的中等规模以上的物流企业、连锁零售企业、制造装配型企业等众多，近些年发展迅猛，对物流部门主管、部门经理及运营经理等中层物流管理型人才需求量较大。

（二）企业及岗位分析

应用型物流管理专业本科课程体系的构建，要通过对企业进行深入调研，分析学生所面向的企业类型、规模、首次就业的岗位以及未来三年内的职业发展通道和职业规划，以实现在校期间的人才培养能更好地满足企业需求。通过对京津冀地区企业人才需求的调研，北京吉利学院对第三方物流企业、零售类连锁企业和生产制造业物流等物流部门岗位群进行调研时发现，企业对物流管理专业人才的综合素养的要求高于对物流专业知识的要求程度，在课程设置中，要充分体现对学生综合素养的培养。

（三）学校办学特色

应用型本科人才培养在考虑区域经济和企业对人才需求的同时，也要结合学校自身的教学条件、师资队伍、学校文化和特色，构建具有学校办学特色的应用型本科课程体系，以避免人才培养同质化。北京吉利学院物流管理专业根据学生就业企业的需求，设置了企业物流和国际物流课程模块，以满足企业的需求。

二、应用型本科物流管理专业课程体系的构建思路

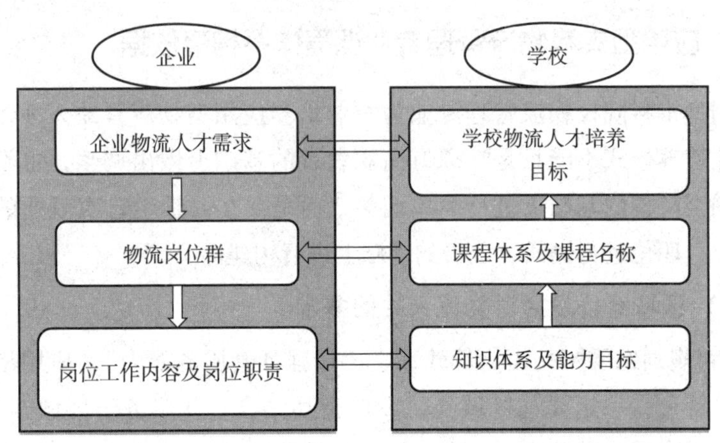

图1　应用型本科院校物流管理专业课程体系的构建框架图

（一）对企业物流管理岗位群能力要求进行调研

应用型本科课程体系建设必须与区域经济发展相结合，与企业人才实际需求相结合。通过对京津冀地区二十余家中等以上规模的企业所能提供的本科生就业岗位群所需的专业知识、技能、素养等方面进行调研，发现物流岗位群对首次就业的应用型本科学生的能力需求重点是学生的综合素质，主要体现在学习能力、工具（物流软件、办公软件等）使用能力、沟通表达能力、适应环境能力和抗压能力等方面，对未来三年内的职业发展而言，需要学生具备一定的专业知识和学习能力。

（二）根据岗位群及岗位职责，梳理知识体系、构建课程体系

物流企业所服务的行业不尽相同，涉及图书、服装、家电、原材料等，对专业知识要求不同，本科生培养“宽口径”的应用型人才，进行课程体系建设时，不能根据某家企业的知识结构需求确定课程体系，要综合应用型本科所面向的不同类型的物流企业，通过对企业的岗位群及岗位职责分析梳理出知识体系。

物流管理专业具有较强实用性的应用型课程体系的构建必须结合企业需求，根据物流管理专业学生就业的岗位群所需的知识体系去构建课程体系。本科生进入企业从事物流相关工作，主要有两条职业发展通道，分别是管理通道和技术通道，物流管理专业偏向于管理通道，物流工程专业偏向于技术

通道。管理通道的岗位群所需的知识结构，需要建立理论课程体系和实验实践课程体系，要体现综合素质培养、专业知识和专业技能培养、应用能力培养，又要体现创新思维的培养。构建课程体系时考虑到高校人才培养具有一定的滞后性，在课程体系设计时既要考虑当前的物流行业发展现状，同时要兼顾行业未来五年的发展趋势。

（三）课程建设

为了按照课程体系较好地实现教学目标，还需根据课程体系对开设的具体课程进行系统规划，确定课程及该课程的教学目标（知识目标、技能目标和素质目标）、教学内容以及教学方法等，建设“1 + N”的课程团队，即每门课程设定一位课程建设负责人，多人参加的课程建设团队，鼓励课程团队邀请企业专家参与课程建设，撰写体现应用型人才培养目标和企业人才需求的课程标准，并进行多轮讨论，邀请企业专家进行诊断，同时通过企业专家参与课程建设，避免实践教学内容与企业实际需求脱节等问题。各门课程的负责人在课程建设时要相互沟通，避免不同课程中有重复的教学内容，如果涉及无法避免的重复内容，要确定教学目标和教学方法不同。

教师在选择课程配套教材时，要根据课程标准，由课程建设团队选择适用的教材，并逐渐编写讲义或出版教材，根据物流产业的发展变化，不断修改完善课程标准和教材。这样，可以避免先修课程和后续课程内容上的重复、讲授同一门课程的不同教师选择的教材和授课重点不同等诸多问题。

三、应用型本科物流管理专业课程体系的构建

应用型本科物流管理专业培养要实现“能力强，高素质”的人才培养定位，可以通过对学生基本素质、专业能力和职业提升能力等三个方面的系统培养来实现能够满足企业需求的职业素养，使学生具备的职业能力能够以尽可能短的时间适应企业的岗位需求。通过对物流岗位群的调研发现，在学生首次就业的岗位中，企业对学生的基本素质和综合素养要求较高，而专业知识位居其后，学生通过短期的专业培训就能较快地胜任基层工作，所以应在课程体系的设置中突出学生综合素质、职业素养、实践能力和创新能力的培养。

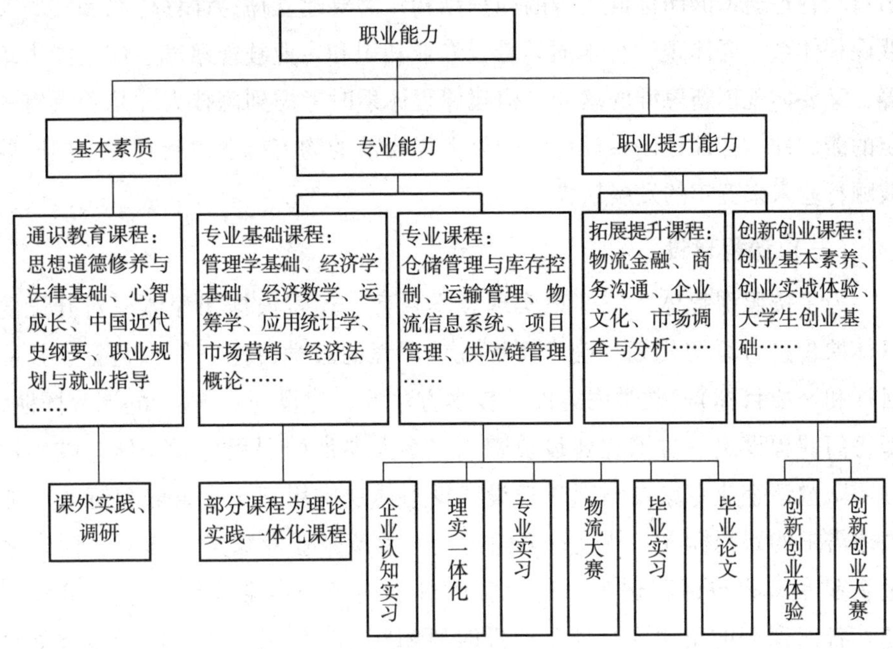

图 2　应用型本科物流管理专业课程体系

（一）理论课程体系

应用型本科在理论课程体系的设置中要充分体现服务于区域经济发展和所定位的企业的岗位需求。

1. 通识教育课

通识教育课程旨在培养大学生应具备的基本素质，同时根据学校特色，开设心智成长、小荷成长训练（拓展训练）和职业规划与就业指导等课程，培养学生团队合作能力、职业规划能力等。

2. 专业基础课

专业基础课程的开设要与学生企业需求紧密结合，突出体现应用性，所开设课程要为学生专业课的学习做准备，同时兼顾学生毕业后三年内的职业发展需求。

3. 专业课

专业课的课程开设和教学内容要紧密与所面向的岗位群需求和未来五年左右的发展相结合，与时俱进，避免不同课程在内容上的重复，根据学校所服务的区域经济特点和学生就业的企业类型，可以按不同的专业方向分，如学生面向生产制造业、连锁零售业就业，可以按企业物流方向分，对应开设生产运作管理、采购与供应管理、商品包装技术、供应链管理等课程。同理，如果同时面向第三方物流企业、快递类企业，可以开设第三方物流方向课程；如果面向贸易公司、国际物流企业等，可以开设国际物流方向课程。应用型本科物流管理专业的专业方向选择不能过于狭窄。

4. 职业岗位拓展提升课

职业岗位拓展课程的开设，主要是为了拓宽学生的知识面，培养学生具备管理者素质，为学生的晋升发展拓宽道路。

5. 创新创业能力提升课

应时代发展需要和贯彻落实《教育规划纲要》中提出的创新型人才培养要求，设置创新创业能力提升课程，旨在培养学生创新思维，提升学生创新创业能力。

（二）实验实践课程体系

实验实践课程体系与理论课程体系相辅相成，培养学生的实践应用能力、创新能力和职业素养。实验实践课程体系包括通识教育实践课、专业课实验实践课、拓展提升实践课、毕业综合实践，分别贯穿在大学一年级到大学四年级期间（见图3）。

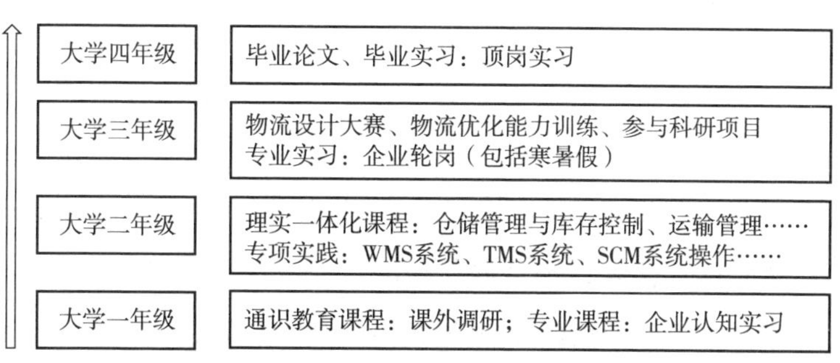

图3 实践课程体系

大学一年级主要以企业物流岗位认知和企业调研为主，大学二年级和大学三年级通过专业课理实一体化教学开展专项实践，大学三年级开始进行物流综合优化能力训练、企业轮岗实习，大学四年级阶段的实验实践课主要是企业顶岗实习和毕业论文（设计），同时在大学三年级，如学生具备一定的专业知识和基本素质，可以组织和鼓励综合能力较强的学生参加校内外的物流设计大赛、创新创业大赛和参与教师的科研项目，进一步提升学生的学习能力、职业能力、创新能力和综合素养。

四、应用型本科物流管理专业课程体系实施的保障措施

保障应用型本科物流管理专业课程体系科学合理并有效实施，是一个系统工程，需要从校企合作、课程建设、教学方法、师资队伍建设等多方面采取有效措施。

（一）加强与企业的沟通，了解企业人才需求

我国近些年物流业发展迅猛，产业不断升级，对人才的需求也在变化，物流管理专业具有较强的应用型和实践性，物流管理专业课程体系的建设必须依托企业人才需求，并随着企业需求的变化进行调整，应用型本科院校需要定期对所服务的区域经济物流岗位群对应用型本科学生在知识结构、专业能力和职业素养等方面的需求变化进行调研，不能孤立起来做教学，或者一次调研一劳永逸。

（二）建立校企合作机制，提供学生实习岗位

学校需要与能够提供物流岗位的优质企业建立合作机制，企业为学生提供实习岗位、派企业讲师到学校开展讲座，参与课程建设，学校为企业培养认同企业文化、适应企业发展需求的物流管理人才，参与企业项目，为企业提供咨询、培训等服务。学生从大学一年级、大学二年级开始进入企业进行参观学习、调研等，大学三年级、大学四年级进行轮岗实习和顶岗实习，既可有效增加学生实践能力，又有效缩短了学生毕业后适应工作岗位的时间。

（三）建立课程团队，修订课程标准

根据课程体系及企业岗位知识结构和知识体系需求，成立“1＋N”的课程建设团队，如果师资条件有限，可以从几门核心课程着手建设，结合调研结果撰写课程标准，并严格执行，课程标准的制定是落实课程体系建设的重要环节，要避免建设的课程体系形同虚设。

（四）采用多种教学方法，增强学生的职业兴趣

随着高等教育大众化和企业需求个性化，教育教学方法也要符合学生的接受习惯，高校教师必须转变观念，采用项目教学、案例教学和混合式教学（MOOC 和传统教学相结合）等多种方法，融入职业道德和行业发展最新动态，

提高学生对行业的认知，增强学生对物流管理专业的学习兴趣。

（五）构建结构合理的师资队伍

合理的师资队伍是实现应用型人才培养目标和应用型本科物流管理课程体系的重要保障，而师资队伍建设不是短时间能实现的，除了利用寒暑假期间安排教师到企业挂职锻炼之外，还可以邀请企业专家——企业物流岗位相关主管或经理进课堂。涉及理实一体化的课程模块或者实践课程模块，同一课堂可以由专业教师和企业专家共同完成，既提高学生的课堂兴趣，也可以让专业课教师间接获得企业经验，同时，每门专业核心课程的课程建设团队邀请至少1位企业专家参与。

总之，应用型本科物流管理专业课程体系建设是一项系统工程，需要企业和学校共同完成，学校要对企业岗位需求进行调研并定期进行跟踪，了解企业、行业的发展变化对人才需求的变化，不断调整教学计划、课程体系和教学内容，以实现应用型本科院校物流管理专业的人才培养能更好地服务于区域经济发展。

参考文献

[1] 教育部．国家中长期教育改革和发展规划纲要（2010—2020年）OL.

[2] 吕玉兰．应用型本科院校物流管理专业人才培养途径研究［J］．物流科技，2011（1）：86－90.

[3] 林锦钊．高校物流专业课程体系比较与分析［J］．大学教育，2016（5）：22－26.

[4] 关高峰，李诗珍．物流管理应用型本科专业实践教学体系构建研究——以长江大学为例［J］．物流技术，2014（4）：378－380.

[5] 吕玉兰．应用型本科院校物流管理专业人才培养途径研究［J］．盐城工学院报，2011（9）：86－90.

本文系2015年民办教育发展促进项目—服务区域经济发展—北京吉利学院教育教学改革试验项目—应用型本科物流管理专业课程体系建设项目部分研究成果。

高校物联网专业的课程体系探索

——2015北京市大学生训练项目“智慧校园”的实施有感

王　颖　李　翀[①]

内容摘要： 高等院校面对物联网产业所带来的机遇与挑战，建立起适应物联网产业需求的高职层次专业，并培养适应物联网产业的新兴人才，是紧跟社会经济发展的必然要求。本文通过物联网概述，进而提出物联网专业定位，最后给出相关专业方向的人才培养方案和主干课程设置。

关键词： 物联网　课程体系　培养方案

物联网的概念最早于1999年由麻省理工学院的Ashton教授提出，我国在当时对传感网也有研究，自温总理2009年8月提出“感知中国”以来，物联网被正式列为国家五大新兴战略性产业之一，物联网在中国受到了全社会极大的关注[①]。清华大学技术创新研究中心一份调查报告预计，到2020年，中国物联网市场规模将超过万亿元。

物联网是当前最具发展潜力的产业之一，在其自身发展的同时，还将带动微电子技术、传感元器件、自动控制、机器智能等一系列相关产业的持续发展，带来庞大的产业集群效应。一个新兴的产业群能在不长的时间内取得规模化的发展，人才需求的缺口将是影响它发展的瓶颈，这需要高校为它的生存发展源源不断地培养应用型技术型人才。同时，我国与德国、美国、韩国是物联网国际标准制定的4个发起国和主导国，在国际标准制定中具有重要话语权。要想在物联网技术发展上保持领先优势，同样也需要我国的高校为其培养和储备可持续发展的人才。因此，我们应加大物联网各层次人才的培养，摆在我们面前的首要任务就是准确定位各层次教育的物联网专业。

---

① 王颖（1977—），女，工学博士，副教授，研究方向：信号与信息处理。
李翀（1983—），女，硕士，副教授，研究方向：计算机网络。

一、高校物联网专业开设现状

对于物联网专业的开设，一直存在着较大的争议，一部分学者认为虽然物联网已被提高到国家发展战略的高度，但只是多学科的融合，没有必要形成专门的专业，就像我国大力发展信息产业，但没有开设信息专业一样；持不同观点的学者认为随着产业结构的调整，应该根据社会对人才的需求来设置新专业，不必拘泥于传统的专业结构。

教育部已于2010年7月9日公布了新一批大学专业，物联网工程赫然在列。据统计，2010年共有700多所本科院校申报物联网相关专业，最终30所获批，2011年又有30多所学校获批开设物联网工程专业；首批获批开设物联网应用技术专业的高职院校共22所。尽管高等院校开设物联网相关专业的热情高涨，但有一个现实问题却不容回避，那就是目前大多数高校的物联网专业不但课程未形成体系，师资力量严重缺乏，且实验实训建设标准等相关问题也有待进一步规范。

二、高校物联网专业的定位

目前，物联网产业刚刚起步，产业链尚未形成，从事物联网技术应用的企业也正处于转型过程中，物联网技术标准未统一，区域、行业、企业对物联网技术应用人才的需求量虽然很大，但岗位不清晰，这给物联网专业的培养目标和课程体系的建设带来了较大的难度，大多数本科院校都在按照自己的理解或自己的强势学科在组织教学，更加导致物联网专业没有可参考的准则。

在确定培养目标的过程中，应着重考虑培养目标与人才需求是否相适应；要有侧重点、有方向地培养人才；要凸显出自己学校的特色。

综上所述，高校应当首先将物联网专业人才培养目标定位为掌握物联网的基础知识，具备运用计算机技术、嵌入式系统技术、传感技术和互联网技术进行信息感知识别、传输处理和控制的能力，能进行系统集成及相关技术与产品的开发和应用推广，具有物联网工程实践能力的高素质技能人才。

三、课程体系构建

课程体系的构建是专业建设中关键的一环，直接影响到培养目标能否顺利如期实现，也就会直接影响到培养的人才是否能符合市场的需求。高校在构建课程体系时要对物联网专业人才的岗位进行调研与分析，以就业为导向。同时还应该考虑到专业的应用方向与应用领域，与物联网企业进行合作，根据企业实际的物联网工程项目的实施过程来构建课程体系。

建设物联网专业应当规避办学风险，从学校现有的支撑物联网的专业着手，先建立起物联网基础模块的专业人才培养导向，再逐步根据物联网产业发展的实际情况做出相应专业的调整。这样既能减少办学风险，利用现有的教学资源、产业资源来实施物联网专业的建设，又可以带动原有专业的发展，与此同时，能紧跟行业和市场变化，灵活调整培养目标和课程体系，更新专业内涵，占据主动权。目前，物联网产业所涉及的四大核心学科分别是：微电子、无线传感、通信传输、计算机及其网络。如何把这四个核心学科融入物联网专业建设中是人才培养和课程建设的关键问题。根据高职的办学特点，结合以上四个学科在物联网技术结构中的应用层面，本文将从物联网感知设备、物联网通信、物联网开发和集成、物联网管理和服务四个专业方向来讨论物联网专业人才培养方案和核心课程，重点是新实践课程的设置。

（一）物联网感知设备方向

人才培养目标：培养适应国家现代化建设需要，德、智、体全面发展，具有基础厚、口径宽、能力强、综合型强、素质高等特点，富有社会责任感，以系统扎实地掌握电子电路技术、传感信息处理技术、电子标签使用技术、智能芯片调试技术、单片机应用技术、嵌入式测试等相关技术，服务于物联网感知层领域的企业生产、工程施工、技术服务的一线人员。

专业核心课程：电路基础、模拟电路、数字电路、高频电子、传感与检测技术、单片机原理及应用、射频识别技术、嵌入式系统测试与调试。

实践实训项目：基础电路实训、单片机实训、RFID 综合实训、嵌入式系统开发实训、传感网络实验等。

（二）物联网通信方向

人才培养目标：培养德、智、体全面发展，知识结构合理、从业心态好，具备扎实的无线网络技术、物联网相关高频和微波技术，有线和无线网络通信理论、信息处理能力，并能从事一定网络系统设计、架构的实用型通信网络人才，主要服务于物联网传输层网络的安装、检测、调试等工作。

专业核心课程：模拟电路、通信原理、移动通信技术、微波与天线、无线传感网络、信号与系统、数字信号处理。

实践实训项目：无线点对点通信技术实现原理和办法、微功耗无线网络结构和拓扑、移动通信综合实训等。

（三）物联网开发和集成方向

人才培养目标：培养德、智、体全面协调发展，掌握物联网的基本理论，具备基于计算机技术、自动控制技术、传感信息处理技术和互联网技术进行信息标识、获取、传输、处理、识别和控制的能力，能进行系统集成及相关技术与产品的应用推广，具有物联网工程实践能力，服务于经济和社会发展需要的高素质应用型复合人才。

专业核心课程：联网技术、计算机网络、软件工程、Zigbee 协议及应用、微机原理与接口技术、操作系统、运筹学、信息安全基础、数据结构、数据库原理及应用。

实践实训项目：程序设计实践、数据结构实践、基于 Web 的数据库设计实践、典型的无线传感器网络——Zigbee、小型物联网综合设计与实现等。

（四）物联网管理和服务方向

人才培养目标：培养学生德、智、体全面发展，知识结构合理、从业心态好，具备扎实的无线网络技术、传感信息处理技术和互联网技术，能进行系统维护及相关技术与产品的应用推广。

专业核心课程：电路基础、模拟电路、数字电路、无线传感网络、联网技术、计算机网络、Zigbee 协议及应用、外包管理、物联网与 Web 服务。

实践实训项目：无线点对点通信技术实现原理和办法、传感网络实验、基于 Web 的数据库设计实践。

物联网是一个新兴产业，在今后几年的发展过程中，必将成为一个新的支柱产业，它需要高等院校和科研院所培养工程设计、系统分析和技术应用等不同层次的人才。不同层次的人才教育必须专业定位清晰、人才培养目标明确、课程设置合理、师资队伍合理、实验实训条件先进、保障体系有效，这样才能培养不同层次的，适合物联网产业发展的高素质人才。

参考文献

［1］江昆．高职院校物联网专业建设方向与定位探析［J］．现代商贸工业，2011（3）：223－224.

［2］杨从亚．高职物联网专业建设探索［J］．职业技术教育，2010

(35)：5 - 7.

[3] 顾卫杰，王云良. 对不同层次教育的物联网专业定位的思考 [J]. 中国电力教育，2011 (27)：182 - 183.

[4] 韩永学. 对不同层次教育的物联网专业定位的思考 [J]. 环球市场信息导报，201 (12)：76 - 78.

[5] 桂小林. 物联网技术专业课程体系探索 [J]. 计算机教育，2010 (16)：1 - 3.

第三章
素质教育

论“小荷成长训练营”课程对于提高北京吉利学院学生素质教育水平的重要意义

林一鸣　郝　征①

内容摘要：北京吉利学院创新教育模式，为提高学生综合素质和能力，提升就业竞争力，真正实现“走进校园是为了更好地走向社会”的办学目标，致力于学生素质教育的研究和实践。通过文献检索、考察调研、问卷调查、专家咨询、经验总结，通过多年的研究、实践，研发出一套适合民办院校学生素质教育的课程“小荷成长训练营”，通过实施和研究，证明该课程对提高北京吉利学院学生素质教育水平有重要意义，具有积极的推动作用。

关键词：素质教育　课程　北京吉利学院　小荷成长训练营

一、前言

改革开放以来，我国的高等教育规模不断扩大，高等教育大众化得到快速推进，其中民办大学成为不可忽视的生力军，随着教学改革的深入和社会对高素质人才需求的日益紧迫，学校的素质教育工作被提到了一个崭新的高度。中共中央 1999 年颁发了《关于深化教育改革，全面推进素质教育的决定》，2004 年颁发了《关于进一步加强和改进大学生思想政治教育的意见》，2007 年教育部颁发了《关于进一步深化本科教学改革，全面提高教学质量的若干意见》，对加强素质教育和提高大学生素质，以及对大学生的能力培养提

---

① 林一鸣，（1968—），教授，EMBA，MBA，高级心理咨询师，高级职业经理人。全国绿色饭店委员会专家委员，国家职业资格鉴定督导员；国家服务行业标准评审专家。曾在英国联合投资、香港半岛等国际管理集团担任中国区 CEO 等高级管理职务 16 年。1994 年最早创办国际酒店管理培训学校，2003 年荣获中国饭店业首批“经营管理大师”称号，2008 年荣获“中华创新英才”称号。2012 年，组织并设计的素质教育课程荣获北京市高等教育教学成果二等奖。2014 年 9 月，荣获“北京民办教育园丁奖”优秀校长荣誉称号，2015 年 3 月 6 日，荣获由北京市民政局、北京市人力资源和社会保障局颁发的“北京市社会组织系统先进集体及先进个人”。

郝征，（1979—），副教授，二级心理咨询师，高级拓展训练师，主要负责学生管理及素质教育工作。

出了具体要求，也对高职院校素质教育的改革和创新提出了新的工作思路。

十二年的办学历程中，北京吉利学院以培养应用型、技能型、创新型人才为目标，进行符合自身特点的素质教育，这不但是学校生存发展的关键，也是同类院校共同关注的课题。2009 年以来，北京吉利大学对素质教育工作进行了一系列的探索和实践，对提升学生全面素质采取了积极措施，其中具有北京吉利大学办学特色和教改亮点的“311 就业导向教育模式”内的第二个“1”即为“素质训练体系”，以培养学生表达交流、就业上岗、团队合作、批判思维和终身学习等五种能力为教育目标。另外，2010 年我校提出了以教学改革和学校发展为核心的“十大工程”，将职业素质工程列入其中，成为学校改革发展的特色工作。

为了推进素质教育工作，提高素质教育水平，学校在 2010 年成立素质教育部，经过三年的探索，2012 年更名为素质教育中心，形成了包含素质教育研发部、素质教育教学部和素质教育事业部的综合部门，统筹和协调全校素质教育工作，并将 2009 年着手研究的、2010 年全面实施的素质教育课程，正式定名为“小荷成长训练营”。

二、研究对象和研究方法

（一）研究对象

北京吉利学院全体学生。

（二）研究方法

1. 文献检索法

对国内外相关高等院校素质教育的文献进行学习和研究，归纳整理。

2. 问卷调查法

对北京吉利学院的师生进行课程设计、课程内容和课程效果方面的问卷调查；对用人单位和企业进行毕业生综合素质和满意度问卷调查；对学生家长进行满意度调查。

3. 专家访谈

对校内外的专家进行访谈，听取和收集专家意见。

4. 考察调研法

对多家高校进行调研、考察，学习其先进经验和做法。

5. 经验总结法

通过边实施，边总结，边完善的理念和思路，积累多年素质教育工作的经验。

三、研究的内容

小荷成长训练营课程主要针对当代大学生的认知与行为发展特点，依据心理学、教育学原理而设计，课程采用3H教学模式，即激发思维（head）、情景互动（hands）、激励心智（heart）的教学方法，让学生在“动脑”（逻辑思维）、“动手”（实践操作）、“动心”（心智成长）中完成学习，得到启迪。教学内容与方式的创新有效解决了当代大学生普遍存在的自我主义、价值观缺失、享乐主义及心灵扭曲等心理问题，如生命的意义训练、压力与情绪管理训练、竞争与人际关系训练、团队意识训练等课程让学生的心理素质得到了极大提升，深刻理解了责任、信任及感恩等做人的道理，并有付诸行动的决心与信心。

本项研究的目的是打造名为“小荷成长训练营”的素质教育课程，并有效地组织和实施，以提高我校素质教育水平，全面提高学生综合素质，增强学生就业竞争力。研究内容主要由以下几个部分组成：

“小荷成长训练营”课程设计；教学团队建设和师资培养；教学场地设施建设；产、学、研一体的素质教育组织与实施运作模式。

四、研究成果

截至目前，在校领导和各学院师生的共同努力下，“小荷成长训练营”项目的研究已初见成效，成果主要体现在：

（一）设计研发符合我校办学理念和学生特点的素质教育课程——“小荷成长训练营”

“小荷成长训练营”课程设计和研究的依据是社会对人才需求的变化。从共青团中央学校部北京大学公共策略研究所《关于2006届大学生求职与就业状况的调查报告》（对4000名本科学生及44家不同企业进行调查）可以看到，被调查的大学生中已经签约和意向签约的只有49.81%，半数的学生找不到工作或者选择继续深造。由于社会经济的发展和我国市场经济的改革，社会对人才的评价发生了巨大变化。调查报告显示，44家企业在招聘时将专业能力放在首位的有 16 家（36.4%），将自我表达能力放在首位的有 13 家（29.5%），将环境适应能力放在首位的有 8 家（18.2%），将交际能力放在首位的有 5 家（11.4%）。

另外，“小荷成长训练营”课程设计和研究是根据我校学生特点进行的，从我校北京市高等学校教育教学改革立项项目《民办高校大学生心理素质教育及危机干预的探索与实践》的研究中发现，近五年来，对我校 28850 名新生建立的心理档案中，正常人群 26891 名，异常 1959 名，异常比例占 6.79%，存在中度以上心理问题的学生可能有大约 22.33%，这一结果远远超出了北京市 1998 年对普通大学生 16.51% 的调查结果。问题主要表现为：①行为问题突出：旷课、迟到、早退、打架、偷盗现象时有发生；②厌学情况严重：对课程没兴趣，不懂得学习方法，不会合理安排时间；③人际关系问题较多：宿舍关系紧张、男女交往不当、与老师关系不和等；④情绪问题突出：容易冲动、缺乏理智；⑤意志力缺乏；⑥自信心严重不足，对未来没有规划，缺乏明确目标。此外，民办高校大学生客观上承受着更多压力，如社会偏见、文化基础差、经济负担重、就业相对困难等。

因此，“小荷成长训练”的课程设计以增强学生就业能力为目标，注重学生心智成长、提高学生综合素质和能力，符合社会对人才的需求和我校校情、学生特点。经过设计和研发，“小荷成长训练营”包含了成长训练、心灵之旅、幸福课、职业梦想四门课程，并在逐步实施和完善。

（二）形成专兼职相结合、教师与学生相结合的教学团队

1. 小荷讲师团的建设

根据我校办学理念和素质教育工作的要求，以及“小荷成长训练营”的课程特点，2010 年组建了“小荷讲师团”，并逐年壮大，至今小荷讲师团专兼职讲师有 100 多人。

2. 小荷讲师团人员构成

小荷讲师团的建立遵循素质教育全员参与的原则，鼓励我校所有教职员工积极参与，无论专职教师、教务人员、行政人员，还是校领导、辅导员、后勤服务人员，只要热爱教育事业，能打开心扉，并具备一定特长，均可报名参加，通过面试培训后即可成为小荷讲师团的兼职教师。除此之外，素质教育中心所有教师作为小荷讲师团的专职教师，需要参与课程研发和教学工作，共同推动教研工作发展。

3. 小荷讲师团人员的选拔

通过语言表达考量、动手操作考量等等一系列的面试程序，考察报名人员对素质教育工作的认识、对教育事业和学生的热爱程度以及基本的动手能力，在此基础上，经过拓展培训，考核教师的表达与交流能力、逻辑思维能力、自我学习、管理能力以及团队合作能力。

4. 小荷讲师团的工作任务

主要负责“小荷成长训练营”课程的讲授与评价，参与课程研发工作，以及对小荷讲师助教团的辅导工作。

5. 小荷讲师助教团的建设

由于课程需要，也为鼓励学生积极参与我校的教育改革，为学生提供更多更好的实践机会和平台，每个小荷讲师都要培养一到两个学生助教，主要负责场地布置、情景模拟、灯光、音响、器材操控等环节。为规范管理，不断提升学生的各项能力和素质，2010 年 12 月 20 日成立了小荷讲师助教团，他们在协助教师完成授课任务的同时，也会参与课程调研和反馈统计工作，目前先后有 400 多名学生参与过小荷助教团的工作。

（三）教学场地、器材及道具的建设、改造和购买

根据“小荷成长训练营”课程的需求，我校新建拓展训练基地、幸福吧，并改造了多媒体教室，购置了大量课程所需的道具和教学器材。

1. 建设拓展训练基地

拓展训练基地是户外拓展训练的核心，是拓展训练教学、教职员工培训、对外拓展培训的主要场所。先后在 2011 年 7 月、2013 年 12 月建设 20000 平方米的拓展训练一、二期基地。

2. 整合资源，改造“小荷成长训练营”教室

小荷课程对教室有着严格要求，教室必须拥有遮光帘、多媒体、移动桌椅、麦克风、风扇或空调等设施，为达到课程效果，各学院纷纷根据小荷成长训练营的教学需求整合和改造教室，目前，全校拥有符合教学需要的小荷教室 171 间，并腾空了 D 座教学楼作为公共教学楼，成为小荷课程的主要教学场所。同时，还在 C 座教学楼一层改造建设“幸福吧”，为幸福课提供小型讲座场地。

3. 增强课程效果，购置大量教学器材和道具

由于小荷成长训练营体验式教学和情景模拟需要，我校每年都会投入大

量资金采购教学器材和道具。同时老师们还发挥了自己的创造力，创新了课程形式和课程道具，并自己动手设计制作了一些小型道具，以降低成本，优化效果。

（四）与多家学校、培训机构、企业建立长期合作关系

“小荷成长训练营”课程的研究与开发，不但满足了我校师生素质教育的需求，还通过近几年的组织实施与口碑相传，得到了北京市其他学校和企业的认可，并建立了合作关系。一方面我校通过培训企业员工获得经验、增加收入、促进项目研发，同时企业也可对我校相关专业学生提供实习和就业机会。目前已与北京大学拓展训练中心、东方天梓教育培训有限公司、安吉瑞教育科技发展有限公司、新东方青少年部、中国农业大学附属中学等建立合作关系。

（五）构建产学研一体的素质教育运作模式

为了推进素质教育工作，更好地组织和实施素质教育课程，提升素质教育水平，学校在2010年成立素质教育部，并在2012年更名为素质教育中心，设立教研部、教学部和事业部三个部门，分别负责课程研发、实践教学和对外培训。通过三个部门的分工协作，研发的新教材、课程不断应用到教学实践中，同时也在对外培训的过程中获得社会的反馈，从而改进课程，回馈到教学中。此外，通过对外培训不仅能贯彻我校办学和人才培养理念，提升学校美誉度和知名度，也能将培训收入投入到教学和研发中，促进我校素质教育工作的发展。

五、研究结果分析

第一，素质教育课程是根据学生心理测查和入学测试结果设计的，是建立在科学依据之上，符合我校学生特点的课程。“小荷成长训练营”的开办符合我校应用型、技能型、创新型高级人才培养的目标。课程依照个人突破—伙伴关系—团队意识的主线来组织和实施，以班级为单位，通过连续培训的形式完成。在关注学生心智成长的基础上，服务于班级建设和管理。

第二，首创“3H”教学法，即激发思维（head）、情景互动（hands）、激励心智（heart）的教学方法，让学生在动脑、动手、动心中完成学习，得到启迪。

第三，素质教育教师团队包括我校专职教师、行政人员、班级辅导员、学生助教，充分体现了全员参与的素质教育理念；同时也体现了我校素质教育工作教职员工率先垂范的指导思想，提高了教职员工的工作热情和积极性。

第四，“小荷成长训练营”形成了以研发为灵魂，教学为中心，创收为促进的独特“产学研”经营模式。研发环节为教学和对外创收提供课程，创收为研发和教学提供资源，而研发和创收的最终目的是为了素质教育教学。

六、研究结果应用情况

第一，自2009年起，我校投入了大量精力进行素质教育课程征询和研发，2010年设计完成并在新生入学教育期间实施的素质教育培训“小荷成长训练营”，得到了全校师生的认可，受到了普遍欢迎，学生的平均到课率为91.5%，学生满意率为98.4%。通过教师反馈、学生意见征询和问卷调查，课程在时间、内容、形式等方面都做出了调整，课程内容模块化，训练目的突出化，更注重学生的心智成长。通过“小荷成长训练营”课程的训练，在对60家用人单位和企业的调研中，认为毕业生综合素质和能力普遍提升的有57家，占比95%。在对家长的问卷调查中，有74.5%的家长表示学生通过课程的训练，成熟了、懂事了，对学校开设“小荷成长训练营”课程表示支持和认可。

第二，小荷讲师团是小荷成长训练营的主要师资力量，2010年7月，来自全校各个学院的近百名专职教师、行政和教辅系统老师，经过分批面试和考核，最终有50名优秀教师成为第一批素质教育讲师。截至2016年9月，讲师团已扩增至101人。此外，通过第十届高校拓展教师研习营的培训，有22名老师通过考核，获得人力资源部颁发的中级拓展培训师证书，成为户外拓展课程的授课教师。小荷讲师团不断总结授课经验，积极研发新课程，6年来共研发课程十余项，整理课件50余万字，照片19万多张，团队建设海报和旗帜近5000份，快乐小条32000余张、调查问卷18000余份。

第三，小荷拓展训练营课程采用体验式教学法，主要注重个人逆境突破训练、团队合作训练。2010年建成专业户外拓展基地一个，占地2000平方米，包括四个高空项目：高空断桥、空中单杠、巨人天梯、合力过桥，六个中低空项目：毕业墙、相依线、硫酸池、跷跷板、孤岛求生、信任背摔，十余个地面项目：同心鼓、书架、有轨电车、水平云梯、雷阵、挑战150等。2013年建设拓展基地二期工程，包括攀岩、CS等项目。同时，各学院改造的“小荷成长训练营”教室现有171间，并购置了大量教具和器材，完全能满足授课需求。

第四，成立素质教育中心，下设研发部、教学部、事业部。主要负责课程研发、实践教学和对外培训等工作，形成了“产学研”相结合的运作模式。

第五，“小荷成长训练营”的课程和组织实施，经过近六年的研究和实施，积累了大量经验，目前已与国资委职业经理人研究中心、央企网等单位合作出版“素质教育小荷系列教材”，并与北京大学合作，在我校召开了第十二届全国拓展教师研习营。此外，还与中国农业大学附属中学初步达成了培训协议，与人大农村研究所签订了长期合作协议，与北京大学附属小学建立了合作关系，与北京电力公司、北京电信公司、中国人寿、新华保险、百度等100多家企业建立了合作关系，可见小荷成长训练营的成果具有显著的辐射作用。

七、结论与建议

小荷成长训练营的研发与实施，是我校教师智慧的结晶和校园文化的融合，更是民办高校素质教育的全新尝试，对于提高北京吉利学院学生素质教育水平有重要的意义。小荷成长训练营课程的创新和发展，需要更多新思路和新举措，民办高校的素质教育将在探索和实践中逐渐成熟，素质教育改革与创新还需要更多的关注和各界同仁不懈的努力。

参考文献

［1］林一鸣．心智对了，世界就对了［M］．北京：中国商业出版社，2016.

［2］林一鸣．小荷才露尖尖角［M］．北京：中国政法大学出版社，2013.

［3］郝征．生存与避险—大学生安全教育读本［M］．北京：北京航空航天大学出版社，2015.

第四章
课程开发

高校“企业运营管理”物理沙盘课程开发研究

李　敏　彭于寿①

内容摘要：北京吉利学院沙盘教研中心以行动学习法为理论指导，遵循行动学习法课程开发思路，依据科学的流程，开发了“企业运营管理”应用型物理沙盘课程，实现电子沙盘与物理沙盘有效结合，并成功应用于实践教学。

关键词：物理沙盘　企业运营管理　行动学习　课程开发

沙盘推演方法长期以来应用于军事领域，借以分析和研究各种因素的变化对战役进程甚至结果的影响。20 世纪六七十年代，沙盘模拟演练作为一种教学方式在国外率先引入高校课堂，开发并推出了“企业经营沙盘模拟”课程。

20 世纪末至 21 世纪初，“企业经营沙盘模拟”课程进入中国大陆的高校教学和企业管理培训两大领域。

在高校教学领域，虽然国内外大多数高校均开设有沙盘模拟课程，且不同程度地受到学生的欢迎，但教学质量与效果不尽相同。

大多数高校的沙盘主要以软件（俗称电子沙盘）为主。许多电子沙盘软件是为了宣传普及自身的系列产品，它本身不是为高校教学开发的，对高校的教学规律缺乏深入研究，存在着诸多缺陷，并不适合高校教学。

基于此，很多高校在沙盘实训教学中逐渐以物理沙盘取代电子沙盘，形成了教学中运用物理沙盘，竞赛中使用电子沙盘的格局。但大多数高校的物理沙盘存在着侧重规则的讲解，淡化了理论知识与演练内容的关联；重对抗过程，而轻总结点评；教师和学生团队用于事务性操作的时间过多，造成时

---

① 李敏（1978—），女，硕士，教授，研究方向：经济与金融、教学管理。

彭于寿（1961—）学士，高级经济师，国内资深沙盘模拟培训师，研究方向：工商企业管理、市场营销、沙盘模拟教学。

间、价值、资源各方面的浪费等缺陷，影响实践教学效果。

北京吉利学院沙盘教学研究中心通过近十年来的沙盘教学探索和研究，在吸纳了传统物理沙盘优点的基础上，结合电脑计算系统的强大优势，组织开发了一系列“应用型物理沙盘模拟”课程。其中“企业运营管理”沙盘模拟课程作为经管类专业适用的通用综合类课程，是经管类专业群沙盘实训教学课程体系建设的基础，它的成功开发为后续结合行业特点、符合本校教学要求和学生实际情况的专业课沙盘开发奠定了基础。

一、课程开发理论模型

沙盘模拟教学不同于传统的教学方法，有其内在教学规律，其课程开发也应遵循一定的原则。北京吉利学院沙盘研发团队在长期的教学实践中，运用行动学习（Action Learning）模型解决了沙盘课程开发的方法论问题。

行动学习（Action Learning）最早由英国剑桥大学雷格·瑞文斯（Reg Revans）教授提出。我国华东理工大学高松教授、汪金爱教授结合瑞文斯等人的经典理论，以及后续学者和实践者对于行动学习的操作性定义，提出了一个行动学习的“五要素模型”（见图1）。即行动学习由问题、结构化知识、团队探索、行动和质疑与反思五个要素构成一个循环模型。

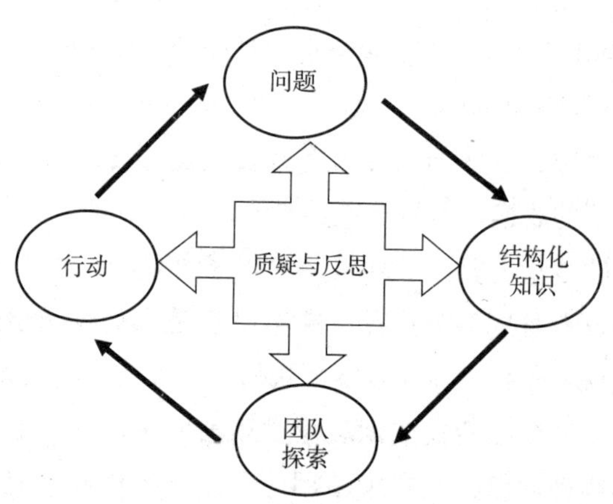

图1　行动学习五要素模型

其核心内容可做如下解读：

（1）问题是行动学习的起点和目标，解决问题就是学习的过程。

（2）一定的知识广度和专业度则是行动学习的基础，它在所要解决的问题的指引下，适当导入，有助于问题的解决和学习过程的开展。

（3）团队探索是行动学习的重要环节。

（4）行动是体验式学习的具体表现形式，在教师的组织下和计划指导下有效率地进行，并不断进行反思。

（5）质疑与反思是行动学习的关键，以上四个过程中，都需要积极地质疑与反思，以提高学习的兴趣和探究的深度。因此，质疑性见解而非结构化知识成为行动学习的根本性特征。

北京吉利学院彭于寿教授在长期的沙盘教学、培训、开发实践中，总结出了行动学习模型在沙盘开发中的指导作用，将行动学习法定义为：一群具有不同技能和经验的人组成团队，在教师的组织下，共同解决某实际问题或执行某实际方案。具有结构化知识的团队成员以有效行动共同探索，并不断地质疑和反思，在探究解决问题的过程中获得学习收获，并强化学习效果。换言之，即工作在同一组织或团队的成员，协同应对重大组织难题，努力扭转困难局面，并将其视为学习过程。

二、课程开发思路

“企业运营管理”沙盘模拟课程在行动学习模型指导下开发，其具体开发思路为：

（一）企业调研，植入“问题”，明确任务目标

任何沙盘模拟课程教学，均有明确的教学目的，这就是“问题”要素的体现。问题是学习的动机和目标，对这些问题的梳理，是每一个沙盘课程的组织者（或教师）必须解决的问题。

因此，在本课程的开发之初，课程开发团队就深入企业开展调研，了解企业运营管理的流程，并将相关流程进行简化、提炼，把握核心环节，最终确立一般企业运营管理必然面临的问题：构建公司战略、确定经营目标、资源配置、资金链管理、竞争策略等。

由此确定本课程的目标为：通过运用现代沙盘教学方法，强化学生的系统思维能力和理性思考、理性决策的意识，通过企业产供销各个环节的经营活动，人财物各项资源的有效配置和整合，切实提升学生在既定的战略基础上，分析环境、洞察市场、把握机会、整合资源、改进绩效、提高效率、优化决策的实践能力。

通过本门课程的学习，学生应：

（1）能根据市场和行业基本情况，制定公司发展战略，指导公司各项经营决策。

（2）能根据公司不同时期的经营目标，开展产品研发，优化生产资源配置。

（3）能运用财务管理相关知识，对融资、采购、成本等环节进行成本控制，保证财务安全。

（4）能通过环境分析和优劣势分析，制定本公司的市场开拓计划、市场竞争策略，力争在竞争中发展壮大。

（5）能正确运用采购与供应链管理方法，保证生产合理正常运行。

（二）问题指导，梳理并导入与沙盘模拟过程对接的知识，形成教学文件

沙盘模拟课程需要用到多方面的理论知识和一定深度的专业知识。例如“企业运营管理”沙盘模拟课程，它涉及管理学、营销学、财务管理、组织行为学等诸方面的理论知识。因此，在课程开发过程中，开发者需避免以下几个误区：

第一，侧重于对规则的设计，淡化理论知识与演练内容的关联。第二，侧重于过程对抗，忽视理论总结与点评。第三，侧重于经营成果及数据处理，忽视数据反映的理论逻辑关系。

为此，开发者需在课前对教师和学生做好理论铺垫，制定教学文件指导教学。

1. 制定课程大纲指导教师开展教学

梳理本课程所需运用的理论知识，汇集本课程所涉及的主要理论知识点，形成本课程的课程大纲，对授课教师应把握的知识点、讲解和辅导演练规则时知识点的植入、小结时知识点的运用进行指导性规定。

2. 制作教学 PPT 模板，用于教师课堂教学实践

课堂教学 PPT 的制作，是课程开发的一项重要内容。开发者需根据课程大纲所确定的教学目标、教学内容、教学课时等相关规定，开展教学设计，制作教学 PPT 模板，明确教学过程。注意 PPT 模板规定在本课程教学中必需的知识点和教学环节，但在某些教学环节则需要留给教师一定的空间进行灵活调整。

3. 制定学习手册指导学生开展课程学习

将本课程开展教学过程中学生需要了解、掌握、学习的相关学习资料进行总结规范，形成一本学习手册，开课前下发给学生，内容包括：学习指南、学习资料、课程考核标准、学习总结（作业）等。其中学习指南须明确课程定位、课程目标、教学过程组织等内容，学习资料总结课程中所必须掌握的理论知识，课程考核标准具体明确课程具体的考核细则，学习总结则是对每期演练过程的总结反思。

（三）分组角色扮演，明确团队分工，完成团队探索

“企业运营管理”沙盘模拟课程采用分组角色模拟演练的方法。根据“问题”设定的团队任务结构和特定的组织情景因素，以及团队参与者的知识、能力及其互补性要求等，设置了管理团队角色。

课程要求学生分成6组，每组5~6人，分别承担如下角色：

（1）总经理1人，负责团队组织管理、审议企业战略、审核经营预算、审批决策方案等。

（2）发展规划经理1人，负责进行战略分析、制定战略目标、设计战略方案、进行战略控制等。

（3）财务经理1人，负责制定筹资决策、进行经营预算、管理运营资金、填报财务报表等。

（4）生产技术经理1人，负责研发投资决策、购置固定资产、编制生产计划、拟定采购方案等。

（5）营销经理1人，负责进行市场调研、制定销售目标、设计营销方案、参与市场竞标等。

如果是6人一组，则可设立副总经理一人，协助总经理处理相关事务。因此，为保证沙盘课程教学组织和教学效果，对课堂教学人数有一定的限定。

根据各自的岗位角色，要求不同岗位的成员真正理解规则，并深入关注模拟情境中与本岗位相关的任务和工作，从而专注于履行自身职责，以此实现团队内技能互补。明确赋予团队负责人建设团队的责任，激发团队意识、个人成就感和团队荣誉感，从而促进团队探索和学习。

（四）科学设计演练过程，确保行动效率

行动学习始终强调“在行动中学习，在学习中行动”。因此，课程的成功与否，在于演练过程是否环节清晰、规则明确、衔接有序、时间分配合理、重点突出。基于此，“企业运营管理”沙盘模拟课程在开发过程中着重解决了以下几个问题：

1. 规则设计强调简单化

本课程规则突破了同类课程规则复杂、繁琐的缺陷，设计简单、明了、易懂，而且能反映企业真实运营状况，在五十分钟以内通过自学和教师辅导即可掌握。

2. 沙盘模具设计形象化

在以往的课程培训和教学实践过程中，开发者总结了以往模具存在的易污损、笨重、携带不便、易混淆等缺陷，自行设计开发了盘面、代币、厂房、产品、原材料、应收账款等模具，设计形象，易辨别和携带。

3. 数据处理电子化

在很多传统的物理沙盘中，教师和学生演练过程中大量的时间耗费在数据计算和处理上，导致学生产生畏难情绪，演练质量不高。本课程在开发过程中，运用Excel强大的数据处理功能，大量的数据运算都可通过Excel实现，学生只需在相关学习用表中填入简单的数据，其结果无须计算，教师或助教将学生的数据录入电脑，电脑即可计算出相应结果并立即公布，大大节省了课堂的授课时间，也调动了学生学习的积极性。在进一步的课程开发过程中，学生即可通过在电脑上自行录入数据，简化了教师的工作量。

4. 演练过程设计清晰化

在课程的开发中，开发人员着重对演练过程进行设计，并明确各个环节需完成的任务以及教师在此过程中应承担的职责。

具体演练环节如图2所示（见下页）。

（五）强化总结点评，将质疑与反思贯穿于整个教学过程

质疑是富有洞察性的问题或提问方式，反思是对个体、团队、组织所提出的问题或解决方案进行批判性思考。质疑与反思是完成沙盘模拟阶段性和最终总结的重要方法，它贯穿于沙盘模拟的全过程。

因此在课程设计过程中，开发团队在课程演练各个环节设计中，须注重质疑与反思的运用。如在团队组建中允许学生对岗位职责提出质疑，对团队目标提出反思等。

质疑与反思最重要的环节体现在对各个阶段的总结点评环节设计。

课程在每一期演练结束后，要求每组人员就团队本期的目标设定、战略

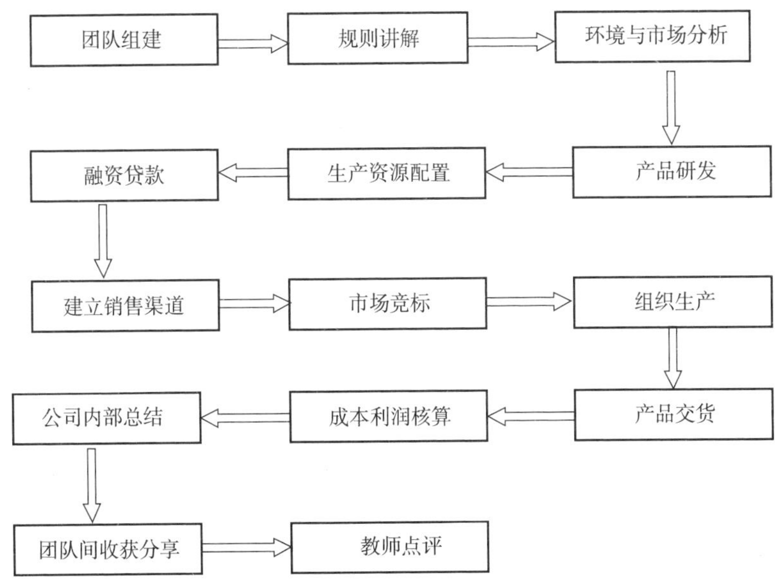

图2 企业运营管理沙盘模拟课程演练流程

执行、经营得失及下一步的调整进行总结。同时，个人还需撰写学习报告，就演练内容、本人承担的工作、个人的收获及存在的问题进行总结，指导下一步的演练。

课程还设计了教师点评的环节，教师作为质疑反思的评估者，其点评的深度和力度决定了课堂的成功与精彩之处。因此，对沙盘教师的知识、素质、能力等提出了更高的要求。

三、课程创新点

与其他高校和培训机构的企业经营管理沙盘模拟课程相比，本课程具有如下特色：

（一）建立了课程开发的理论指导框架

本课题将行动学习模型引入沙盘课程开发，解决了长期以来缺失的沙盘课程开发方法论问题。课程以行动学习五要素模型为基础，在沙盘模拟过程中植入行动学习的理论与方法，使学生明确任务目标，在梳理并对接与课程主题相关的结构化知识基础上，促使学生独立思考、加强团队探索，提高学习行动的有效性，并将质疑与反思贯穿于全过程，大大提高沙盘教学质量。

（二）将电子沙盘优势与物理沙盘有机结合，打造应用型物理沙盘

在本课程开发过程中，利用物理沙盘的优势解决了电子沙盘在团队探索、团队共同提高、直观、具体、参与性等方面存在的问题；同时利用 Excel 电子表格强大的数据计算功能，设计开发相应的电子表格，简化计算程序，提供电子报表，解决了传统物理沙盘在数据计算与分析方面的缺陷，实现了电子沙盘与物理沙盘的有效结合。

四、课程实际应用

“企业运营管理”沙盘模拟课程，通过模拟企业实战的环境，让学生身临其境地感受作为一个企业经营者直面市场的精彩与残酷，使学生在演练中学习、在竞争中学习、在沟通中学习、在错误中学习、在改进中学习、在快乐中学习，让课堂极具实战色彩，学生参与度高，在很大程度上解决了学生实践能力培养的难题。

本课程在北京吉利学院两年多的教学实践中，共对 17 个专业 2000 多名学生开设此课程，获得了学生的高度评价，课堂满意率在 90% 以上。同时组织了北京吉利学院企业运营管理沙盘大赛，学生积极报名参赛，有效地实现了课赛结合。

参考文献

［1］李守伟．基于行为导向的 ERP 课程教学改革研究［J］．财会教育，2013（7）：125－127.

［2］高松，汪金爱．行动学习理论、实务与案例［M］．北京：机械工业出版社，2015.

［3］马奎特．行动学习实务操作设计、实施与评估第二版［M］．北京：人民大学出版社，2013.

基金项目：2015 年北京民办教育发展促进项目，服务区域经济社会发展项目（教育教学改革）—北京吉利学院经管类专业群沙盘实训教学系统建设项目。

创新课程“重大新闻报道”的改革与实践

王海燕[①]

内容摘要：“重大新闻报道”课程系国内新闻院校独创课程，该课程以媒介为师，以媒体正在集中报道的重大新闻为主要授课和训练内容，体现学生在教学中的主体地位，让学生以准新闻工作者的身份参与重大新闻的策划与报道，体现实战教学特色。该课程注重国情教育，注重培养学生作为新闻工作者的综合素质。“重大新闻报道”课程的改革在实现新闻教育时代性、实践性以及复合型新闻传播人才培养上做出了卓有成效的探索。

关键词：新闻教育的时代性　实践性特征　以媒介为师　实战教学　综合素质培养

一、当前我国新闻教育现状与弊端分析

传统的新闻传播教育在特定的历史时期发挥了重要作用，培养了大量适应社会政治、经济发展的新闻传播人才，但是中国新闻传播教育的现状依然存在各种问题和弊端，上海复旦大学新闻学院副院长孟建认为：“改革开放走过 30 年的时候，中国在思考下一个 30 年怎么走，同样新闻教育也在思考下一个 30 年我们怎么走。不改革死路一条，乱改革也不行。”

当前我国新闻传播教育的弊端主要表现在如下方面：

（一）新闻传播教育在培养学生敏感和新闻发现方面需要突破和提升

新闻敏感是新闻信息从业人员的基本功。新闻敏感差主要表现为对新闻信息的事实价值缺乏分析能力、判断能力，掂量不出其价值的轻重，这是新闻专业学生面临的一个主要问题，即会写但不知写什么。国内外各新闻传播院系虽然都在强调解决这一问题，也进行了不少探索，但真正将其融入课程中，体现在教学中的，为数不多，总体效果也不理想，特别是对新闻敏感的

① 王海燕（1977—），女，博士，教授，研究方向：新闻传播职业教育、国际传播。

培养，仍未找到有效的课程支撑。

（二）学新闻的学生不知道新闻、不关心新闻

当前，新闻传播专业学生有一个普遍的问题，就是很多新闻专业的学生并不关心国内外发生的重大新闻事件，学生的注意力往往被各类明星绯闻、社会新闻、奇闻逸事所吸引，而真正应该引发新闻学子关注的时政、经济、文化、科技新闻则处于注意力的冷区，这对于培养学生的新闻敏感、社会责任感是极其不利的。如何通过课程改革，让学生养成关注国内外重大事件、关注媒体对重大新闻报道的职业习惯显得异常重要。

（三）新闻专业学生学科优势不明显，复合型人才培养成为难题

现代传媒要求传媒人才不仅要“专”，还要“通”。新型传媒人才掌握新闻专业知识的同时，最好能再掌握另外一些学科的基本知识。哥伦比亚大学新闻学院认为，学生到该新闻学院以前就应该已经有其他学科或本学科的基础，到这里来就是学怎样写好新闻的。

在行业实践中，不少传媒业内人士认为，新闻专业毕业的学生做新闻上手很快，但知识面窄，发展潜力不如经济学、法学、政治学等其他专业背景的学生。培养复合型新闻传播人才的通识教育道路是摆在新闻教育工作者面前的一道难题，如何解决这一问题，是新闻传播院系面临的一个大的课题。

（四）新闻传播教育重技法教学，轻社会责任感、国情、世情教育

在新闻传播人才素质能力培养目标中，首要的是社会责任感、使命感教育。熟悉国情，了解社会，了解国计民生，这是新闻信息从业人员的灵魂，也是新闻传播教育的灵魂。如果新闻传播教育仅仅停留在教会学生写稿、拍照、摄影、摄像、视频剪辑等技术层面，培养出来的学生将后劲不足，职业延展能力将受到影响。

综上所述，针对当前我国新闻传播教育的现状，就像中国新闻教育学会会长、教育部新闻学科教学指导委员会主任何梓华教授指出的那样：“新闻媒体需要的，高校供应不上；新闻媒体不怎么需要的，高校却在大量培养。这种状况至今不仅没有多大改善而且越来越严重。”这种脱节导致新闻教育输出的人才和社会对人才需求之间通道的堵塞，让本应形成一条流水线的两者之间产生了一道无形的墙，直接影响到新闻传播教育的生存与发展，降低了新闻传播教育的社会评价。

二、研发、建设“重大新闻报道”课程的目的与意义

（一）破解传统新闻教育局限性，落实新闻教育实践性、时代性

“重大新闻报道”在全国尚属首创，该课程基于传统新闻教育的弊端，在新闻传播人才教育模式上做出了创新与尝试，旨在探索通过科学合理的课程设置弥补传统新闻教育存在的问题和不足。

“重大新闻报道”课程对于新闻传播的实践性有三层含义：

第一，突出新闻传播教育的实践性不单纯是培养学生采写编的专业能力，更是要帮助学生了解社会，了解媒体，使学生心系国家、心系民族，关注国情、社情、民情。新闻报道的实践性价值在于关注民生。“重大新闻报道”课程通过引领学生关注当前正在发生的重大新闻来培养学生关注社会、洞察社会变化、关注民生、把握时代脉搏的职业素养。

第二，新闻学是一门应用性、实践性非常强的学科，通过实践学习基本知识和基本技能。“重大新闻报道”课程通过教学方法的创新，组织学生以新闻工作者身份策划报道重大新闻，新闻专业的基本知识和技能贯穿每一个授课环节。

第三，新闻实践是新闻理论的源泉，新闻理论是大量实践后的理论，是在实践中不断发展的，必须把实践中产生的新东西引入到教学中。在重大新闻报道中，各媒体在报道组织、报道内容、报道形式、报道手段以及技术运用等方面都有很多代表媒体未来发展方向的创新，把这些新知识引入到“重大新闻报道”的教学中，能使教学内容跟上时代的发展，使学生学到最新的知识和最实用的技能。

（二）提升学生的新闻敏感

“想群众所想，急群众所急”不仅是新闻操作技术层面的问题，也是衡量新闻价值的重要因素。对于新闻专业学生新闻敏感差这一问题，“重大新闻报道”课程通过引导学生长期关注国内外重大新闻，学习并参与重大新闻的报道，帮助学生了解时代的特点、社会的变化和当前的主要问题，增强学生的时代感，培养学生把握时代脉搏，洞察社会变化的意识和能力，帮助学生逐渐培养职业敏感，让学生知道写什么，什么是当前社会和受众需要的新闻产品，从而提升学生的新闻敏感。

（三）加强学生职业能力的培养

新闻专业的学生不仅要知道“报道什么”，同时也要知道“怎样报道”。重大新闻报道课程通过组建报道小组，让学生报道国内外各类型的重大新闻，并进行新闻作品的发布，使学生发现新闻和选择新闻的能力、鉴别信息的能力、新闻信息资源综合开发和利用的能力、创新的能力都得到了很大程度的提高。

（四）扩大学生知识领域，培养复合型新闻传播人才

新闻传播人才需要哪些领域的基础知识，往往是由他未来工作的具体内容决定的，并不限定在政治、经济、法律等某一个具体的领域，“重大新闻报道”课程是新闻传播教育对通识教育模式的一次创造性的改革与实践，它的基本思路是以媒体为师，在重大新闻报道中学习新闻专业学生需要的各种通识，培养适应未来职业需要的复合型人才。例如在全国“两会”报道实践中，我们组织学生学习中国的政治制度、提案与议案的区别、税收制度、货币政策等涉及不同领域的基本知识。这样，通过不同案例的报道和学习，学生的知识面和视野会得到很大程度的拓展，自我学习能力能得到有效的提升。

三、“重大新闻报道”课程设计实施与效果分析

（一）“重大新闻报道”课程的教学设计和安排

“重大新闻报道”课程为新闻采编与制作专业必修课，3 学分。自开设该课程以来，教师带领学生重点学习、分析、报道了历年全国“两会”、中华人民共和国成立 60 周年、澳门回归 10 周年、西南大旱、上海世博会、玉树地震、世界杯足球赛、中美汇率之战、钓鱼岛事件、亚运会、奥运会、利比亚战争、日本大地震、我国食品安全问题、中国物流行业弊端、G20 峰会等不同类型的重大新闻及热点问题。目前该课程已确立重大会议新闻报道、重大突发事件报道、重大主题报道、重大体育新闻报道、重大科技创新报道、重大国际新闻报道等六大授课模块，并明确每个模块的授课重点、知识目标、能力目标及素质目标。

在教学方法上，该课程采用项目化教学法、情境教学法、案例教学法等多种教学方法，激发学生的学习兴趣和热情，营造一种比学赶帮超的学习氛围。以全国“两会”报道为例，“重大新闻报道”推行了如下部分教学尝试：

（1）组织学生成立报道小组，每个小组都要制定“两会”报道策划方案并推出独具特色的新闻报道成果。教师对该报道内容予以讲解和评价，之后学生再进行修改和完善。

（2）组织学生报道“两会”期间的重要记者会，尤其是总理的记者见面会。学生通过电视直播参与报道总理记者会，要求学生能够即时提炼标题做出消息报道，同时报道组课下策划报道总理记者会的新闻专题，教师课上讲评。

（3）组织学生模拟总理记者会，设置主持人，组成记者报道团，安排文字记者、摄影摄像记者等，创建仿真环境，教师针对训练中出现的问题进行讲解。这种模拟记者会的方式不仅开阔了学生视野，提高了他们对社会热点问题的关注与理解，更重要的是，这种训练营造了一种仿真的媒体从业环境，学生体会到了其他实训形式难以获得的现场感、紧迫感。

在日本“3·11”大地震报道专题中，各个报道组除要完成各个小组自选选题的报道任务，还要完成如下汇报工作：

组别	作业内容	目的
一组	汇报日本地震最新消息；分析此次地震对日本的深远影响	养成关注时事的职业习惯；增强对深度报道的理解和训练深度报道思维
二组	媒体对日本民众在地震中的表现做了怎样的报道，总结这些报道的作用。体会不同新闻角度选择的作用与意义	新闻角度、新闻价值等相关知识点的运用
三组	什么是核能；核能发展的历史；世界各国对于核能发展的态度；历史上著名的核危机史以及历史背景等	相关背景知识的学习和拓展
四组	分析、讲解 1923 年的关东大地震和 1995 年阪神地震在日本发展史上的重要影响	相关背景知识的学习和拓展
五组	分析媒体对此次日本大地震报道的着力点；中国、日本和其他国际媒体的报道有何区别	媒体报道的总结概括和比较分析
各组共同关注：比较中国媒体在突发事件报道中与日本媒体的区别，并阐述如何看待这种区别		

总之，“重大新闻报道”教学过程突出学生的主体地位，使其参与重大新闻的策划与报道，并对相关知识和问题进行学习和思考，这种教学方法非常有利于激发学生的学习兴趣，拓展学生的知识领域以及培养学生的终生学习能力。

（二）“重大新闻报道”课程改革的效果分析

经过摸索、改进与完善，“重大新闻报道”课程确立了完善的课程标准、课程整体设计及单元设计思路以及完备的教学课件体系，该课程改变了以往新闻专业的学生不知道、不关心新闻的状态，学生的知识视野以及对社会的了解显著提高，新闻敏感以及新闻策划、报道能力也获得很大提升。与此同时，该课程的教学模块“‘两会’报道中记者的提问与报道角度的选择”曾在国家级微课大赛中获奖，该课程的课堂教学曾在北京市信息化大赛（课堂教学）中获奖，学生的报道成果通过网站、微信公众号等平台发布。实践证明，该课程在落实新闻教育时代性、实践性，培养学生的职业能力方面做出了卓有成效的探索。

除此之外，“重大新闻报道”课程的改革与实践得到了业界和理论界专家、学者的高度好评。重庆大学文学与新闻传媒学院院长、新华社原副社长兼常务副总编辑马胜荣教授认为，“重大新闻报道”课程的改革比较系统地结合当前新闻教育面临的新问题，课程改革的最大创新点是比较好地找到了新闻理论与实践在教学过程中的结合点。新华每日电讯社总编辑解国记认为，该课程非常具有针对性，又易操作和模仿，是新闻传播教育的原创、独创，具有很强的应用价值，同时这样的课程设置也能很好地实现与新闻单位的对接。北京吉利学院人文学院新闻系教师赵瀛教授在我校课程改革研讨会总结中说，当学生从“重大新闻”的高度望进去，发现了一个更开阔的新闻景深，这为他们提供了现今普遍匮乏的社会视角。透过不同的重大新闻提供的社会广角镜，教学给予学生的是新闻的大背景和新闻思维的制高点。

同时，该课程也得到了学生的高度评价。在每学期的期中教学总结中，学生都会谈到该课程在培养新闻敏感，提高策划能力，运用最新媒体报道成果，增强团队合作能力，提高新闻工作者综合素质等方面的重要作用。

四、结语

新闻传播专业是我国大学最热门的专业之一，但最热门的专业如何能够培养出适合岗位需求、适应社会发展需要的优秀人才，则需要新闻教育工作者做出更多的思考、探索和实践。“重大新闻报道”是新闻传播教育中做出的一次创新和尝试，实践证明，该课程获得了较好的效果。时代的变化、社会的发展、行业的需求呼唤新闻传播教育在实践中总结，在创新中发展，在反思中提升。

参考文献

［1］李希光．中国新闻教育未来之路［M］．北京：清华大学出版社，2010.

［2］冯惠敏．中国现代大学通识教育［M］．武汉：武汉大学出版社，2002.

［3］杰里·施瓦茨．如何成为顶级记者——美联社新闻报道手册．［M］．北京：中央编译出版社，2002.

［4］王海燕．对落实新闻教育时代性、实践性的探索——“重大新闻报道”课程的改革与实践［J］．教育教学论坛，2013（39）.

情境化教学的布局、执行及控制

——以“广告实务”课程为例

杨　漾　赵　辉[①]

内容摘要：本文以“广告实务”的实训教学课程为例，详细论述了情境化教学的实施细则和步骤。主要阐明情境化教学在这门课程中的规划布局，以及课程实施细节的落实，包括采用怎样的控制措施保证课程效果。最后是对这门课程这些年教学的反思与改进。

关键词：“广告实务”　情境化　职业　广告

“广告实务”课程作为广告专业的一门重要的实践型课程，是为解决学生就业理论知识与实践能力相脱节的问题而设置。这门课程以全案代理广告公司的实际工作流程为运作参考，从客户沟通、项目立项到市场调查、策略策划、创意发想、创作执行、媒体策划及发布、效果测评等，全环节授课、实践、指导相结合，让学生在就业前实际演练广告公司将要参与的工作，并尽可能确定自己的职业方向。本门课程的教学可以让学生更快过渡到职业角色中去，为职场规划奠定基础。

一、情境化教学在“广告实务”课程中的应用

（一）情境化教学与职业教育的关系

情境化教学的教育价值在于将本来打算直接诉诸人的理性知觉的思想、观点、意见、原理和法则，通过情境化的包装，改变成大家喜闻乐见的“故事”，供师生听闻、阅读、训练，从而起到教育传播、启迪、训导、帮助、教化的作用。

因此，情景化教学很好地解决了职业教育的根本问题，将职场直接搬进

---

① 杨漾（1978—），女，硕士，讲师，研究方向：网络与新媒体。
赵辉（1981—），女，硕士，副教授，研究方向：人本主义心理学、教学管理。

课堂，把很多需要在工作中磨合很久的基本沟通术语、沟通方式、工作方法等提前应用于课堂，学生可以很快适应工作环境，减轻了初入职场的紧张感与压迫感。这部分学生的就业率较高，职场满意度和幸福感也相应提高。

（二）“广告实务”课程的职业教育意义

针对广告行业，“广告实务”这门实践性课程显得非常重要。

首先，“广告实务”这门课程首先解决了学生对就业岗位及职业规划的初步思考问题。学生们参与了全部工作流程以后，通过执行比对和工作成果，可以发现自己的兴趣与能力更多在哪个环节得以彰显。

其次，学生职业能力得以检验与提高。学生们容易对一种能力浅尝辄止，眼高手低。只有当面临真实案例和实际要求的时候，往往才容易发现问题所在。

（三）落实课程目标的最佳手段：情境化教学

以广告公司的实际工作流程来执行课堂程序，按照情景化的思路设计教学，最大的受益者是学生。所谓教学相长，教师也受益颇深。实行情景化教学，学生们主动参与进来，因为在实际工作中遇到了大量不懂的问题，需要找教师沟通，所以这门课就变成了学生追着教师要学知识，这样授课自然变得轻松生动。

二、情境化教学的布局、执行及控制

情景化教学，简单来说，就是按照实际工作中的情况，将师生关系、环境设置为某种具体的工作情景。在实际教学中，这就涉及到对这门课的课程设计，在“广告实务”课程中，笔者精心设计了本门课程的布局、执行和控制，从而保证在整个教学过程中，是由工作案例引导学生推进学习和工作。

（一）布局

由于“广告实务”是按照广告公司的实际工作案例来运作，因此，有必要将广告公司的职务体系引入课程设计，便于学生们更好地了解相关岗位，因此，首先要向学生们介绍职务体系，本门课程采用的组织结构为项目经理负责制。主要分工如下：

1. 教师角色

一方面，由于需要对教学成果的质量进行把控，教师在整个运作体系中，承担各部门总监的职务，授课之初，也向学生们交代清楚，各部门总监必须起到引导思路和质量控制的作用，因此，总监会参加一部分讨论会议，并需要在最终文件及作品上签字确认。

另一方面，教师也需要承担客户的角色。客户出现频次不高，所以不影响其作为总监的职责。

2. 学生角色

首先，学生先按照初步兴趣及爱好，自觉选择希望承担的工作岗位。几年教学下来，笔者调整了一些教学思路，在一个学期中，允许学生调换职业角色，但是必须加以约束，规定是，只允许调换一次。因此，他必须想清楚自己到底适合做什么。

其次，在学生组内设置项目经理制，设置一名项目经理（通常由 AE 来兼任），负责项目的流程控制及质量控制。通常一个班成立若干个项目组时，一次课时间内，教师往往很难分身，这时候往往需要组内先有一个人来做小组的组织管理和对外沟通。

（二）执行

尽管设置了项目经理制，可以合理化利用教师的课堂时间，但是仍然不能让学生以他的主观意志来管理团队，因为这名所谓的“项目经理”其实也不太理解他的工作内容和职责，因此，制度化变得非常有必要。这也是控制执行力的一个有效手段。

笔者将自己曾经在4A公司从业时的工作模板稍作修改，提供给学生作为可参照的流程模板，这样，所做的每一步工作都有据可依。

1. 会议通知单、会议记录、工作单

通过学生每一次填写的会议通知单，笔者可以知道学生为一个环节的落实小组内有多少次沟通，以及每次沟通的主题；通过会议记录，教师能知道学生们讨论的方向是什么，问题出在哪里，什么样的思维方式和方法值得鼓励；通过工作单，教师会知道学生们做了哪些工作，正在进行什么项目。

教师在作为总监对所有表单签字时，就对他们的工作做了基本的了解，也能做思维方向的控制和指导。

2. 策略简报、创意简报

这种重要的简报内容，学生们往往会面临困惑。比如不懂简报要求的含义，不明白思路怎样推进，不理解作品连自己都不满意的问题出在哪里，这时候往往是工作出现停滞的时候，也就是最困难的时候。

通常小组出现类似问题的时候，教师可以要求AE召开一个会议，对某个职位的“总监”下达会议通知单，邀请“总监”参加他们小组的会议，但是邀请时他们需要提出他们的困惑是什么，问题是什么，难点是什么，等等。这样，小组在提问之前，首先理顺了自己的思路，通常这是解决问题的第一步。接下来，“总监”要履行自己的工作职责，就是引导团队的思考和创新，指明工作的方向，同时也对团队提出相应的要求。

3. 创作作品

由于是单项目运作，这一点与实际工作是有区别的。广告公司很少出现一个团队只有一个项目在运作的情况，通常一个项目交给后端创作的时候，前段会处理其他的项目工作。但是由于我们的课时容量的限制，我们只能单项目运作。因此，当一个项目进入到后期创作作品时期，前端岗位就空闲下来。通常我会要求前端工作人员参与其他一些工作，比如：对媒体感兴趣的同学可以开始做媒体策划、媒体排期等工作；对设计创作有兴趣的同学，也可以分担一部分设计创作的工作，甚至可以以设计二组的身份出现，提交备选作品。

总之，在任何一个阶段，不能允许学生出现空档，否则他们往往会不知所措，到了工作岗位上节奏突然变快也会极不适应。

（三）控制

所谓控制，即是对教学实施过程的控制和对教学成果质量的控制。

1. 教学实施过程的控制

教师可以根据广告公司的流程控制方法和原则来执行。首先，严格执行公司运作的基本流程，每一个环节都必须严谨准确。可能有些学生毕业后不一定去规范的大型广告公司工作，但是基本的流程应用是规范教学的根基，即使部分学生将来不一定能够接触到，但在教育中我们必须树立科学的运作流程观念。从教学的愿景来看，学生们将来有可能晋升到4A乃至国际4A广告公司工作人员，或者学生们将来有可能自己开创广告公司，这样的学习经验和体会必定使他获益匪浅。

其次，严格执行签字确认的工作规定。每一个岗位在接触到自己的工作内容时，必须以签字的方式来确认已经获知自己的工作及时间期限，这样有利于提高学生的执行力。笔者认为这门课程有责任解决提高学生执行力的这个问题，至少能在观念上向学生强化这个观点。

2. 教学成果质量的控制

教师可以以内部提案和客户提案的方式来执行。

第一次审议教学成果是内部提案环节。小组内部对创作后端创作出的作品提出自己的观点和意见，并整理出修改意见。小组内统一后进入到第二次审议。

第二次审议教学成果是客户提案环节。教师是扮演客户角色的，理论上应该由教师向学生提意见和建议。由教师带领其他组的成员作为客户小组向该项目组提出客户的观点和意见。因为其他组并没有参与小组的创作，因此，作为局外人，观点往往接近于客户的视角。这样的操作方式可以在小组间交叉进行。

三、反思与改进

由于篇幅所限，本文不能尽述“广告实务”课程的全部细节，只能从情景化教学的角度来论述本门课程教学环节的实施与控制。这门课授课几年以来，笔者每年都会认真反思并力图改进。

（一）在运作项目的选择方面

由于课程授课需要贯穿整个学期，因此很难配合实际市场的需要。早期笔者以运作失败的某品牌矿泉水为例，要求学生重新塑造其品牌。学生们由于推进到具体实施环节的时候就必然不可回避地发现原品牌失败的问题，进入到挑战市场的创新层面，往往会不知所措，士气低迷。

改进思路是，在课程实操案例的选择上，需要控制一定的难度，让学生既接触到实际市场上正在运作的商品，又不需要太高难度的思考和判断。

（二）在学生的岗位选择方面

本门课程的教学目的之一是为学生的职业规划做一个基础铺垫。因此，帮助学生选择岗位是非常重要的一个环节。有些同学的职业理想往往与他已经表现出来的某些特点并不相符，这些问题在我们的课程环节中是应该考虑进去的。

改进思路是，在与学生沟通岗位选择这个环节里，要一对一地与学生沟通，真正发现他的兴趣爱好及能力所长。

综上所述，把情景化教学真正落到实处，才能将知识系统化、操作化、融理论与实践为一体。使学生的主体作用和创新精神得到发挥，提高可持续发展能力，并具有较强的安全、环保、成本、质量、沟通、创新、团队和协作等职业意识，为今后从事相关的工作打下良好的基础。

参考文献

［1］冯涛. 浅谈高职理论课的职业情境化教学［J］. 中国校外教育，2009，(04).

［2］梅鲁海. 基于工作过程的情境化和行动化教学设计［J］. 教书育人·高教论坛，2010，(01).

［3］朱羽红. 高职项目化教学中教学情境创设的实践［J］. 职教论坛，2011，(11).

本文系北京市教委支持项目：青年英才计划《人本主义心理学在民办高校教学管理中的应用研究》（项目编号：YETP1890）部分研究成果。

《劳动法规与员工关系管理》课程设计探析

于家姝[①]

内容摘要：课程改革是实现应用型人才培养的关键。本文结合教学实践，从课程目标、教学内容、教学方法以及考核模式等方面，对人力资源管理专业的核心课程《劳动法规与员工关系管理》进行了课程设计的探索与思考。

关键词：应用型本科　劳动法规　员工关系管理　课程设计

自教育部提出要引导一批地方本科高校向应用技术类高校转型的指导思想后，"应用型人才"成为应用型本科教育的人才培养目标。为此进行专业课程的教学改革，力争培养的人才能适应社会的需要就成为迫切任务。《劳动法规与员工关系管理》课程是人力资源管理专业的核心课程，融法学理论、劳动政策和人力资源管理知识为一体，具有很强的实践性和应用性，因此在课程目标、教学内容、教学方法和课程评价等方面如何进行有针对性的设计成为了重要课题。

一、课程的目标设计

员工关系管理是人力资源管理中极为重要的环节，是实现人与事的最佳配合，保证组织目标顺利完成的重要手段，可以帮助企业留住并激励优秀人才，鞭策或淘汰不合格员工。目前，企业在员工关系管理中存在的问题是：人力资源管理人员只懂管理不懂法律，而企业法律事务专员只会简单套用法律知识但却不懂管理。人力资源管理专业开设劳动法规课程，就是适应企业需求，培养能够熟练、灵活运用劳动法的优秀人力资源管理人才，以实现课程学习与实际应用的无缝衔接。这就要求课程目标设计要体现人力资源管理的特点，要与法学专业的劳动法课程相区别。

作为人力资源管理专业的主干课程，《劳动法规与员工关系管理》知识目

---

① 于家姝（1970—），女，硕士，副教授，研究方向：法学、创业教育。

标要侧重从人力资源管理的角度介绍员工关系的基本知识与原理、国家劳动政策和劳动规律规定，强调理论与实用的结合，注重法学和管理学知识的交叉；不应该像法学专业的同类课程那样强调理论描述，注重法学理论的研习。

课程的能力目标主要是培养学生鉴别人力资源管理各环节中存在的法律风险的能力，以及防范、控制这些法律风险的能力，为企业维系良好的员工关系奠定基础。而不是如法学同类课程那样侧重培养学生的法律意识和法理分析能力。从这个角度而言，课程的名称不是《劳动法实务》，而是《劳动法规与员工关系管理》，强调人力资源管理专业人才的培养特点。因此本课程的总体目标定位是帮助学生掌握员工关系管理过程中与劳动法规相关的工作技能，从而维系和谐的员工关系，促进企业健康发展。

二、课程的教学内容设计

（一）设计思路

课程的设计体现应用型的定位——“以应用为本”“学以致用”的理念，强调理论知识服从于职业岗位需要，基于工作过程设计教学内容。具体的设计思路是定位课程对应的职业岗位，分析岗位的工作任务，在此基础上设计课程的教学内容。

经过企业调研分析，人力资源管理专业的基础岗位是员工关系岗，员工关系岗位的工作任务主要包括员工异动管理（包括入职、离职手续的办理）、HR 系统管理（数据统计分析）、员工人事服务（人事档案收集管理）、人事报表管理、员工行为规范和劳动纪律管理、劳动关系维系（劳动争议防范和处理）等。本课程主要是围绕着员工关系管理中所涉及的劳动法规来展开，有关人事报表管理、HR 系统管理等内容由其他相关课程完成，因此本着应用型本科能力和素质培养的原则，对本课程的教学内容进行了整合，设计了认识劳动法规、劳动法规与员工入职管理、劳动法规与员工在职管理、劳动法规与员工离职管理以及处理劳动争议五个工作任务。

其中每个任务都以实际工作中所涉及的工作情境为载体，强调实用性，突出行业岗位实用能力培养，体现了“教学内容项目化、教学手段多样化、工学结合”的教学特色；同时打破传统学科教材的“三段式”课程设置模式，把知识、技能、态度贯穿于各工作任务的训练系统中，通过情景、过程、模拟等教学模式提高学生的综合能力。知识的讲授要求适度和具有实用性；技能的传授要求针对岗位工作规范的实际应用能力；态度则是需要通过课堂、实训等活动培养学生勤恳务实的基本态度。

（二）设计方案

基于上述设计思路，笔者将本课程教学内容设计为以下具体的工作任务和情境（见表1）：

表1 《劳动法规与员工关系管理》教学内容设计

工作任务一	认识劳动法规		
工作任务二	劳动法规与员工入职管理	情境一	员工招聘法律规定与风险防范
		情境二	签订劳动合同法律规定与风险防范
工作任务三	劳动法规与员工在职管理	情境一	变更劳动合同法律规定
		情境二	工资、工作时间及休息休假法律规定与风险防范
		情境三	社会保险及公积金法律规定与风险控制
		情境四	劳动纪律与劳动安全卫生管理的法律规定
工作任务四	劳动法规与员工离职管理	情境一	解除劳动合同法律规定与风险控制
		情境二	终止劳动合同法律规定与风险控制
工作任务五	处理劳动争议	情境一	劳动争议的调解法律规定与风险防范
		情景二	劳动争议的仲裁法律规定与风险防范
		情境三	劳动争议的诉讼法律规定与风险防范

工作任务一是认识劳动法规。主要是让学生掌握劳动关系与劳动法的一般原理，理解劳动法规对员工关系管理的重要性，为开展人力资源管理法律风险防范奠定基础。

工作任务二是劳动法规与员工入职管理。主要是让学生掌握员工招聘与背景调查等法律规定；对录用员工采取不同的用工模式——包括签订劳动合同、劳务合同以及劳务派遣工的协议等相关法律规定，使学生能够鉴别其中的法律风险，掌握风险防范的方法。

工作任务三是劳动法规与员工在职管理。主要是让学生掌握变更劳动合同的法律规定；掌握工资加班费、工作时间、休息休假的法律规定；掌握社会保险和公积金的法律规定；掌握劳动纪律与劳动安全卫生管理的法律规定。通过相关法律规定的介绍使学生能够鉴别其中的法律风险，掌握风险防范的方法。

工作任务四是劳动法规与员工离职管理。主要是让学生认识员工在解除劳动合同和终止劳动合同时的法律规定，掌握企业在此环境应如何操作防范和控制法律风险。

工作任务五是处理劳动争议。主要是让学生掌握企业参加劳动争议调解、劳动争议仲裁和劳动争议诉讼的程序，认识纠纷处理过程中存在的法律风险，掌握解决劳动纠纷的方法与技巧。

三、课程的教学方法设计

为了更好地培养应用型人才，其课程教学方法的运用，应当让教师和学生更为有效地进行交流，尤其要为学生提供更多思考的空间和表达自己观点的平台。本课程在教学中，注重运用多种教学方法来加强教学效果，以学生为主体，发挥教师的主导作用。重点使用技术规范教学法、案例教学法和项目教学法等。

在具体的教学活动中，有关劳动法律理论部分以及实务操作的解析等，主要运用技术规范教学法，深入浅出地引导学生进行思考、学习，使学生能够比较系统全面地掌握劳动法规的基本原理与技能。

运用案例教学法帮助学生更好地理解劳动法律的理论，而且随着所学内容逐渐增多，教师可以通过提供涉及不同章节的案例，提高学生解决综合问题的能力。案例的选取不仅限于教学案例，可以用社会上的热点案例和企业真实的案例让学生依据劳动法律的规定进行解析。

但是要注意避免选择过于复杂、纯理论的法律案例，而应当选择人力资源管理工作中常见的案例，围绕劳动关系管理和劳动法的交叉结合点，从法律和管理两方面引导学生进行深入的分析和思考。

教师也可以将有关教学内容设计为项目，通过分组的方式进行情境模拟，激发学生的学习积极性，引导学生充分理解所学知识与技能，培养学生应变能力和解决问题的能力。

四、课程的考核模式设计

良好的课程考核模式既可以推进教风、学风、校风的建设，又能加快课程体系的建设，保障应用型人才的培养。应用型本科院校的课程考核模式要体现应用型的特点，德国职业教育的经验可供借鉴。在德国应用技术大学，课程的考核更注重的是在学习过程中学生的综合表现，考核成绩一般会参照专业能力成绩与非专业能力成绩两个方面，这就要求学生不仅具备与专业相关的知识和能力，掌握一定的专业技能，还应具备一定的综合素质。为此本课程的考核模式设计为突出学习过程评价和课程参与度评价，再结合期末考核评价综合得出学生的最终成绩。具体的考核权重如表2：

表2 《劳动法规与员工关系管理》课程考核权重表

序号	考核内容	考核维度	考核目标	考核权重
1	课程参与度考核	出勤情况	学生的学习态度	10%
		课堂发言与讨论	学生主动性和对所学知识运用的能力	20%
2	课程学习过程考核	课堂或课后作业	所学知识的综合运用	30%
		实务操作	所学技能的掌握程度	
		期中小测验	一段时间内的学习效果	
3	课程的期末考核	笔试（开卷或闭卷）	本课程理论知识和实务技能的掌握程度	40%
		口试或答辩		

从上表可以看出，本课程的考核模式采用的是多种方式的综合评价体系，采取目标与过程并重，对学习的动机效果、过程以及与学习密切相关的非智力因素进行全面的评价。这种突出学习过程管理，强化学生对课程参与度的考核模式，可以实现评价过程与教学过程的有机融合，评价主体与客体的互动和整合，从而提高学生对学习过程的关注度和投入度，更加充分激发学生的学习积极性。

参考文献

[1] 姚海波．人力资源管理专业《劳动法》课程设计探析［J］．成都大学学报（社科版），2011（3）．

[2] 郭常春．基于工作过程的《劳动法实务》教学改革探析［J］．山西经济管理干部学院学报，2010（12）．

[3] 胡善风，汪茜，程静静．地方应用型本科院校课程考核改革探索与实践——以德国应用技术大学为例［J］．国家教育行政学院学报，2016（1）．

基于能力目标项目化改造的《国际贸易实务》课程整体教学设计

李　敏[1]

内容摘要：本文以《国际贸易实务》课程为例，说明了能力目标项目化原则指导下课程整体教学设计的基本思路与步骤。

关键词：能力目标　项目化　整体教学设计　国际贸易实务

近年来，我国对外贸易得到迅猛发展，已成为世界贸易大国，与其相适应的国际商务、报关、货代和国际物流等专业人才的需求不断上升。《国际贸易实务》作为培养上述人才所必须的一门专业基础或核心课程在很多大专院校都有开设。

我校在国际贸易专业课程体系改革基础上，启动了本门课程的能力目标项目化改造整体教学设计工作，具体的设计思路与步骤如下。

一、进行学生调研，了解课程中存在的问题

为明确在课程教学中存在的问题，了解学生的需求，发挥学生主体作用，为教学改革提供依据，在课程设计之初，设计调研问卷对学生进行调查，了解学生的真实想法，明确课程在教学过程中存在的问题。

根据对我校国际贸易专业的调研，结果显示：

（1）50%左右的学生认为在当前的教学模式存在问题，无法实现既定的课程目标；

（2）66.7%的学生认为当前教学内容缺乏应用性；

（3）30.1%的学生认为应保持教学内容先进性；

（4）55.5%的学生认为教学上缺乏针对性；

① 李敏（1978—），女，硕士，教授，研究方向：经济与金融、教学管理。

（5）29.6%的学生认为理论学时和实践学时的最佳比例是5：5，24.6%的学生认为是4：6；

（6）54.7%的学生认为最佳的考核方式是作业+模拟实训，取消闭卷考试。

由此可见，原有的《国际贸易实务》课程存在着教学内容不实用、不先进，教学方法单一，考核方式不科学，教学效果不明显等问题，课程改革势在必行。

二、进行企业调研，确定课程对应的职业岗位和岗位职责

使学生“愿意学”的关键在于教学内容的实用性，其前提在于教学内容基于实际岗位的岗位职责，因此，整体教学设计的一大重要步骤在于企业调研，了解课程所对应的职业岗位和具体的岗位职责。

为了解市场对不同岗位的人才需求，负责人利用互联网，登录智联招聘网对全国26个城市公布的外贸人才需求状况进行调研。由于毕业生去向多为单证员、外贸业务员等，故本次调查局限于外贸业务员、报关员和跟单员三个岗位。

通过调研我们发现，从招聘的岗位来看，全国26个城市中外贸业务员的岗位数最多，其次是跟单员（前两项中包含单证员），最后是报关员。

根据上文的调查结果，我们以外贸业务员岗位为基础进行课程设计与开发。

为更充分地了解外贸业务员的岗位职责和企业对外贸业务员的岗位要求，通过走访企业，召开实践专家研讨会，智联网企业招聘信息调研等，发现外贸员岗位职责主要包括：

（1）收集市场信息，拓展海外市场，开发、维护国外客户；

（2）主导进行出口订单的洽谈与签约；

（3）进出口订单处理，保证按照客户要求交付；

（4）制作相应的单据，完成货款收付；

（5）负责客户管理及售后服务工作，迅速处理客户投诉，维护、跟踪和管理现有客户。

除了上述相关的岗位职责以外，应聘企业还对外贸业务员的职业素质提出了任职要求，调查发现，企业对于员工的人际沟通协调能力和团队合作能力要求较高，分别占调研企业的60%和43.3%，同时，有26.7%的企业关注

抗压能力，25%的企业要求责任心强，20%的企业要求员工具有较强的进取精神，16.7%的企业则要求员工能服从公司的安排，有较强的执行能力。

三、以岗位职责和任职要求确定课程目标

课程目标包括课程总目标、能力目标、知识目标和素质目标。确定课程目标之前除了要明确岗位职责，更为重要的是要明确本课程在专业课程体系中所承担的任务，是否所有的岗位职责都必须在本门课程目标中体现，还是本门课程只需承担岗位职责中的部分内容，其余的岗位职责由其他课程承担。

基于此，我们在专业课程体系构建中发现，本门课程只需承担：熟悉外贸流程，合同的磋商与签约这一主要岗位职责。因此确定本门课程的目标如下：

（一）总目标

总目标是课程的第一层目标，须与课程标准中相关表述一致，对于尚未制定课程标准的课程，由指定教师写出初稿，课程组教师集体研讨商定本课程的总体目标。总目标要求用完整的、精练的语言对总体目标进行描述，但形式上不同于传统课程的教学目标描述。

《国际贸易实务》课程总目标是：以温州诚美贸易有限公司对美国立博得男式皮鞋出口为贯穿项目，通过贸易准备、制定标准合同、交易磋商与签约、履行合同等具体项目，使学生熟悉外贸业务流程，为后续专业主干课程的学习奠定基础，培养学生就业上岗能力和表达交流能力。

（二）能力目标

能力目标是用清晰、具体、可检验的语言，准确描述学生学完本课程后“能用……做……”。能力目标是教师对学校和学生的承诺，表明通过本门课程的学习，学生能完成哪些具体的任务。因此，能力目标一定是可以检验的。

本门课程根据岗位职责确定的具体能力目标如下：

（1）能运用外贸理论和政策知识阅读相关外贸类分析文章，查阅相关外贸统计资料并做统计分析；

（2）能运用外贸统计指标和外贸政策作用机制对当前外贸政策变动对企业经营的影响进行分析，撰写相关分析报告；

（3）能根据中国对外贸易政策管理相关规定熟悉外贸企业的注册流程，并能模拟注册成立外贸公司，完成各项注册登记；

（4）能利用各种渠道寻找交易客户，并撰写建立业务联系信函；

（5）能初步运用外贸英语与客户就合同条件进行交易磋商；

（6）能根据往来函电规范、合理地拟订进出口合同的主要交易条件；

（7）能运用合同条款相关知识看懂不同版本的进出口合同；

（8）能依据单据或合同相关条款合理安排一般贸易进出口业务各环节具体工作。

（三）知识目标

知识目标对学生能够掌握的知识以“了解……”“掌握……”等形式进行表述。教师在整体教学设计的时候，需要明确我们的设计是一体化设计，理论和实际不能偏颇，在强调实践的同时也要重视理论，在教学过程中注重理论知识的传授。因此，我们的知识目标应作为能力目标的载体，与能力目标配套表述。如本课程的知识目标为：

（1）掌握国际贸易基本理论和相关概念；

（2）掌握外贸政策对进出口的作用机制；

（3）熟悉外贸公司设立的注册登记程序及提交的文件；

（4）掌握获取业务信息的方法和途径，了解开发客户的途径与方法；

（5）掌握制定国际货物买卖合同主要条款的内容和制定方法；

（6）掌握交易磋商的途径与方法；

（7）掌握履行进出口合同的程序；

（8）熟悉外贸业务流程。

（四）素质目标

在课程整体教学设计中，素质目标是以通过阐明所使用的教学方法、教学环节以“通过……培养……”或“通过……使学生具有……”等形式对培养学生的某种素质的表述，对素质目标进行表述必须明确、具体，可检验。

在本课程设计中，素质目标体现为职业岗位对任职人员任职要求的具体体现。本课程的素质目标如下：

（1）通过要求学生分组模拟进出口商询盘、发盘、还盘、接受、签约全过程培养学生的表达、交流、沟通意识；

（2）通过学生分组角色模拟完成公司业务注册和与对手进行交易磋商全过程培养学生团队合作精神和创新精神；

（3）通过签订一份完整、准确的销售合同并履行该合同的全过程培养学生严谨的工作态度、责任感和执行力。

四、根据课程目标选取项目，设计情境

（一）项目设计

选择、设计一个或几个贯穿课程的大型综合项目，作为完成课程目标的主要载体，这是能力目标项目化课程改造的原则。

项目有三层含义：第一，项目是一项有待完成的任务，且有特定的环境与要求；第二，在一定的组织机构内，利用有限资源在规定的时间内完成任务；第三，要满足一定性能、质量、数量、技术指标等要求。

因此一个好的项目必须是在一定的工作情境之下，要求学生运用相关理论知识在规定的时间内完成具体的任务要求，并能根据企业相关标准对工作成果进行检验评价。最好的项目是真正参与到企业的实践当中去，但若有些课程由于资源的限制或课程性质，无法参与真实项目，则可以选用高度仿真的项目。

此外，在项目设计上可以设计课内项目与课外项目双线并行的方式，通过课上项目演练到课下独立完成和合作完成一个项目，使学生真正参与，给学生独立判断、决策和行动的空间。

采用项目化教学，通过项目完整的工作过程将课程内容进行有机的串联，必定打破课程原有的结构，教学内容和教学进度与安排必须要做一定的调整，有些与项目无关的教学内容就会舍弃。

《国际贸易实务》课程采用双线并行项目，课内项目为温州诚美贸易有限公司与美国立博德公司的皮鞋进出口业务；课外项目为学生与北京二元通泰贸易有限公司不同商品的进出口业务。

（二）情境设计

正如上文所说，项目是在一定的工作情境下展开的，所以，对于项目的执行应根据项目进程设计相应的情境。

情境的主要作用是引出任务，情境设计尽可能全面，可以运用常规情境、技术情境、管理情境、正常情境、意外情境、违规情境等。此外，情境尽可能引用企业实际情境。

五、项目化课程教学内容与进度安排

根据选定的项目，结合项目进行对课程内容进行有机的串联，依据教学

计划对课程教学进度做一个合理的安排，确定课程的教学进度图。教师在确定教学进度时，一是按照项目进程合理安排；二是要根据总学时合理分配理论学时和实践学时。具体参见图1。

国际贸易实务															
课内项目：北京二元通泰贸易有限公司对美国立博得公司的皮鞋出口业务															
1	2	3	4	5	6	7	8	9	10	11	12	13	14	15	16
1. 贸易准备				2.制定合同条款							3. 交易磋商与签约		4.履行合同		复习演练
1.1 分析对外贸易形势	1.2 熟悉对外贸易政策与措施	1.3 公司设立登记	1.4 获取业务信息	2.1 了解合同的格式与形式	2.2 制定合同品名、品质、数量、包装条款	2.3 制定合同价格条款	2.4 制定合同运输条款	2.5 制定合同保险条款	2.6 制定合同支付条款	2.7 制定合同检验索赔不可抗力仲裁条款	3.1 询盘与发盘	3.2 还盘接受与签约	4.1 履行出口合同	4.2 履行进口合同	复习与综合演练
课外项目：学生通过B2B网站与国外客户达成一笔交易															

图1 《国际贸易实务》教学进度图

六、教学方法设计

教学方法的选择因人而异，因课而异，没有定论，适合的就是最好的。本课程在教学过程中主要采用六步法：即提出资讯、做出决策、明确计划、具体实施、任务检查、效果评价。同时实施全课堂渗透式案例分析，构筑“以学生为主体，教师引导为辅”的课堂。

此外，教师在教学过程中注意对相关知识的引入、总结。

七、考核方式设计

课程的考核应与课程目标相对应，体现全面考核、综合评价，按照企业对员工考核模式，根据项目成果以及工作态度等进行考核，包括作业、课堂表现、出勤管理考核等。

《国际贸易实务》课程考核由平时考核和期末考核综合而成。平时成绩占总成绩的60%（包括出勤、作业、课堂表现）、期末考核占总成绩的40%。学生考核总成绩必须至少达到60分，其中，期末考试必须达到50分。

参考文献

1. 李敏 . 新编国际贸易实务［M］. 北京：北京大学出版社：2011.

2. 赵鹏非 . 基于工作过程的项目化课程设计案例集［M］. 广州：广东高教出版社，2015.

3. 王鲁南 . 高等教育教学改革研究［M］. 重庆：重庆出版社，2014.

第五章 实践实训

关于“网络与新媒体”专业教学实践的几点思考

李春燕[①]

内容摘要：本文就“网络与新媒体”专业的课程体系、实训平台建设、教学的原则与方法等问题展开论述，提出了四方面的建议：借鉴“中央厨房”运作模式，调整课程体系；站在新闻业务的角度，解决“内容+技术”问题；在教学中引入媒体资源、网络资源，组建创客中心；重视内容原创及转化能力的培养。

关键词：网络与新媒体　课程体系　教学

建校伊始，我校便开设了“新闻采编与制作”专业（高职），2016 年，“网络与新媒体”（本科）获批并迎来了第一批学生，新闻专业正式进入“新媒体时代”，进入本科教育层次。在高职阶段，我们积累了很多新闻教学经验，特别是在突出新闻教育的时代性、实践性方面取得了突出的成绩。但面对移动互联时代传媒业日新月异的发展，怎样将“培养出顺应数字信息时代发展所需的复合应用型人才”这个目标落实到课程体系及实训平台建设，落实到教学的原则与方法上，依旧是值得深思和探讨的话题。本文试就此略论一二，以求教于方家。

一、借鉴媒体“中央厨房”运作模式，调整课程体系

为了落实新闻教育的实践性，这几年，我们构建了一些实训平台，在学院层面，目前有“吉利视频”“吉利青年报”“人文之声微信平台”等校园媒体，很多实操课程也围绕这些平台来设置，但平台和平台之间的关系非常类似于传统媒体集团的运作模式：各家子媒体都有自己的发稿系统，子媒体之间资源相对独立，不能共享。这样虽然便于安排教学时间和人员，但也导致各门课程各自为政，很难形成合力，平台质量难以提高。更重要的是，对于

① 李春燕（1972—），硕士，教授，研究方向：新闻采写编，重大新闻报道，新媒体发展。

“网络与新媒体”专业来说，培养“全媒体记者和编辑”的意识及能力本来是专业的重点，但这种割裂的课程和实训平台反而弱化了这一点。

“中央厨房”是媒体集团近几年为应对融合发展的趋势而采取的应对措施，其核心是“新旧融合、一次采集、多种生成、多元发布”，具体操作上有两点值得我们借鉴。首先是统一采制。“中央厨房”要求集团内混编，成立大编辑部，改变过去集团内各家媒体单兵作战的做法，实现集中采访，采访稿件统一上平台，统一审稿，各家媒体各取所需。其次是多元呈现。由于“中央厨房”集中了集团内所有传统产品与新媒体产品的生产线与生产能力，能够生成纸媒、互联网、微信、微博、APP、客户端等多元产品，最终在集团拥有的所有媒体平台上发布。

借鉴这些做法，可以把“网络与新媒体”专业的所有同学和老师看作一个大的媒体集团，目前及未来可能有的实训平台就是他们要运维的子媒体。从这个思路出发，调整课程体系和授课方式。低年级的同学就是记者团，他们提供“中央厨房”所需的“原材料”，完成文字、图片、视频的采访，高年级同学就是不同平台的编辑，根据平台的特点制作、完成不同的作品（产品），并完成发布的任务。老师不仅承担指导任务，还要扮演记者团团长和各个平台总编辑的角色，协调选题和资源。

当然，一旦采用这种授课模式，原有的按周来安排课程的排课方式也必须做出相应的调整。其实，实践教学本身就应该以任务为导向，但任务从来就是有时间限制的，更何况是新闻报道。解决方式之一就是集中和分散授课相结合，基本理论和方法的讲授可以在两到四周内集中完成，之后进入实操阶段就以任务为导向，灵活安排授课的时间与地点，以任务的质量和数量来考核教师的授课和学生的学习。

对于“网络和新媒体”专业而言，实操之外同等重要的是意识的培养，和过去的“新闻采编与制作”更加强调完成单一的作品相比，他们还应该深刻地理解平台、渠道、受众、产品、运维这些关键词。相较于按部就班地授课辅以有限的课后指导和操作，更为仿真的媒体环境有利于学生深化对这些内容的理解并在实操中逐渐由意识转化为能力。

二、站在新闻业务的角度，解决“内容＋技术”问题

“网络与新媒体”专业毫无疑问要开设一系列技术类课程，这些课程不仅包括软件的应用，标记语言的使用，甚至还包括编程语言学习和数据库的建

设等等。这些课程对一向偏重于文科色彩的新闻专业来说，是一个很大的挑战。就我们曾经开设的数据库建设课程来看，授课效果非常不理想。

新媒体属于互联网的一个细分行业，所谓的“互联网思维”同样适用于新媒体行业，这个问题还是要回归到互联网思维的层面去解决。对于一个互联网产品的设计小组来说，其成员大致由两方面的人才组成，一是互联网技术人员；另一方面是了解所涉及产品的专业知识的人员，具体到新媒体领域相对应的就是精通新闻内容生产的新闻专业人员，整个团队的领导既要精通技术，也需要了解内容的生产。

对照以上互联网产品的制作过程，技术类课程可以从三个维度去设计。首先是授课内容，要以适度且够用为原则，既不能太深也不能太浅。其次是教学方法，应该采取项目化教学，而这个项目一定是新闻作品（产品）。最后是师资，任课教师应该是复合型人才或者不同专业的教师构成的复合型教学团队。

在这三个方面中最核心的就是要围绕新闻作品（产品）来设计课程内容和授课环节。以网页设计为例，可以把“网页设计与制作”和“网络信息资源整合开发”等课程合并在一起，通过一个典型任务（互联网项目）的完成，来解决工具与内容两方面的问题。过去这两门课程分别由两个老师讲授，“网页设计与制作”课没有针对性，学生提不起兴趣，“网络信息资源整合开发”由于没有技术支持成了纸上谈兵。整合成一门课程后，可以以新闻产品比如说某个新闻专题网页的完成为核心，给学生讲授从选题策划到内容检索、整合，必要环节的设计再到技术实现的全过程，使学生真正了解解决行业任务中所需的各种知识与技能以及它们之间的衔接与配合。类似的课程还有编程语言、交互设计、数据分析与数据可视化等。

三、在教学中更多地引入媒体资源、网络资源，建设创客中心

互联网时代的教育已经从传统的“一对多”单向模式演化成了“多对多”的网状结构。在互联网世界，一个人接受教育的方式变得全方位、立体化，同时教与学的互动变得无处不在，为了适应这一新的发展趋势，需要在学校教育中引入互联网所提供的教育手段、方法、模式。对于“网络与新媒体”专业而言，由于行业的特点，充分利用媒体资源、网络资源补充课堂教育，搭建创客平台，鼓励学生参与传媒行业的实际运作，不仅必要而且可行。

目前，很多互联网门户公司都提供了面向公民记者的培训课程和实用工

具，目的是提高用户的黏性，获得更多的原创内容。对学校教育来讲，这些资源是很好的教学内容，可以作为硬件设施及实训平台的补充。举例来说，今日头条已经向全部媒体和部分自媒体开放了“头条实验室”，这是一款专为内容创作者提供实时和历史数据分析的工具。依靠收集、挖掘数据，机器可以测算出与每个热词相关联的词汇及其相关性，自动识别出每个话题下不同的创作方向，给创作者带来启发。如果将这个“实验室”引入采写编课程，就可以使实训环节获得更加贴近社会的选题与报道方向，同时也可以让新媒体专业的同学对基于互联网技术的新的报道手段有更加深入的认识。类似的资源在互联网上还有很多，我们应保持开放的心态，把互联网上众多优秀的公共资源大胆引入课内外教学，对于资源有限的民办学校来说，这种“开门办学”尤为必要。

另一个需要思考的就是类似“内容创业”的问题。在相当长的时间内，传媒业是一个由传统媒体垄断的边界清晰的行业。新媒体的兴起让内容的生产不再为机构和媒体绝对垄断。越来越多的职业媒体人从体制内跳出，成为细分领域的写作者；也有越来越多其他行业但是具备某一专长的人，成为职业的创作者。

根据新榜的调查，头条号、一点资讯、天天快报、喜马拉雅 FM、蜻蜓 FM、优酷土豆、秒拍等十余家平台的内容创业者中，59% 的内容创业者没有行业经验，另外 31% 的内容创业者为 18 ~ 24 岁的年轻人。这些数字勾勒出这样一个事实——相当多的媒体“内容创客”是没有接受过新闻专业系统培养的在校大学生。这是对“网络与新媒体”专业极大的挑战。

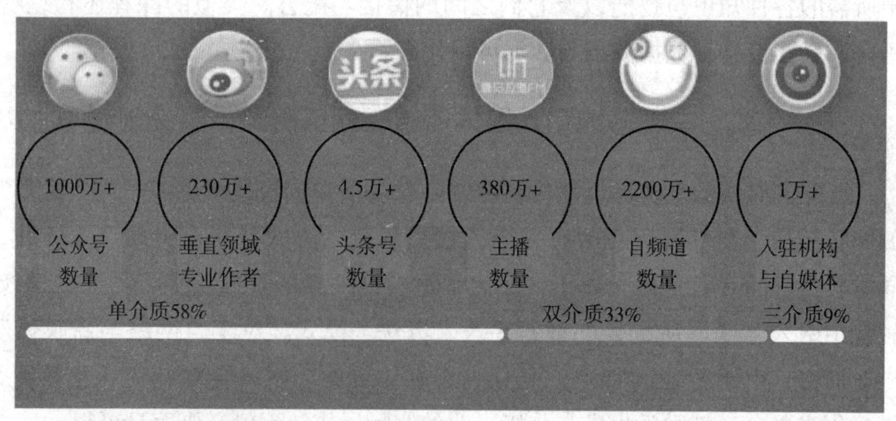

资料来源：新榜 2015 年内容创业项目白皮书。

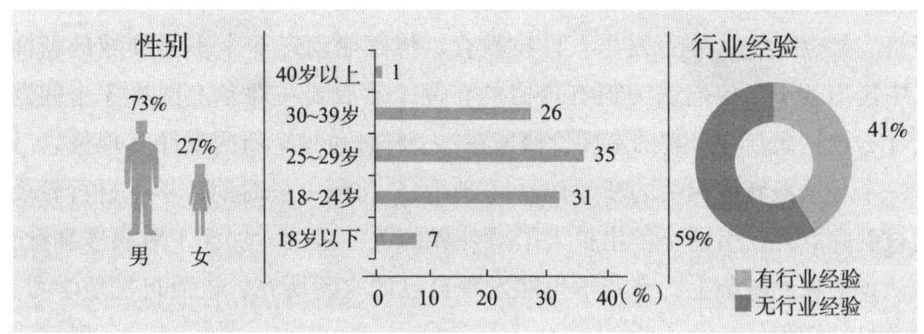

资料来源：新榜2015年内容创业项目白皮书。

为了回应这种挑战，“网络与新媒体”专业在课程和已有的校媒、院媒之外，也需要为学生搭建创业平台，引入自媒体创业教育，完善相关的硬件设施与项目孵化机制，鼓励不同专业的学生跨界合作，在学院甚至学校的层面构建“学习＋创业”的新型教学模式。

四、继承以往新闻教育经验，使“内容＋”获得足够的课程支撑

按照我们目前的专业定位，我们要培养的是“内容＋创意”“内容＋技术”“内容＋运营”的“一专多能”“跨界复合”人才，而这其中出现频率最高的就是“内容”。需要厘清的一点是，这里谈论的不是媒体多年前就开始争论的是“技术为王”还是“内容为王”的问题，而是新闻教育里如何把“创意、技术、运营”所共同依附的“内容”落到实处的问题。

所谓的“内容＋”，笔者认为也是两方面的问题。首先是过去新闻专业经常提到的一个词：杂家。新闻专业不能只懂新闻，而是要对政治、经济、法律、自然科学等领域的常识都要有初步的了解，关注社会最新发展动向。其次是转化。新闻教育不可能培养出任何一个行业的专家，但与任何一个行业专家相比，他们的优势是最了解媒体，知道哪些内容从哪个角度最有传播价值，最适合传播，在哪个平台通过哪种渠道传播。

为了解决这个问题，我校过去的“新闻采编与制作”（高职）专业开设了两门课程：“听看选评新闻”与“重大新闻报道”，其中一些探索依然值得坚持与发扬。

“听看选评新闻课”即要求学生关注当周发生的国内外新闻。在普遍阅读的基础上，从中选出几篇新闻进行点评，然后老师在课堂上进行讲评和引导。

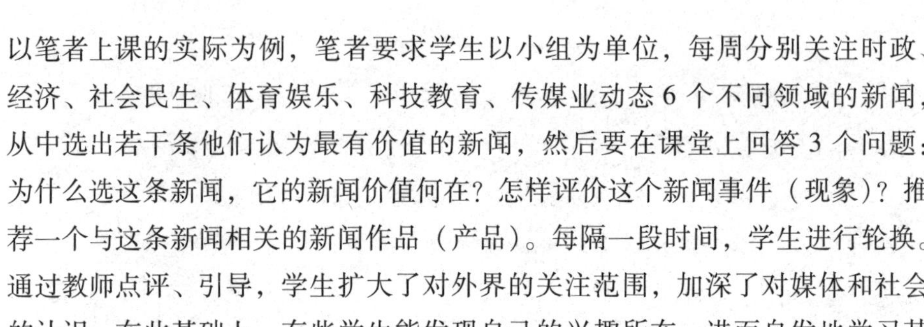

以笔者上课的实际为例，笔者要求学生以小组为单位，每周分别关注时政、经济、社会民生、体育娱乐、科技教育、传媒业动态 6 个不同领域的新闻，从中选出若干条他们认为最有价值的新闻，然后要在课堂上回答 3 个问题：为什么选这条新闻，它的新闻价值何在？怎样评价这个新闻事件（现象）？推荐一个与这条新闻相关的新闻作品（产品）。每隔一段时间，学生进行轮换。通过教师点评、引导，学生扩大了对外界的关注范围，加深了对媒体和社会的认识。在此基础上，有些学生能发现自己的兴趣所在，进而自发地学习其他学科的知识。

“重大新闻报道”是“听看选评新闻”的延续和提升。它以媒体正在突出报道的重大新闻为重点，组织学生学习有关重大新闻报道的组织策划、报道规律、报道特点、报道流程、报道内容、报道形式等知识和技能；学习重大新闻报道中涉及的有关政治、经济、法律、自然科学等领域的知识。重大新闻报道往往也是媒体最新的报道手段集中使用的时候，在这门课上，我们更加强调要以媒体为师，关注不同的媒体平台发布的新闻作品（产品）的特点，同时要求学生完成一定数量的原创作品。

实践证明，这两门课程在培养学生的新闻敏感、新闻策划能力方面颇有效果，同时也培养了学生的职业习惯、创新思维和终身学习的能力，对于解决“网络与新媒体”专业“内容+创意”“内容+技术”“内容+运营”中的“内容”这一部分颇有价值。

综上所述，我校“网络与新媒体”要想办出自己的特色和水平，必须根据行业的发展，开发出与之相对应的课程体系、授课内容与授课方式。为此，可能需要突破的不仅是专业教育本身，还包括很多传统的教育管理模式。本文对此提出一些拙见，真正落地时还需要更细致的考量。但无论如何，教育是面向未来的，唯一不变的可能就是变化本身。

参考文献

[1] 胡正荣. 打造“中央厨房”的理念、探索和亟须解决的问题 [J]. 中国记者，2015 (4)：13.

[2] 今日头条公众号. 欢迎来到今日头条媒体实验室 [EB/OL]. 2016-10-10. https：//mp. weixin. qq. com/s? _ _ biz = MjM5ODEyOTAyMA = = &mid = 2661905168&idx = 1&sn = bd53eabfbfd9aec133b88467d95bef08&chksm = bd92af038ae52615375bce40a3477ffd86388a516cdae75b28caf118a9acc9353304ed11fbc

6&mpshare = 1&scene = 2&srcid = 1010pOoCIrOeLwktN8fCnBZ0&from = timeline&isappinstalled = 0&key = &ascene = 2&uin = &devicetype = android - 23&version = 26031b31&nettype = WIFI&pass_ ticket = rMDJw31ERKd7Cq%2BCeATT4XGSnBKsYvMCdQ%2BNXGp8RF1BFjk038QSdv0mGICbG9%2Fn

［3］新榜排行榜公众号 . 2015 年内容创业白皮书［EB/OL］. 2016 - 01 - 23, https：//mp. weixin. qq. com/s? _ _ biz = MjM5MDM4ODY2Nw%3D%3D&mid = 402297547&idx = 1&sn = 6c52fc918adfd025cd361948bf370fc7&scene = 2&srcid = 0123xoRWqRmSPuwoAaOP7Grs&from = timeline&isappinstalled = 0&ascene = 14&#wechat_ redirect.

“新闻综合训练与通识”课程的设计与实施

——探索网络时代新闻教学改革的实践模式

赵 瀛[①]

内容摘要：本课程是一门利用网络工具搭建习练平台、以项目单元任务模块为教学节点、围绕听看选评讲练环节而展开的综合性专业训练课程。通过“听看”“选评”“讲”“练”4个环节，运用“案例+知识+点评”“参与+体验+探究”的教学方式，设计和实施了新的授课情境与方法，旨在搭建活跃、自主、动态的教学训练平台。课程以关注点、新闻点、知识点为引导主线，实现课堂“与新闻发生同步关注，与时事变化密切接触，与现实社会紧密呼应”。且各种知识内容的链接和大量练习都紧密配合，教学环节、教学方式以及教学重点等都予以具体呈现。

关键词：新闻教学　网络传播　信息集纳　社会实践

一、问题的提出

从新闻本身的特质看，新闻在社会中。由于媒体实践为理论提供了无比丰富的“信源”和资讯，理论和实践必定是在一条管道中互通有无。新闻的实践性体现在实际现场采写，也体现在传播网络化的操作、处理技能。从某种意义上说，新闻的实践性更是一种态度，一个合格的新闻工作者必须要有很强的社会意识，心系国计民生，参与社会进程，这体现在新闻实践性的本质层面。在资讯高度发达的网络时代，教学利用各种信息传播平台，与前沿媒体链接，与实时报道同步——这难道不是一种与新闻特质相契合的新闻实践吗？

改革开放呈现出来的复杂多变的态势、思潮、舆情、时尚、事件等，无不提供着、沉积着新闻“富矿”，也为教学的开拓实践提供了广阔的社会视野。要让学生补上社会认知这一课，而补课的关键在于教师。教师既要教给学生知识

---

① 赵瀛，女，双学士，编辑高级职称，曾履职北京媒体12年，历任记者、编辑及主编。现为北京吉利学院人文与设计学院新闻系新闻学教授，研究方向：新闻采写编与网络资源开发。

和技能，还要引导学生与时代呼应，与新闻互动，与媒介融通。不让课堂与现实产生隔膜，不让学生与社会疏离——这是新闻教育最不能忽视的一环。

思路决定一切，也决定问题的提出：

（1）怎样通过课堂教学突出新闻的事件性、时代性和实践性，将我们的学生带进丰富多彩的现实社会？

（2）怎样给予学生有效的专业指导和职业意识的培育，并且在其中塑造他们的人文品格和新闻专业主义精神？

（3）怎样借助网络平台和迅速崛起的新兴媒体，通过多元和有效的实践和操练，提升学生的知识能力和专业能力？

（4）怎样使学生获得新媒体运用的信息处理能力，成为能适应网络时代要求的新闻从业人员和网络时代的“全媒体人才”？

（5）最后，如何用一门具体的课程来支持和体现上述理念？

无疑，这是一个重要的教学改革的课题，需要用改革的思路破题。

伴随新媒体的崛起，有人提出新闻采编专业的新闻性应让位于网络的技术性。笔者认为，新闻和技术表现出两种特质：新闻具有的内在性和技术具有的显见性，新闻素养的潜移默化性和技术的速成性。素养是一种文化积淀，技术是一种应用能力，两者相辅相成，才能担任复合型新闻传播人才的重任。然而，新闻的特质决定了这个职业或事业的可持续发展的后劲终取决于专业素养。

《新闻综合实训与通识》课程描述（1）

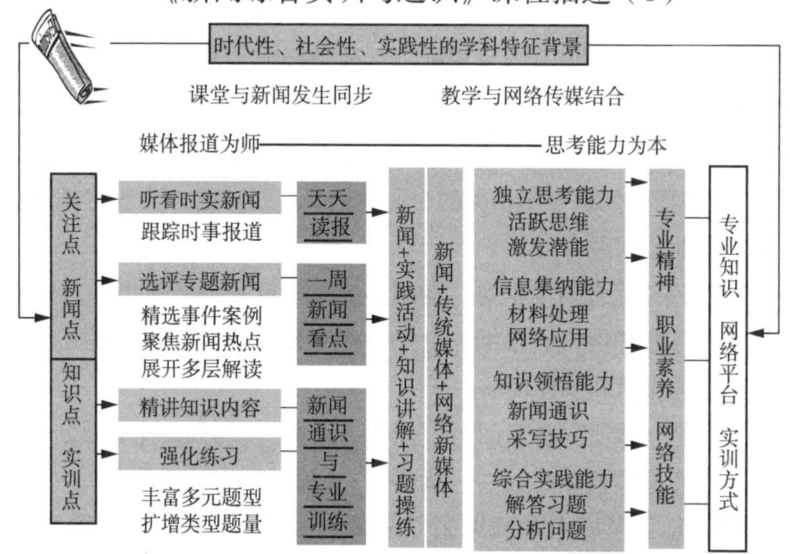

立足于此思考，笔者认为该课程应定义为：一门利用网络工具搭建习练平台、以项目单元任务模块为教学节点、围绕“听看”“选评”“讲”“练”环节而展开的综合性专业训练课程。

二、围绕四个教学环节的内容设计与实施

以笔者多年新闻教学的经验，学生的专业素质存有三个方面的薄弱。一是新闻认知薄弱。不善于理性使用网络新闻信息，欠缺从新闻的角度对信息进行筛选、判断和分析的处理能力。二是媒介认知薄弱。对手机媒介的过度依赖倾向，喜图像信息而轻文字阅读，容易导致思维的平面化、简单化，难以形成有价值的个人思想。三是社会认知薄弱。对国情、民情缺少了解和关注，时政认识肤浅。

针对学生的专业素质状况，本课程通过围绕“听看”“选评”“讲”“练”四个环节，运用“案例＋知识＋点评”“参与＋体验＋探究”的教学方式，设计和实施了新的授课情境与方法，旨在搭建活跃、自主、动态的教学实训平台，追求学习的有效性。学习的有效性，即让学生体会学习过程，启发学生的自主学习、兴趣学习，并成为教学相长的动力。教学动态过程始终以学生为主体，发掘、调动学生的学习潜质和能动性，让学习充分发生在学生身上。

（1）课程以关注点、新闻点、知识点为引导主线，围绕实时新闻（天天读报）和专题新闻（一周时事看点）两部分展开课堂教学活动，实现课堂“与新闻发生同步关注，与时事变化密切接触，与现实社会紧密呼应”，各种知识内容的链接和大量练习都紧密配合，教学环节、教学方式以及教学重点等都予以具体呈现。

（2）使学生通过与新近发生新闻的直接联动（即收看、关注、筛选和评析新闻），直观而形象地导出相关的专业理论节点，实现“教学与新闻前沿同步，实训与专业知识融合”。

（3）运用网络处理新闻信息，运用多媒体平台呈现新闻事件。课堂将利用全媒体平台，选择网络、报纸、电视、移动客户端等各类传播工具，集纳信息，呈现新闻报道和事件现场。

①电视媒介（收听收看新闻）：“新闻天天看”（每天集体看早新闻）。

②电子媒介（阅读新闻）：“一周读报”（课前制作 PPT 课件）。

③网络媒介（深度点评新闻）：“一周时事看点”（课前制作 PPT 新闻课件）。

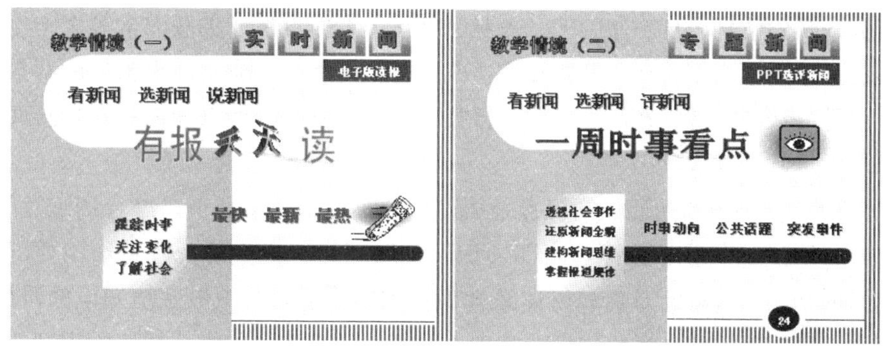

“天天读报”活动作为电子版读报的预留作业，每次依序提前布置完成。通过网络媒体的电子读报，学生可以跟踪时事，咨询国情，及时了解社会变化与发展，了解国内外天下大事。方法是：浏览、阅读报纸、电视的网络数字化平台以及网站、著名综合网站的新闻频道等利用报纸的网络数字化平台的新闻信息，选择和简述最新最热的 4 ~ 6 条新闻，用 PPT 形式呈现。事实上，推动学生全方位地、持续地、大面积地接触和接收新闻信息也是感受新闻、理解新闻、建立新闻认知、培育媒介素养的过程。

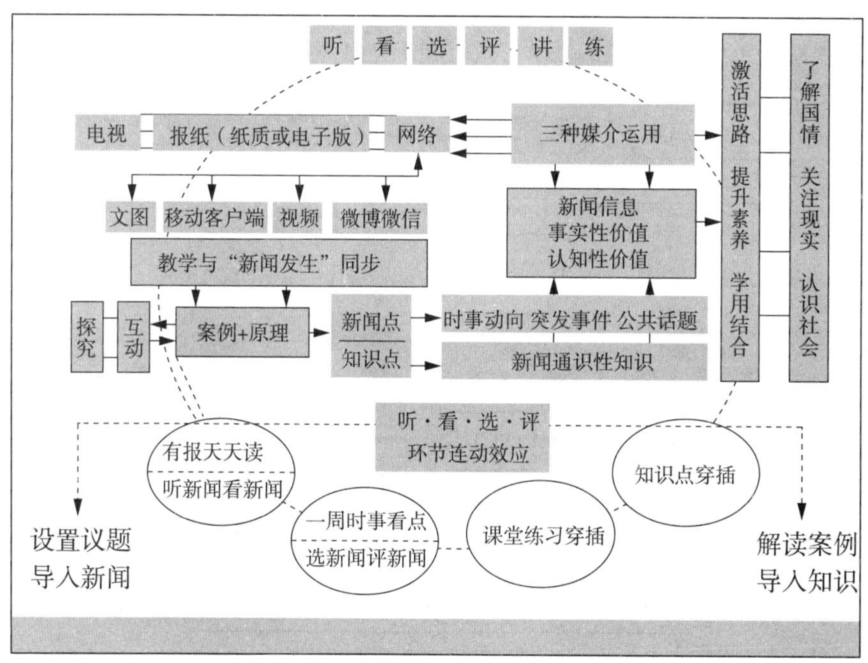

“一周时事看点”作为选评环节是课程的重点，即聚焦近期社会热点、亮点、新闻点，从时事动向、公共话题、突发事件等新闻报道的选题中选取最

新、最热的案例，从新闻的来龙去脉、舆情、专家说法、关联因素等多角度、多层面地还原真相，深入解析事实。“一周时事看点”非常注重事件的背景，对事件关涉的经济、政治、文化、科技、教育、民生等背景知识和背景新闻，要求做出阐释或解读。

（4）多练与新闻通识知识点是第三个、第四个教学环节。综合训练教学过程特别注重听看、选评与新闻通识知识即“讲”的契合，着重于精要的、前沿的知识点讲解，避免教材体系知识的内容重复。与一般系统知识的讲解不同，新闻通识是在系统知识的基础上，以“知识点”的方式提炼知识精要，要求学生对每个知识点的透彻理解和完全掌握。

多练，体现在大量和多元的练习题型的建构，通过各种习题练习，使学生有效提高实际运用知识的能力，使学生不仅在广度与深度上嵌入知识的记忆，也能在未来的新闻实务中将知识融会贯通。

三、单元任务模块的设计内容与实施

由于课程内容和形式的层次性，一次课以一个项目为单元，每个教学节点作为一个任务，在项目实施中一一加以落实，每一个项目都贯穿或穿插大量练习。项目单元与任务模块的教学方式有利于突出“能力本位”的实训特点。

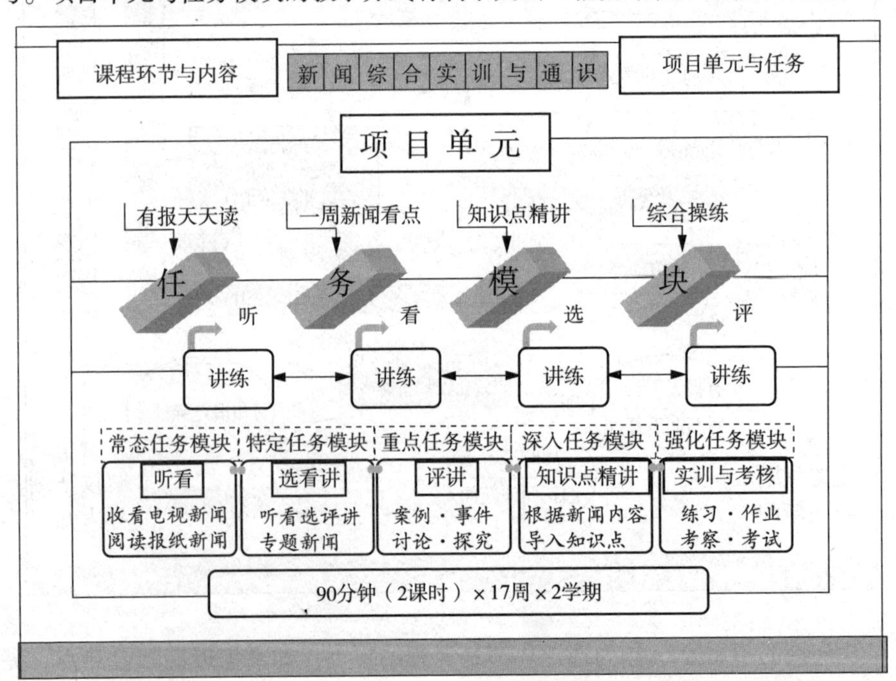

以上面的单元教学图示为例，本课程在教学目标设计的基础上，引进项目教学法，搭建一个在两个学期内完成的［90 分钟（2 课时）×17 周］“任务模块”式的项目单元。项目单元教学任务模块的内容与实施如下：

1. “常态任务”模块：实时新闻

实时新闻通过“天天读报”的课堂活动解决“最近发生了什么新闻”的问题。虽然时间很短，但每次课必不可少。根据教学内容安排，有时其他任务模块如专题模块、知识模块并不安排在某个单元教学里，但“听新闻看新闻”的常态教学模块是“例行的”和必须“出席的”。

常态任务模块之所以是“常态”，是因为“听新闻看新闻”需要持之以恒，日积月累，方能得益于新闻意识和新闻素养的熏陶，逐渐提高个体的社会认知水平。学生在校学习期间就坚持每日“听新闻看新闻”，不仅了解天下事，增进新闻敏感，也有利于他们养成平素关心时事、读报阅刊的好习惯，在将来的职业生涯中也能够延续这种经常性和自觉性。从这个意义上说，实时新闻的常态任务模块具有长效性。

2. “重点任务”模块：专题新闻

专题新闻解决一个“新闻为什么发生”的问题。“一周新闻看点”作为专题新闻是课程的重点，要求学生以小组为单位，从时事动向、公共话题、突发事件中选取案例，制作成图文并茂的 PPT 课件，在课堂上对事件和事件报道进行表述和解读。

专题新闻注重选取民众普遍关注的、反映社会热点和焦点问题的报道，深入某个新闻事件、某个社会话题的肌理，从各个侧面、不同角度加以解读。解读有两个层面，一是新闻事实本身及其关联因素，即对同一新闻事件的各种社会因素展开更广阔的背景分析和做出阐释。二是对该事实的新闻报道，即引导学生从新闻采写的角度对新闻事实进行解读。从报道选题、报道角度乃至标题、内容结构、表达手法等方面逐一进行分析，从中体会新闻采写的特点和规律。

3. “深入任务”模块：精要知识与通识知识

“理论知识”环节以往照搬教材章节而造成知识内容的重复、堆砌和脱节。本课程重新定位理论知识的范畴和内容，有针对性地、分阶段地设置“知识点”，突出新闻通识知识的适用、精要和前沿。“知识点”对系统的教材知识及其未纳入知识进行补充和拓深。

学生应知应会的新闻通识知识应包括：

（1）新闻媒介知识要点；

（2）新闻理论知识要点；

（3）新闻实务知识要点；

（4）社会及相关领域的常识知识。

4. “强化任务”模块：训练营地

练习是训练学生思维的最有效的途径，必须强化。作为一个重要的知识环节，学生结合知识点的各种练习必不可少，课堂上的“精讲”和课堂内外的“多练”相结合，设置的练习题型要灵活、多样、深入，要反映和体现新闻前沿报道最新变化和态式。要求学生踊跃加入课堂讨论，有效展开课堂操练，及时完成实训作业。因此这个模块取名为“训练营地”，为集中、强化、大量练习之意。

要做到“训练有素”，必须精心设计各种练习题型，这个模块里面设置了“新闻大讲堂”“参考阅读”“前沿访谈”“思考与讨论”“案例与分析”“社会解读词条”“专业解读词条”“新媒体链接”“测验答题”“读书推荐”等题型，但难度最大的是各种提问的设计，而教师与学生的互动讨论对练习效果极其重要。教师应不失时机地鼓励学生建立自信，培育学生探究事物、质疑问题的意识和能力。

强化任务模块也包括阶段学习中的督促性的测评，课堂随时检验、记录学生在课堂表现方面的成绩，加强实践性教学环节的考核。

“综合训练”课程的实施，促进学生具有较强的信息判断、过滤的能力，即理性分辨、选择、评估媒介及其内容，不仅营造了活跃、自信、热烈探讨的课堂氛围，也是新闻所具有的时代性、社会性、事件性的新闻特质在课堂教学中的体现。良好的教学效果也强化和深化了理论知识的理解，促进了学生参与社会进步、增强社会责任感、推进个体的社会化进程。

参考文献

［1］李希光．新闻教育未来之路［M］．北京：清华大学出版社，2011.

［2］陈立丹．新闻理论十讲［M］．北京：复旦大学出版社，2010.

［3］［美］理查德·克雷格．网络新闻学［M］．刘勇主译．北京：中国时代经济出版社，2010，http：//www. cmepub. com. cn.

高职新闻采编与制作专业实践化教学研究

王桂琴　李春燕　徐　婧①

内容摘要： 本研究通过考察调研、文献研究、实证研究，从核心专业课改革入手，以项目化教学为纽带，构建了以《吉利青年报》及其子报为综合实训平台和校内校外双结合的立体化实训网络，分别对新闻采编与制作专业课程体系、教学方法、教学手段、考核评价等各方面进行了一系列的改革，实现了全体学生参与并付诸教学实践检验，形成了符合高等职业教育特点的、行之有效的新闻采编与制作专业实践化教学模式。

关键词： 高职　新闻专业　实践化教学

在新闻与信息传播技术飞速发展的时代背景下，新闻的技术性、工具性和实践性更加显著，高职层次的新闻教育更应该体现以“培养岗位能力为核心”的特点，知识与技能并重，提高实践教育在整个教学体系中的地位，把实践意识贯穿于教育的全过程。实践化教学不但是指导学生理论联系实际，培养学生应用能力与实践素质，形成岗位职业能力的重要途径，而且对培养具有创新精神和创新能力的应用型人才具有极其重要的意义。

一、教学中存在的问题及分析

（一）人才培养模式没有体现高等职业教育的特色和要求

主要体现在专业培养基本是本科教育的压缩饼干，不能按媒介生产经营过程中的岗位技能需要来设置课程体系；教学方式仍以课堂教学为主，以理论讲授为重点，对于新闻实践能力的锻炼基本被设置到毕业前的最后一个学期或学年。另一方面实训教材缺乏，实训内容不能体现传媒业发展变化，人才培养与人才需求错位。

---

① 王桂琴（1969—），女，硕士研究生，副教授，研究方向教学与行政管理。

（二）师资队伍跟不上专业建设的需要，缺乏双师型教师

新闻采编与制作专业是一门实践性很强的专业，要求教师应该是具有丰富媒体工作经验、同时又具有较深理论功底的“双师型”专业人员。而很多专业课教师虽有新闻或相关专业的学科背景，但缺乏媒体从业经验，对新闻采编工作以及媒体机构、媒体运作和行业情况等缺乏感性和深入的认识。近年来，新闻媒体行业发展迅速，更凸显了教师在培养学生实践能力上的薄弱点。

（三）实训基地与实训平台建设滞后，影响实践教学的效果

由于观念和经费等多方面问题，导致实训教学投入相对不足，实训平台建设也相对滞后，覆盖全部学生的采、写、编辑与制作的实践机会较少，最后多数变成“教室内课本学习＋毕业前的外出实习”的模式。

（四）缺乏具有激励性的全程考核方式，不能调动学生的主动性

新闻学科的实践性决定了成绩考核不能单一和程式化。简单的卷面考试加平时成绩的方法，虽然完成了学生的课程考核，但缺乏系统、完整的过程性监控，学生在阶段学习中的问题容易被掩盖，从而失去在过程中提升和调整的机会，更难以激发学习的积极性和主动性。

二、新闻采编与制作专业实践化教学的探索

针对新闻采编与制作专业教学中存在的问题，北京吉利学院适时开启了教学改革，从教学手段、教学方法、课程体系等各方面进行了一系列的研究，并付诸教学实践检验，对新闻采编专业教育的人才培养模式和实践化教学进行了有益的探索。

（一）确定实践化教学目标

实践化教学目标主要设定为基本业务能力目标和综合实践能力目标两种，每种目标内设四个能力子目标。

1. 基本业务能力是实践化教学目标的基础，有4个子目标

（1）新闻基础写作能力。要求学生掌握基于新闻背景的基础写作的一般规律和技巧，并进行基础写作训练，目标是过基础写作关，为后期的新闻写作打下基础。

（2）新闻采写能力。要求学生掌握新闻采访与写作技巧，能够有效地实现采访目的，规范撰写出各类新闻稿件，目标是过新闻采写关。

（3）新闻编排能力。要求学生掌握新闻编辑技术，熟练操作编辑排版软件，编辑处理各类新闻稿件，掌握新闻评论的特性和写作要求，撰写出有一定深度的评论作品。

（4）综合策划能力。要求学生熟悉策划运作规律、掌握策划的基本方法，形成综合策划技能，制定出具体的新闻报道策划方案。

2. 综合实践能力是实践化教学目标的升华，有4项子目标

（1）团队协作能力。主要包括团队间的协作能力，和与被采访者的协作能力。

（2）沟通交流能力。要求学生能够与不同类型、性格的采访对象交流与沟通，跟不熟悉的人做深入交谈，能处理好各种人际关系，及时完成采访任务。

（3）分析判断能力。要求学生在观察和采访人和事物、事件的时候能够深入分析有关新闻素材，做出正确的舆论导向并且具有一定的深度和广度。

（4）综合的职业素养。以新闻职业素养要求和训练自己，具备新闻敏感性，养成随时关注新闻的习惯，主动捕捉新闻线索，能够综合运用所学技能进行新闻业务的实践。

（二）构建实践化课程体系

1. 梳理和明确专业教学指导思想

新闻采编与制作专业教改之初，突出了“实践中学，学中实践”的指导思想；以建立仿真的新闻报社运作实训环境为依托，目标是将学生培养成为训练有素的新闻从业熟手。

2. 搭建仿真实训教学平台，基于新闻流程设置课程、安排实训教学任务

（1）搭建实训平台。以《吉利青年报》为主报和平台，变社团办报为实训教学、变部分参与为全员参与，设计了“起航版”、“守望版”、“成长版”、“阳光版”四个子报，共同实施采、写、编、制作与发行环节的实训任务，打造了一个综合性的新闻采编实训平台。

（2）制定平台实训任务。主要承担三个方面的任务，一是课程实训、二是综合实训、三是培养学生的职业能力和职业精神。学生要在这个平台上完成3个学期的专业课课程实训，1个学期的采写编综合实训。学生在学习这些课程的同时，进入《吉利青年报》的不同环节实训，完成《吉利青年报》及其四份子报的编辑和制作任务。

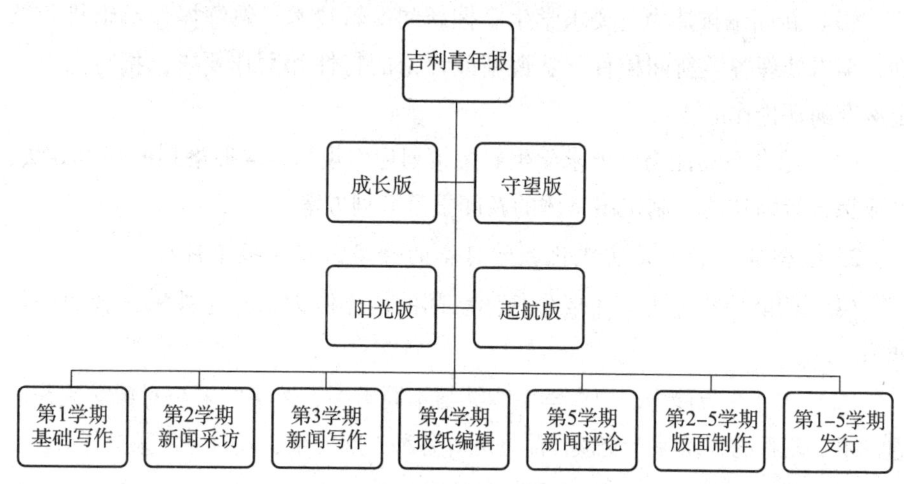

图1　新闻采编实训平台

3. 重点进行课程重构与改革

从新闻实践看，随着信息技术的发展，社会生活各个领域、各个层次、各个角落无不成为新闻报道的范围，要想做一名出色的新闻工作者，必须具有较为宽广的知识面；随着社会节奏的加快，媒体从业人员必须具备采写编全部能力要求，是“一脚踢”的通才，因此新闻采编专业要立足于职业需求，从核心职业技能入手，重构课程体系。

（1）核心专业课改革。新闻采编与制作专业的核心专业课设定了五门，分别是新闻采访、新闻写作、报纸编辑、版面设计与制作、新闻评论。核心专业课课程改革方案主要包括12项内容：《新闻采访》实训大纲、《报纸编辑》实训大纲、《版面设计与制作》实训大纲、新闻采编与制作专业综合实训考核办法、新闻采编与制作专业综合实训授课与备课指导、新闻采编与制作专业综合实训流程及任务分工表、新闻采编与制作专业综合实训教学工作量安排、新闻采编与制作专业综合实训学生要求、高职实训成绩评定表、实训课专用作业纸、新闻采编与制作专业综合实训学习班会记录。

（2）中文基础课改革。中文基础课课改创造性地从新闻专业角度出发，对传统基础写作的内容进行加工和改造，重点讲授高中阶段就已熟悉的写作常识、写作技巧如何在新闻写作中加以应用，同时例文选用优秀的新闻作品。另一方面，舍去了过于抽象和深奥的理论阐述，突出了写作的基本方法与技能，同时精心设计训练题目，充分调动学生的积极性。

(3) 纳入职业证书教育。在专业课程和基础课程改革的同时，将“助理网络编辑师”和“中级摄影师”两门职业认证课程与原教学计划《网络编辑》和《新闻摄影》课程进行置换，纳入职业证书教育。通过职业证书课程的学习，既提高了学生的职业技能，又为就业竞争力的提高提供了支持。

(4) 选修课模块化教学改革。在学生专业兴趣和职业规划调研的基础上，将选修课划分为法学、心理学、影视娱乐、文学艺术和旅游等五个模块，每一模块计6学分，分三个学期选修完，学生可根据自己的专业兴趣选择。既发挥了选修课的作用，同时让选修课活了起来：形成“新闻+专业”的课程体系，拓宽了学生专业知识，帮助学生明确就业方向，增强就业针对性。

(三) 实施项目化教学组织

全员参与实训的教学组织是一个难点，项目教学化教学有效地解决了这一问题。

1. 组建项目团队

基于仿真的新闻采编实训平台，打破了专业的年级限制，按年级、班级混合纵向编成四队，低年级学生任记者、高年级学生任编辑，分别负责《吉利青年报》及其子报的采、写、编辑、制作与发行，将自愿参与变为强制参与，确保每位学生充分参与办报过程。这样一种组合方式，既符合新闻业务运作规律，教学组织更加灵活，低年级、高年级的纵向混合使得在同一个项目任务中，通过不同的分工、合作，全员都能参与，是教学组织上的创新。

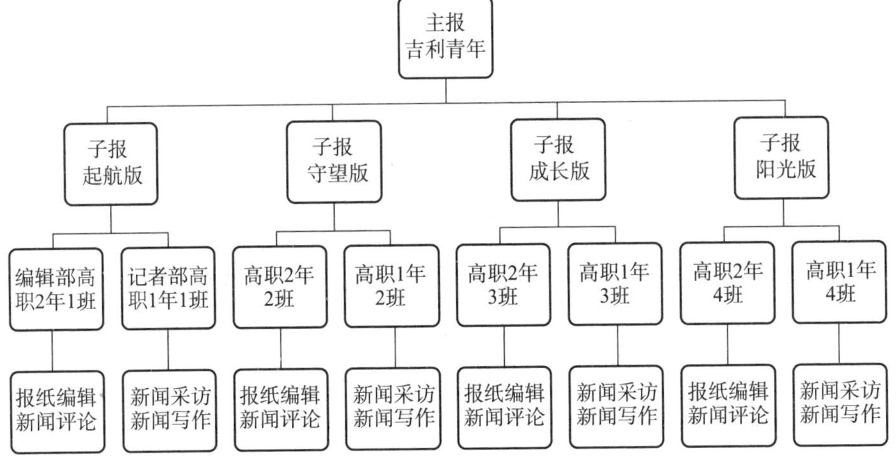

图2 项目化实训团队

2. 制定项目目标

《吉利青年报》作为项目化教学的目标产品，每一学期训练的侧重点虽有不同，但每一期报纸都变成了一个目标项目，四个子报都要参与发展和竞争，师生围绕这个项目目标，在规定的时间内实训学习。在实践教学中，教师与学生进行责任分工、分层管理，指导教师作为整体实训的领导者，要与学生共同讨论、策划新一期报纸的编辑思路、方针；学生主编、副主编对各版面的编辑、记者制定工作要求和任务分工，每一个版面的编辑人员再组织自己小组成员做好本版面的策划与执行，最终通过大家的努力完成报纸的制作、发行。整个过程都有明确的任务目标，每一个环节都设立目标任务。

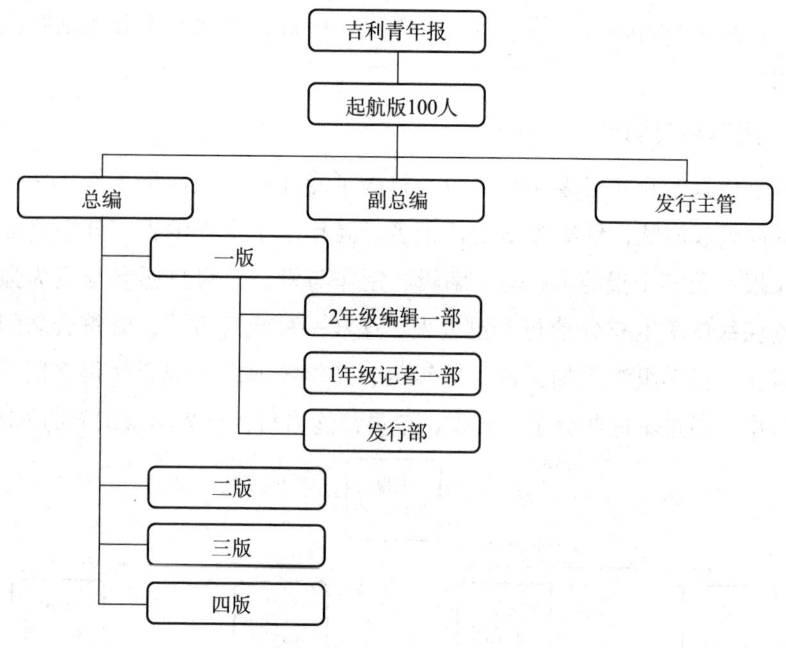

图 3　起航版团队构架

项目教学要求全员参与、共同为完成目标努力，激发了师生的积极性和目标意识。授课教师在任务驱动下，就必须结合实际，联系媒体运作情况，指导实际教学。学生在目标项目的管理下，必须主动完成新闻实践活动，在实践中将新闻理论消化和理解，在实训平台中得到提升和发展。

（四）构建双师型的教学团队

教学团队共9人。三名具有新闻实践经验的、具有主任编辑职称的业内专家和三名学院优秀教师担任核心专业课和基础课教师，并以他们为核心，在教学组织上配备了专门的实训教学干事和实验员，在班级管理上配备了专职辅导员。教学团队召开研讨会，组织班会，交流实践经验，反思教与学中的不足，确保了实践化教学的顺利实施。

（五）搭建全员参与、立体化的实践模式

在实践教学上采用“双结合”，即校内与校外结合、课内与课外结合的实践教学方法，形成了全方位、立体化的实践化教学模式。

1. 校内与校外、课内与课外的“双结合”，深化了实践化教学

院内实践教学包括课程实训和综合实训，立足于课内，在日常教学中使学生接受到系统的实践教学。校内则将学校新闻中心等作为校内实训基地，进行校内课外实践。校外实践教学贯穿学生专业学习的始末，分为一年级暑期实践、二年级中期实训、三年级毕业实习。

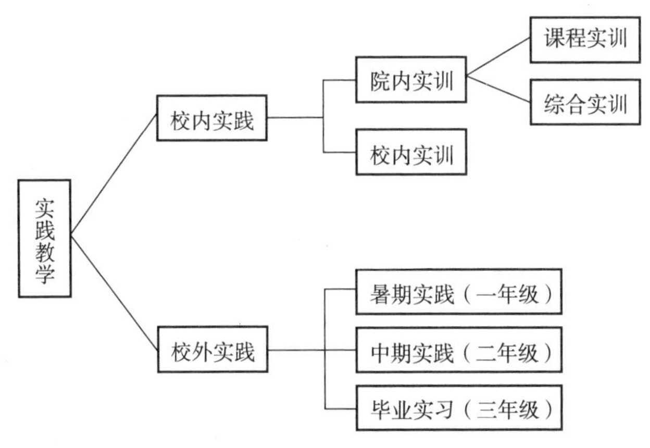

图4 实践化教学构架

2. 加大投入，建设新闻实践教学实验室

学校投资40余万元，建设了“新闻采编制作实验室”，主要用于承担高职新闻采编专业学生的采、写、编、制作等相关课程的实训教学；同时购买了排版软件，以保证实训报纸排版实践化的要求；购买了网络编辑实践教学平台等，支撑了实践教学的需要。

3. 积极与校外媒体合作，建立实训基地

表1　校外实习基地建设情况

序号	基地名称	所在地	是否签订协议	是否接受过实习生
1	中央人民广播电台	北京	否	是
2	北京电视台	北京	否	是
3	人民日报	北京	否	是
4	东方早报	上海	否	是
5	东方体育日报	上海	否	是
6	今晚报	天津	否	是
7	中国广播网	北京	否	是
8	延庆广播电视中心	北京	是	是
9	密云广播电视中心	北京	是	是
10	上海家庭报	上海	是	是
11	文汇报	上海、杭州	是	是
12	上海星期三报	上海	是	是
13	新民晚报	上海	是	是
14	昌平新闻中心	北京	是	是
15	人民日报网络中心（人民网）	北京	是	是
16	新华社中国图片分社	北京	是	是

（六）建立科学的考核评价机制

在教学组织中，学生成绩评价是核心。一个好的考核评价机制可以有效地调动教与学双方的责任和积极性。学校重点改革了学生成绩评价方式，变闭卷考试为开放式考核、过程性的考核，抛弃了闭卷考试的方法，调整为实训作业、实训反思与总结、实训出勤等按比例、综合、开放式的考核。其中实训作业的考核，更加体现过程性的监控和评价，教师必须认真关注学生每期实训环节的具体实践情况，给予评价和指导；另外由于设计了激励机制，学生可以在后面的学习中赶超，保护了学生学习的积极性。

表2　北京吉利学院新闻采编与制作专业实训作业考核标准

年级	总分	分项	分值	实训作业	考核分类	等级	分值	评分标准
一年级	70	采写新闻	65	采写2篇	未见报 0－40	不及格	0－25	要素不全、体裁用错少于规定字数
						及格	26－40	要素齐全、体裁合格达到规定字数
					见报 41－65	中	41－50	见报（实训报）1篇
						良	51－60	见报（实训报、青年报）2篇
						优	61－65	头版头条1篇及以上（实训报、青年报）
		当期总结	5	总结1份	完整总结 0－5	不合格	0	未按要求项目总结或未按时提交
						合格	5	按时提交并按要求项目总结
二年级	70	编辑	45	编辑1版	未选用 0－30	不及格	0－20	因编辑不合格未被选用
						及格	21－30	编辑合格，但未被选用
					选用 31－45	中	31－35	选用（实训报）
						良	36－40	选用（实训报、青年报）
						优	41－45	选用（实训报、青年报）
		版面制作	20	排版1块	未选用 0－11	不及格	0－9	未排成
						及格	10－11	排成
					选用 11－20	中	12－14	排成未被采用
						良	15－17	采用、不美观、无创意
						优	18－20	采用、美观、有创意
		当期总结	5	总结1份	完整总结 0－5	不合格	0	未按要求项目总结或未按时提交
						合格	5	按时提交并按要求项目总结

三、实践化教学探索的价值

（一）实践化教学与时俱进，顺应媒体发展的需求，为高职新闻采编人才的培养提供了新思路，具有借鉴意义

作为一门应用性学科，新闻采编与制作专业要解决的一个难题是，怎样使实践教学与理论教学有机地结合起来，形成一个互渗互动互相支撑的整体，以培养学生的个性化特质与创新能力，使其深化、活化课堂传授的理论知识。

美国学者韦迪认为，课程教学的过程其本质是在继承中创新，教学的过程同时也是对课程的开发过程，现代高等教育的课程已由静态的书面文件变为师生不断创建经验的动态过程。可以说实践性教学是活化课程教学的“主动作业”，在新闻采编专业实践化教学改革的探索中，逐渐形成了一套具有创新性的教学模式、课程体系，并形成了一定的成果。实践化教学的实施模式和推进方式同样可以借鉴到其他相关专业和业务能力的培养中，为日新月异发展的新闻传媒人才的培养提供新的思路。

（二）实践化教学将学生变被动为主动，将部分参与变为全员参与，实现了人才培养的最大化和最优化

在传统教学中，教师的教主导学生的学，一部分学生积极参与，但还有更多的学生被动、消极学习，导致在新闻业务能力的培养上无法真正最大化的利用教学资源，也无法实现育人的整体目标。以学生为中心，变被动学习为主动参与，这本次是教学研究和改革中的重点。

实践化教学改革强制性地将学生全部吸纳在实践活动中，在全体参与过程中，通过项目引导、考核机制来激发学生的主动性，反过来刺激全体学生的共同参与，形成教学互动的良性循环，同时达到了人才培养的最大化和最优化。

（三）实践化教学有利于培养适应专业内涵建设的教师队伍

教学改革不单仅从学生角度出发，教学方式和手段能否真正实现创新，关键还取决于教师是否明确自身的角色定位。传统的教师角色定位于传授理论知识，主要采用单一的课堂理论教学、学生被动接受学习的方式。实践化教学改革中，教师既是引导者也是开拓者，迫使教师转变角色，转变观念，无形中激发教师主动学习，不断提高教学能力，推动了教师综合素质的提升，反过来又促进了教学改革和实践。

（四）实践化教学考核体系的建立，提供了一种新型、有效的过程化考核模式

实践化教学是一个强调参与性、动态化、开放性的过程，还需要与之配套的考核方案。考核方式对教育活动和学生的学习方式具有很强的导向作用，它不仅是教师衡量教学效果、改进教学法、提高教学质量以及检验学生掌握知识情况的重要手段，而且关乎到推进素质教育，培养创新型人才的新一轮

教学改革的实施。

（五）实践化教学有利于培养学生的职业素养和团队精神

实践化教学目标设置中突出了学生的职业素养和团队精神的培养。不同年级、不同班级的学生必须以项目的形式由小组成员共同完成新闻采编与编辑制作任务，每个环节相互联系、配合，指导教师可以通过实训环节有意识地加强学生在团队合作方面能力的培养。《吉利青年报》的每一份子报都拥有一个相对完整、独立的采编团队，设有主编、副主编、责编、记者等职务分工，在完成目标任务的同时大家会遇到很多问题，必须学会协同、合作，在解决问题的过程中学生的团队合作精神得到了磨练和养成。

（六）实践化教学催生了具有推广价值的创新教材、精品课程

实践化教学改革过程中编辑出版了数十期报纸，《采写编综合实训》课程被评为校级精品课程，并出版了多本教材《采写编实训教程》《采写编一体化实训教程》《新闻基础写作实务》三本教材，其中《采写编实训教程》和《新闻基础写作实务》两本教材被市教委评为北京高等教育精品教材，《采写编实训教程》填补了我国新闻实训教学教材的空白，《新闻基础写作实务》被列入21世纪全国高职高专新闻传播实训类规划教材，成果丰富。

参考文献

[1] 徐国庆．职业教育项目课程的几个关键问题［J］．中国职业技术教育，2004．（4）．

[2] 田中阳．对新闻传播学科实践性教学的探索［J］．新闻战线，2006（11）．

[3] 祁冰．高职新闻专业人才培养模式的构建［J］．安徽文学（下半月），2006（12）．

[4] 徐可晶．湖南省高职院校新闻采编与制作专业课程体系改革研究［D］．湖南师范大学，2008．

[5] 周秦玉，庞万红，吴朝香．高职新闻专业学生采编能力培养的实践探索［J］．新闻知识，2008（2）．

[6] 王超群，新闻业务实践教学的几点思考——以湖南科技大学为例［J］．湘潭师范学院学报，2008（3）．

[7] 王春玲，牛炳文．从理论到实践，从课堂到媒体——新闻专业实践

教学的系统思考［J］. 新闻界，2008（3）.

［8］敖凌航，余霞. 高职教育人才培养模式的再思考［J］. 华商，2008（22）.

［9］王军，范东升. 新闻专业应用型人才培养模式研究及实践——基于汕头大学新闻传播本科教学的改革［J］. 汕头大学学报，2009（1）.

［10］高山. 对构建新闻专业实践教学体系的思考［J］. 兵团教育学院学报，2009（3）.

［11］董天策. 专业训练营：新闻实践教学的一种新模式［J］. 中国记者，2009（3）.

［12］覃伟丽. 高职院校新闻专业实践教学初探［J］. 湖南大众传媒职业技术学院学报，2009（9）.

［13］曲江滨，刘伟. 高等院校新闻专业实践性教学体系的构建［J］. 经济研究导刊，2009（17）.

［14］李立煊，陈瑛. 新闻传播专业实践教学策略研究——以韶关学院新闻系为例［J］. 现代商贸工业，2009（24）.

应用型本科酒店管理专业实践教学模式构建

杨　静①

内容摘要：在高等教育大众化，人才培养多样化的背景下，应用型本科教育的发展在我国已成为一大趋势，为了使应用型本科院校所培养出来的高素质技能型人才更好地适应社会的发展和行业的需求，本文以北京吉利学院为研究对象，通过总结酒店管理专业近几年的实习实践教学成果，不断探索实践教学新模式，并试着构建一套完整的实践教学（游学）体系。重实践教学不仅是教育改革发展的需要，同时对促进校企合作、产学结合的开展也具有十分重要的意义。

关键词：应用型本科　酒店管理实习实践体系　模式

随着国家对高技能型人才要求的不断提高，2002 年国务院正式提出顶岗实习指导意见，实习实践教学作为高校实践教学体系中不可或缺的重要环节，不仅弥补了课堂教学的局限性，同时也以其针对性、专业性、真实性、综合性、能动性的特点，成为培养学生综合职业素养的有效教学模式之一。应用型人才培养强调实践能力、创新能力和工作能力的培养，要求学生在工作中能将所学到的理论知识具体应用在解决实际问题之中。实践教学是应用型人才培养过程中的最重要组成部分之一，相较于理论教学更具有直观性、综合性、实践性，在强化学生的素质教育和培养实践能力方面起着举足轻重的作用。

一、酒店管理专业实习实践现状分析

作为我国朝阳产业的饭店业，在经历高速发展的同时，也正面临着员工素质偏低、学历结构不合理、人才流失严重等问题。据统计，我国酒店员工流失率高达 30% ~40%，其中大专及以上学历员工流失率最为严重，已高达

① 杨静（1982—），山东荣城人，硕士研究生，讲师，研究方向为旅游教育学。

70%～80%。通过对我校近几年酒店管理专业的实习实践教学过程的跟踪及实习效果的分析，总结出影响实习实践效果的因素，包括如下几个方面。

（一）现状分析

1. 企业方面

学生的实习满意度并不够高，企业对实习生的重视程度不够，学校在整个实习过程中的跟进工作不到位，学生对本专业的信心不够足。

2. 学校方面

大部分学校的实训条件较差，在授课的过程中仍以理论教学为主。

3. 教师方面

教师在授课过程中的实际操作能力较弱，整个师资团队缺乏企业实践的经验。

4. 专业建设方面

酒店管理专业的课程体系建设及教学内容还需进一步优化。

（二）原因分析

1. 企业积极性不强

首先，目前大部分酒店带实习生均采用师徒制，酒店人员结构较为复杂，指导实习生的师傅及所属直接领导的管理风格都会对实习生的实习效果产生一定的影响。其次，大部分学校的实习安排都是半年左右，酒店会在有限的实习期内尽可能地让实习生固定在一个岗位上，以提高其熟练程度，轮岗不仅增加用人成本，同时操行性及风险也较大，因此很少有酒店会给学生提供轮岗的机会，这也成了较大的制约因素。最后，实习生可以给酒店节约用人成本，但酒店也要承担相应的风险，实习生和正式员工为酒店创造的价值也会存在差距，这就决定了酒店给实习生支付的薪资不会很高，面对工作岗位时，学生会对比不同企业的实习薪资，同一企业会对比实习生与正式员工的薪资待遇，也会将自己的付出与收入进行对比，因此，实习期的工资待遇对实习效果的影响也是不容忽视的。

2. 学校的制约因素

首先，学校的实习组织管理工作很重要，学生进入企业实习，学校要有一系列全程保障的措施来确保实习环节的顺利进行。其次，实践课教学是保证学生从书本理论顺利过渡到企业操作的重要中间环节，实践课在很多学校开展得并不理想，课时少，流于形式，这也是受到实训条件等客观因素的影响。也正由于此，学生适应岗位的过渡期较长或根本无法适应，也直接影响了实习效果。最后，教师授课要紧跟行业发展前沿，要把最新的知识和技能传授给学生，为学生进入并很好地胜任工作岗位做好充足的准备，保证实习的顺利进行。

3. 实习生自身因素

首先，酒店业作为服务性行业，对从业人员的沟通、应变、表达、协调等能力要求较高，酒店内部不同的岗位对员工的要求也各不相同，根据学生个体的性格特点，安排合适的岗位可较好地提升实习效果。其次，酒店业的工作强度较大，要求员工具备一定的抗压能力，既包含体力方面的承受力，也包括心理方面的抗挫折能力，抗压能力的大小也是决定实习效果的关键因素。最后，任何一个行业都有其相应的行业规定，企业有企业的规章制度，员工的自我要求与企业的规定要相互匹配，实习生的自律性也要与酒店的管理相协调，这也成为了很多酒店实习生实习效果不佳的主要因素。

二、酒店管理专业实习实践教学模式的构建

根据酒店管理专业实习实践的现状，结合北京吉利学院酒店管理专业学生的特点以及近几年来酒店管理专业在实践教学和学生实习过程中摸索出来的宝贵经验，试着从以下几个方面提出一套实践教学的模式。

（一）实习实践教学体系

酒店管理专业实践教学体系具体包括教学活动的目标、内容、管理和条件等要素。即将各个实践教学环节（实验、实习、实训、课程设计、毕业设计、创新制作、社会实践等）进行合理配置，建立起来的与理论教学体系相辅相成的教学内容体系，是相对独立于理论教学体系，有明确的教学要求和考核办法，教学内容前后衔接、循序渐进、层次分明的实践教学体系。

实践教学体系以技术应用能力培养为主体，按基本技能、专业技能、综合技术应用能力和专业拓展能力四个层次，循序渐进地安排学习内容，将实践教学的目标和任务具体落实到各个实践环节中，让学生在游学中掌握必备的、完整的、系统的技能和技术。

1. 行业认知模式

行业认知模式主要包括校外课堂、企业参观、行业讲座和社会调研四个

部分。通过完成校外课堂、社会调研、行业讲座、企业参观等课程，除形成课程论文、调研报告外，还包括课程设计、专业综合能力实践（含毕业论文、毕业设计）等实践性教学环节。

2. 校内实训模式

校内实训模式主要包括实训课程、技能比赛训练、校内基地实训三个部分，须完成专业实训课程、参加各项技能大赛、自主实践、校内实训基地实践等实训教学活动。

3. 顶岗实习模式

顶岗实习模式主要包括工学交替、订单式培养和产学研一体化。包括实习课程、证书培训、毕业论文、毕业设计等实践教学活动。

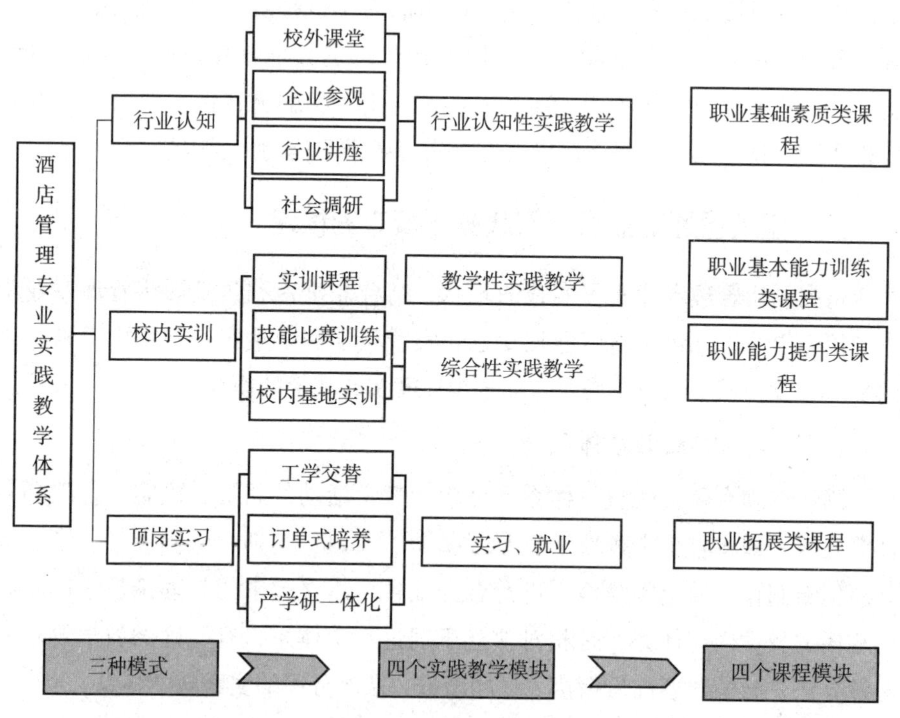

图1　酒店管理专业游学教学体系

如图1，三种游学模式、四个实践教学模块和四个课程模块之间环环相扣，一一对应。通过行业认知实践的培养，让学生认识酒店管理专业，并具备一定的专业思考能力和文字表达能力等基本素质。随着学期的推移，安排校内实训和社会综合实践相关课程，培养学生的基本职业技术能力。与此同时，在整个体系过程中穿插进行技能拓展实践的培养，利用校内实训基地、到产学研合作单位实习，为学生提供锻炼成长的机会平台，从“重教”走向“重学”，从被动走向主动，使学生发挥自己的主体性、参与性，保持个性化的成长轨迹。最后，在学制末期，通过顶岗实习，锻炼学生的职业就业能力。此时，学生可以清楚地辨明自己的专业兴趣所在，在工作与升学之间找准自己的方向，完成完美的蜕变。教学层次的逐级加深，符合学习认知的自然过程和能力培养的一般顺序。四年的统筹安排，既保证了实践教学的完整性，又清晰地凸显了各个阶段的侧重点，既有利于学生的个性发展，又保证了教学的整体优化。

（二）实习实践课程体系

酒店管理专业实践教学体系应依据行业最新发展态势，以职业能力为导向，基于对多家酒店实际工作过程的调查和分析设计四大课程模块：职业基础素质类课程模块以培养学生的职业素质；职业基本能力训练类课程模块以校内实训室和校内实训基地为平台，使学生掌握酒店各主要岗位的职业技能；职业能力提升类课程模块以校内实训室、校内实训基地、各种技能比赛、校外实训基地等综合实践教学方式，培养学生的基本管理能力；职业拓展类课程模块主要以校内产学研基地希杰烘焙教室、茶艺室、酒吧、咖啡室等实践课程，使学生具备相应的职业拓展能力。如表 1 所示。

表 1　酒店管理专业实践教学课程体系

课程模块	具体课程
职业基础素质类课程	办公自动化、服务礼仪、校外课堂、企业参观、行业讲座、社会调研
职业基本能力训练类课程	前厅服务与管理实务、客房服务与管理实务、餐饮服务与管理实务、康体服务与管理实务、酒吧服务与管理实务、酒店智能化管理、酒店应用英语
职业能力提升类课程	宴会设计、酒店创意设计、酒店财务管理实务、酒店营销实务、酒店督导管理实务、旅游电子商务
职业拓展类课程	酒水、茶艺、烘焙、急救常识

（三）实习实践保障体系

游学保障体系主要包含三个方面：以具有一定生产、管理经验的“双师型”教师为主体的师资队伍；较完备、先进的设备设施，仿真性的游学环境；

游学经费保证。

1. 师资队伍建设

应重点加强对现有教师的培训方向和培养方法的研究，建立符合职业教育特点的师资继续教育进修和企业实践制度，建立具有“教师资格证书”与“职业技能证书”的教师“双资格证书”准入制度；用政策规定来鼓励教师在企业与学校间进行有序流动，自觉深入到行业企业一线，以熟悉生产，参与科研和技术开发；吸引社会实践经验丰富的专家、工程技术人员的加盟；改变传统的“学术型”教师考核评价体系，建立有利于师资结构调整的分配制度和激励机制；重视“双师”结构的师资队伍的建设。

建设一支素质过硬的实习教师队伍，要求实践指导教师参加全国通用的岗位技能培训，使其在技能上至少有中级以上岗位等级证书或职业资格证书，建立理论教师与实践教师定期换岗制度和专业理论教师限期通过相关专业职业资格证考试制度，通过强化专业技能考核来提高理论教师的实践能力，造就一支高水平的“双师型”师资队伍。

2. 校内、校外实训基地建设

根据教学计划和人才培养方案，校内制定实验实训室建设规划，保证专业必修实践课100%的开出率。目前，酒店管理专业校内实训室已建设客房实训室两间，餐饮实训室沃尔沃实训厅一间（中餐），西餐实训室一间，酒店智能化实训室一间；校内实训场地有教职工餐厅实训基地、咖啡厅实训、大堂水吧实训、学校招待所客房实训基地等。校内实训基地都具备开放性和服务性功能。

学校和企业建立长期稳定的联系制度，企业提供实习基地。我院酒店管理专业经过长期的积累，不断调整与充实，已经建立了比较健全的国内外实习、实训基地，提供了全真的教学环境和条件，为实施订单式人才培养模式、开展工学结合的实践教学、培养和锻炼学生的职业技能提供了有力的保障。如表2所示。

表2 酒店管理专业校外实习基地一览表

酒店名称	实习酒店地址
希尔顿酒店管理集团	北京王府井店、西单店等
洲际酒店管理集团	中国北京市西城区南纬路36号（前门店、东直门店、望京店、民族园店）
华住酒店管理集团	汉庭连锁酒店北京地区180家分店

续表

酒店名称	实习酒店地址
福朋喜来登	北京市海淀区远大路25号1座
长安大饭店	北京市朝阳区华威里27号
朗豪酒店	顺义区首都机场二经路1号（T3航站楼西南）
北京上东今旅酒店	北京市朝阳区东四环北路2号
净雅餐饮管理集团	北京市区4家分店
顺峰餐饮管理集团	亚运村店、丰台店
渔阳饭店	北京市朝阳区新源西里中街18号

3. 游学经费保证

学院根据发展规划，按照北京市教委要求，组织专家对学院的实践基地进行论证，做出规划，设立专项消耗材料经费和实训经费，每学期按计划下达，专款专用，保证每一个实训项目的落实。制订计划的原则是保证教学目标的实现，同时尽可能节约经费使用。

（四）实习实践评价体系

建立科学、完整的游学评价体系，是重视游学，促进游学质量快速提高，加强宏观管理的主要手段。

1. 建立一套科学、完整的学生评价体系

校内游学和校外游学都要加强指导和管理，每次实训都要有实训报告或成果，由专业指导教师评定成绩并做好记录，按游学学时占总学时数的比例计入课程成绩。

实训成绩按优秀、良好、中、及格、不及格五级等次单独记入成绩档案。对学生参加实验、实习的各个游学环节的效果提出严格要求，加强学生综合实验能力的考评，制定综合实验能力考评方案，确定考评内容与方法，确定考评成绩的学分比重，通过笔试、口试、操作考试及实验论文等多种形式考评学生的综合实验能力。对于实习考核，可通过实习报告、现场操作、理论考试、设计和答辩等形式进行，可以由学校实训基地和校外实践基地联合考核，不仅考核学生的素质和能力水平，而且考核学生的工作实绩。

2. 建立教师评价体系

根据培养目标的要求，制定出游学各个环节具体明确的质量标准，并通过文件的形式使之制度化，严格规范执行。再结合同行评价结果、学生评教结果，在学年度末给每位教师写出评语，同本人见面，并纳入人事考核之中。

三、总结

本文以北京吉利学院为研究对象，试着从教学体系、课程体系、保障体系及评价体系这四个方面，构建出酒店管理专业新的实习实践教学模式，并在后期的实践教学过程中逐步实施，效果显著。酒店行业属于劳动密集型行业，酒店管理专业要求从业人员不仅要有扎实的理论基础，还要具备过硬的实操技能，国内酒店管理专业实践教学研究及执行效果还在进一步探索中。学生在企业实习实践的过程基本还属于临时补充以解决酒店人力资源不足的情况，实习实践的过程也并没有将学生个人发展、企业人才培养、学科专业建设很好地结合起来，实践效果并不理想，这其中包括企业、学校、学生个人多方面的因素。新的模式以学生为主导，多角度，全方位地提高实践教学质量，对培养高素质、高技能型酒店管理专业的人才，具有一定的指导和借鉴意义。

参考文献

[1] 王振洪．现代学徒制：高技能人才培养新范式［M］．中国高等教育，2012：93－96.

[2] 李岫，王平，陈丽英．关于旅游管理本科实践教学改革的几点思考［J］．旅游学刊（人力资源与教育教学特刊），2006（12）：120－123.

[3] 刘艳华．透视旅游专业大学生供需错位现象—兼认饭店管理专业本科教学模式改革［J］．旅游学刊·旅游人才与教育教学特刊，2008：121－125.

[4] 何燕燕．高职院校旅游管理专业实践教学体系的研究［D］．南昌师范大学，2013.

本文系北京高等学校青年英才计划课题“以实践为导向的酒店管理专业游学体系的构建”（课题编号：YETP1893）部分研究成果。

酒店管理专业实践教学安排创新研究

——以北京吉利学院为例

刘京平①

内容摘要：实践教学是酒店管理专业教育中最为重要的组成部分之一，近年来，国内很多学校都在积极进行改革，然而效果并不理想，学生依然缺乏学习兴趣，实践教学水平止步不前。本研究从创新实践教学体系的角度，从高职院校实践教学诸要素和各个环节内在联系着手，以北京吉利学院为研究对象，运用比较、质的调查等研究方法，发现产生问题的有关影响因素，并从酒店专业教育的具体教学环节入手，探索实践教学的新模式，并构建完整的实践教学指导方案。

关键词：旅游管理　酒店管理　实践教学　游学　模式

近年来随着旅游产业的蓬勃发展，旅游教育也逐步成为高等职业教育中的热点问题，国家对旅游职业教育的投入、投资力度都很大，各旅游院校也在尝试进行种种改革，以提高教育质量，但从学生走向实习或工作岗位的结果来看，学生的岗位适应能力差，学校管理不到位，企业留不住学生等一系列问题一再凸显。孙毅的调查显示，“上海某高校旅游系毕业生，毕业分配到酒店中第一年的流失率高达50%，其后两年中为80%。五年后，只有少数人留在酒店工作。杭州市10家酒店三年内的流失率为66.1%”。为此，我们通过实地调研，分析问题及原因，针对酒店管理专业的实践教学提出一系列整改对策。实践教学不仅是教育改革发展的需要，同时对促进校企合作、产学结合的开展也具有十分重要的意义，通过制定及完善相应的管理制度，改进管理方法，从而实现学校、企业、学生的三方共赢。

---

① 刘京平（1980—），硕士，讲师，研究方向：导游学，旅游教育。

一、文献综述

由于国外酒店业经营已有百余年历史，酒店经营管理包括有关酒店的实习管理等研究开展得都很早，研究成果也十分丰富，涉及实习管理的具体研究范围也比较广泛。James F. Downey 和 Linsley T. Deveau 在其研究中阐述了酒店实习对学校、学生和酒店三方面的要求，并且针对平衡三者的利益关系提出了建议和措施。King B. 则认为实习经历是酒店专业学生毕业求职中极重要的一项要求，企业往往认为它比有关的酒店、旅游等相关的知识更为重要，由此提出了增加酒店专业实习比例的具体措施。

总体来看，国外有关酒店企业的实习研究主要集中在实习管理、实习模式和满意度等几方面，对如何提高实习效果等研究则相对较少。

尽管近年来我国酒店实习管理研究呈现日益增长的趋势，然而，整体水平和质量却并不理想，基本上还处在讨论现象、摸索规律的初级阶段，理论创新和突破很少，甚至常常出现“炒冷饭”的现象，能够提出符合我国国情，具有中国特色的理论与实践创新就更少之又少。

在教育理念方面，王振洪认为高职院校在办学实践中过多地强调社会需求，过分地强调了职业岗位对人的需求，而忽视了学生自我发展、自我完善的需求……所以，在实现高职教育职业性的同时，我们必须关注高职教育的高等性。冀东怡认为酒店实习可以通过轮岗制度、企业管理人员讲座、指导教师全程陪伴等方式开展。侯国林则提出了五种实习的新模式，具有一定的参考价值。胥郁则基于情景学习理论，运用因子分析法得出影响实习生满意度的五个因子维度，并提出实习辅导措施、实习工作品质、实习时间、实习酒店档次是其实习满意度的重要影响因素。

二、当前实践教学的现状与存在的主要问题

（一）当前酒店管理专业实践教学的现状

据统计全国已有各级各类旅游院校系、专业近 200 家，在校生 2 万余人，形成了一个具有一定规模的旅游教育体系，近二十年来为各级各类旅游部门输送了大量的人才。但是随着旅游业的不断深化发展，对旅游人才的要求越来越高，具有创新意识、敏锐洞察力，综合能力强，真心热爱旅游事业成了用人单位招聘的重要条件，然而相对于旅游人才的高素质要求，我们的教育

在内容、目标、方法，特别是在具体的教学编排设置上都存在一系列的问题，影响了旅游教育的整体质量。

从微观上说，我们的教育长期忽视旅游基本技能的训练，紧扣产业和工作的训练就更加薄弱，学校希望在这方面上下功夫，然而却往往不知道该从何处着手，想做不会做常常成为旅游院校实践教学中的痛点。旅游实践教学看似都在做，可效果并不理想，这是一种普遍的情况。

（二）当前酒店管理专业实践教学的主要问题

1. 实践教学普遍采用传统模式

尽管各院校普遍意识到实践教学的重要性，但从实践方面来看只是简单的模仿训练，铺床、叠被子、端盘子等与实际的企业对员工丰富的综合技能需求相去甚远。在国家近年来对职业教育大力投入的背景下，各院校纷纷建立了高水平，甚至“奢华”的实训室，但是真正物尽其用的却不多，很多时候只是起到一个专门的训练场地的作用，训练模拟化程度过高。

2. 对实践教学的理念认知存在不足

受到视野、学术水平以及自身等多方面的影响，很多院校的领导、教师对实践教学的认识还停留在初级阶段，认为实践教学就是在实训室模拟训练，让学生反复大量地做模拟操作，等等，并不能提出更多创新型的方式方法，更不用说像瑞士酒店教学那样，采用工学高度结合的教学新思维新方式，教学安排十几年如一日。

3. 实践教学效果的评价很难客观科学

考核不全面、标准不具体、方法不科学等是现行实践教学体系一个突出的问题，而实践教学考核是保证实践教学质量的重要手段，特别是定量考核薄弱的问题更加突出，教师往往仅靠自己的感觉和感性对学生的学习效果做出评价，学生往往也不知道自己错在何处，好在何处。评价难以达到应有的效果。

三、实践教学的具体创新安排

根据上述所分析的酒店实践教学的现状和所存在的问题，本文重新设计了实践教学的具体环节，并对相关教学活动做了新的编排，具体分为三种模式，每一种模式直接对应一类实践教学课程，具体如下：

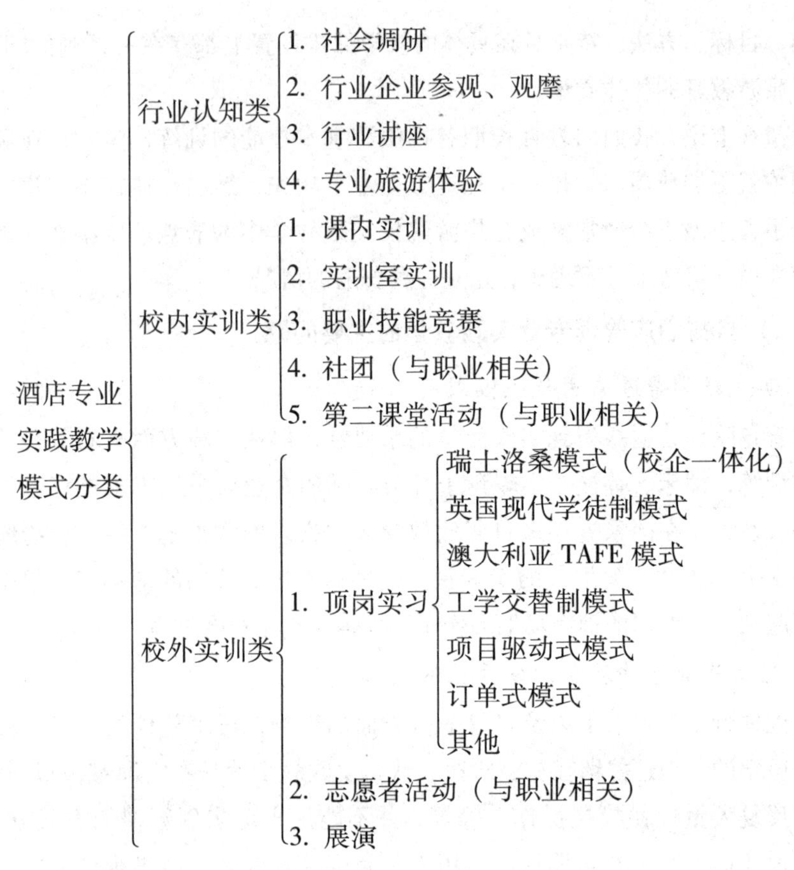

图 1　酒店专业实践教学模式分类

（一）酒店专业实践教学课程分类

我校酒店管理专业实践教学模式分为行业认知、校内实训、校外实训三大类，每大类下再分若干小类，具体分类依据如下：

1. 行业认知类

行业认知类课程的主要目的是增加学生对行业的感性认知、前沿动态认知等，并不要求系统的理论知识和实践训练，教学场地校内、校外皆可，教学形式一般比较生动，与后面的带有严格标准和教学任务的校内校外实训有本质的不同，因此，将此类课程单独列示。该类课程可包括社会调查、行业参观、讲座等。

2. 校内实训课类

顾名思义，就是在校园内完成的实训教学环节。日常专业课课堂上的实训环节和实训室内模式的实训环节是最主要的两项。这两部分亦是整个专业实践教学的重点，是学生进入企业环境前最重要的实操训练环节。参加相关比赛可能在校外也可能在校内进行，但之所以把它归类在校内实训课中，主要是考虑其赛前的指导过程主要是在校内由老师来完成的，而且比赛的成绩主要是校内实践教学成果的体现，因此本文把专业比赛归为校内实训类课程。与职业训练相关的社团和第二课堂活动亦应作为校内实训的一种补充。

3. 校外实训课程类

校外实训环节是理论联系实际，校内实践教学接受实践检验、学生直接参与生产的最重要环节，是整个实践教学最重要的内容，因此也是当前各学校着力进行创新改革的重点。

（二）各类实践课程的具体教学安排

根据这三类实践教学模式，我们在教学安排上突出三种实践教学交替式学习，三种模式灵活安排在各个学期当中。

1. 行业认知实践教学安排

行业认知教学一般在在校内实训室和校外实习基地完成，时间最短为1天，最长为一周左右。时间安排在第一、第二、第三、第五学期进行，由专业负责人、系领导对新生进行专业教育，并由指导教师带领学生到校外实习基地见习参观，感受行业特色、企业文化与工作氛围。详见图2：

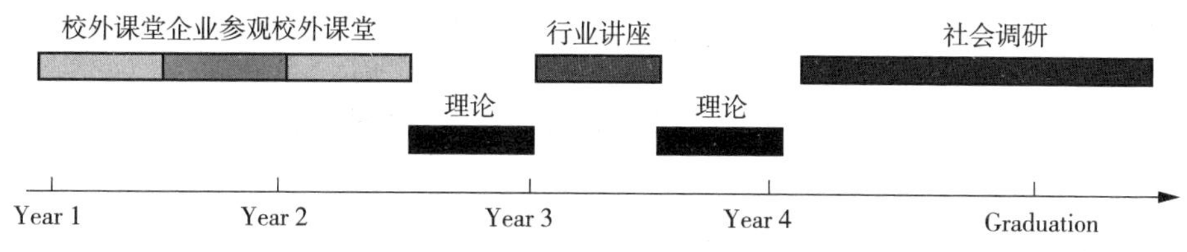

图2 行业认知教学安排

2. 校内实训实践教学安排

第一，课内实训教学安排，主要是训练专业技能，包括餐饮训练，客房训练和礼仪训练等，为期四周。在教学过程中陆续开展职业技能考证（包括餐饮证、客房证、前台证和导游证等），落实“双证书”制度，使学生具备扎实的专业知识与能力。

第二，比赛实训教学安排在第三学期，主要在校内实训室完成，穿插职业技能考证、校级、市级、国家级对应的服务职业技能大赛，中餐、西餐、调酒等。

第三，第五、第六学期在校内实训基地完成，以定岗实习为主（短期），为期四周。见图3：

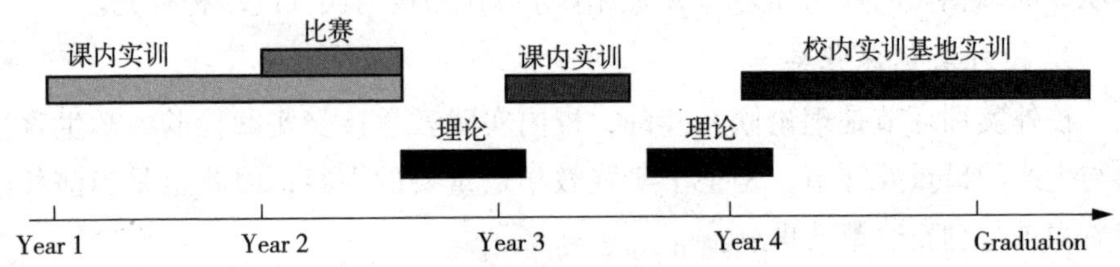

图3 校内实训教学安排

3. 校外实训实践教学安排

顶岗实习分工学交替、订单班、产学研三种形式。经过前三个学年理论与实践的交替学习和锻炼，学生已经基本掌握酒店管理的专业知识与技能，能独自应对和处理工作中的问题，在毕业实习期内，将由校方实习指导教师带队，全面进入各酒店进行顶岗实习。详细安排见图6～图8：

第一，工学交替。

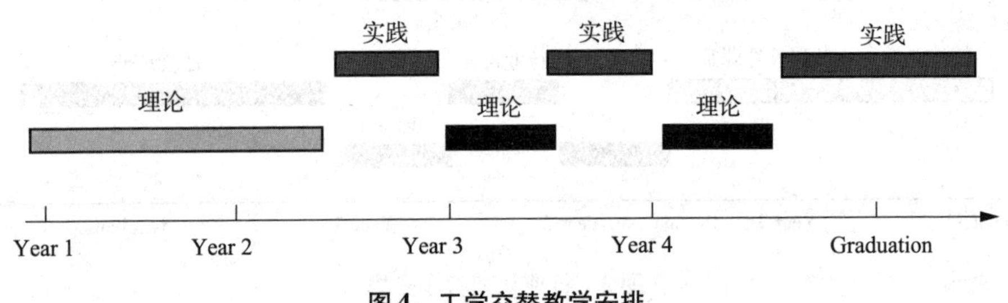

图4 工学交替教学安排

第二，订单班。

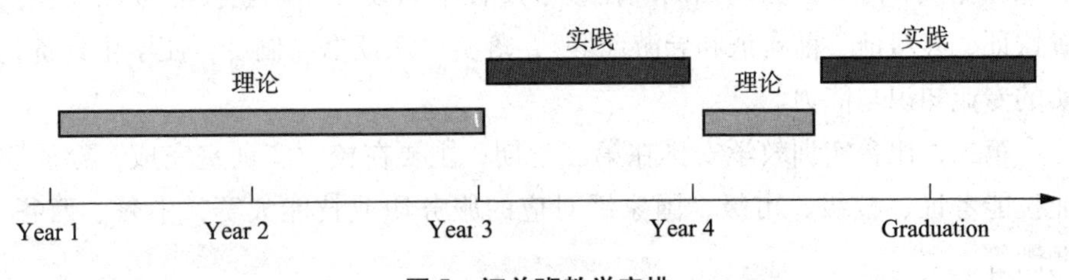

图5 订单班教学安排

第三，产学研一体。

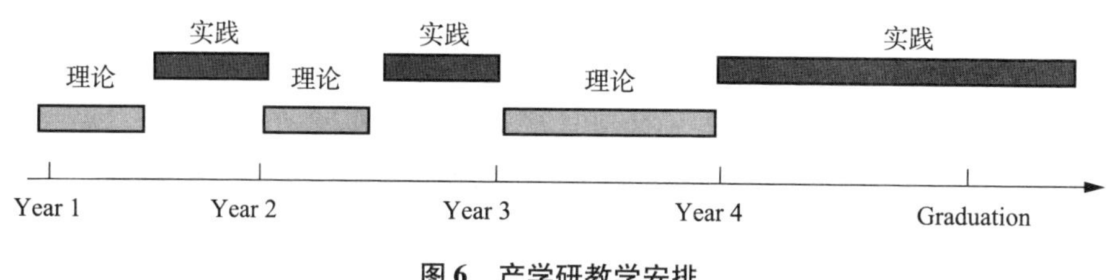

图 6　产学研教学安排

四、对实施过程中几个问题的探讨

笔者将实施过程中存在的主要问题归纳如下。

（一）学生擅自终止游学，影响游学实施和游学效果

在游学期间，学生对游学缺乏理性认识，如无法克服工作强度、工作压力等都可能导致学生终止游学，这样游学不仅不能起到作用，还会影响学生对酒店行业的看法，并对职业产生不良情绪。

（二）游学过程中难以考核学生的实际学习情况

学校无法客观地评价学生在酒店实习期间的实际学习情况，只能依赖合作酒店的反馈以及学生自己的反馈，缺乏科学评价依据。

（三）校内实践教学条件滞后

校内实训室硬件条件差，随着酒店业的快速发展，校内实训室建设要与时俱进，就要对其进行长期投资。目前我校对酒店校内实训室的后续投入不够重视，导致校内实训室的设施设备缺乏行业规范、数目不全、功能不全以及氛围营造不足等。

（四）校外实习基地、订单班培养模式不稳定

我校与实习酒店在一定程度上只是暂时合作关系，还没有达成长期合作关系。同时，还因酒店档次、接受学生数量限制，学校的实习基地更换频繁。酒店实习单位一般不把实习学生安排到重要岗位，主要是因为担心实习学生会因为经验不足而产生操作失误，给企业带来经济和形象上的损失。实习学生到学校合作酒店实习就是为了得到锻炼和积累实际操作经验，然而实习单位却对实习学生能否胜任重要岗位产生顾虑，只是把实践学生当成一种廉价的劳动力来使用，根本达不到实践教学效果。

（五）实践教学评价不完善

根据调查，目前酒店管理专业在实践教学评价方面缺乏科学有效的实践教学评价体系，主要表现是：一是考核方式单一；二是考核手段片面，考核趋于形式化。如酒店管理专业中的酒店服务这门实践课的考核，就只局限于学生课堂模拟层面的操作水平考核。学生在学完铺床、摆台、斟酒等的相关操作知识以后，学校组织学生在餐饮服务技能训练室进行考核。虽然这种考核手段在一定程度上能反映出学生对酒店服务技能的掌握程度，但是也只局限于体现学生动手操作的实际情况，反映的只是学生机械操作能力的水平，并不能完全体现出学生对餐饮服务技能掌握的真实情况，不能体现学生真实的应变能力和对问题的处理能力等。

五、结语

酒店管理专业实践性强，实践教学与理论教学具有同等重要的作用，但是相较于国外，国内有关酒店专业实践教学研究质量整体不高，基本处于探索阶段，尽管国家与行业协会层面已出台相关法规和文件鼓励、规范、指导顶岗实习这一形式，但是否能够全面落实还有待观察。在实践过程中，学生到酒店进行顶岗实习基本上还在补充酒店基层服务人员不足的需求，由此造成了学生满意度不高，无法达到理想的实习效果，而这一事实的形成，除了酒店外，亦有学校和学生两个方面的原因。由此，本研究依据问题的根源从企业、学校和学生三个层面，运用相关的教育理论提出了一整套的酒店专业实践教学体系，即游学体系，并在近三年里尝试将此教学体系运用在实践过程当中，并初步取得了成功。可对培养高素质、高质量的酒店管理专门人才提供具有可操作性的实践指导方案。

参考文献

［1］ Jogaratnam, G., Buchanan, P. Balancing the Demand of School and Work: Stress and Employed Hospitality Students ［J］. International Journal of Contemporary Hospitality Management, 2004, 16 (4/5): 245 -273.

［2］ King, B., Mc Kercher, B., Waryszak, R. A comparative Study of Hospitality and Tourism Graduates in Australia and Hong Kong ［J］. The International Journal of Tourism Research，2003（5）：409－420.

［3］冀东怡．高校旅游管理专业酒店实习创新模式的实践与探讨［J］．广西大学学报（哲学社会科学版），2008（2）：80－81.

［4］侯国林．高校旅游管理专业实习模式反思与创新［J］．旅游学刊（人力资源与教育教学特刊），2004：143.

［5］魏静．山东省高职院校酒店管理专业实习管理改革研究［D］．山东师范大学，2014：6.

［6］上海旅游高等专科学校课题组．现代旅游职业教育体系研究（摘要版）［J］．2014（11）：3.

［7］李岫，王平，陈丽英．关于旅游管理本科实践教学改革的几点思考［J］．旅游学刊（人力资源与教育教学特刊），2006（12）：120－123.

［8］潘瑞艳．工学结合、顶岗实习的职业教育人才培养模式探析［J］．科技创业家，2013：15.

本文系北京高等学校青年英才计划课题“以实践为导向的酒店管理专业游学体系的构建”（课题编号：YETP1893）部分研究成果。

以工作岗位群为导向的酒店管理专业游学体系构建

——以北京吉利学院为例

罗丽娟[①]

内容摘要：在对酒店管理专业本科实践教学调研和总结的基础上，从学生综合发展、酒店行业就业市场需要和应用型本科教学理念出发，提出以工作岗位群为导向的应用型本科酒店管理专业实践教学应建立专业和系统的游学模式。本模式强调以工作岗位为导向，并以此为基础，建构出酒店管理专业从入校到毕业的综合实践游学体系；即行业认知、校内实训和顶岗实习三种多样化的渐进式游学体系，并对这一体系构成进行说明和解析。

关键词：工作岗位群　酒店管理专业　游学体系

目前，酒店管理专业教育已形成了研究生、本科、专科、职业教育四级教育层次。从就业市场需求来看，酒店行业一线实际操作人员需求量最大，中高层管理人员需求数量较小，要成为中高层管理人才需要长期的一线工作积累。酒店管理专业毕业生本科数量逐年递增，以及高就业期望值，使酒店就业市场供需矛盾日益尖锐，导致酒店管理专业本科生就业率逐年下降。以上矛盾形成的原因是多样的。酒店管理作为应用型本科专业，毕业生不仅应具备扎实的专业理论知识，行业实践能力也是其职业发展不可或缺的条件，但从目前的毕业生现状看，实践环节的缺失已成为酒店管理专业本科生就业的主要障碍因素。从现行的酒店管理专业本科实践教学模式看，其重点主要集中在专业教学实习的某个环节上，并没有从可操作层面整体设计酒店管理专业的实践游学体系。酒店管理专业作为本科层面的教学实习如何进行，如

---

① 罗丽娟，(1982—)，女，硕士，讲师，研究方向：旅行文学、旅游实践教学、旅游文化等。

何合理解决单一环节教学实习的缺点，并构建相互关联和完备的教学和游学模式，显得尤为迫切，本文就此进行了针对性的研究。

一、酒店管理专业学生就业工作岗位群分析

要构建酒店管理专业游学体系，需了解酒店管理专业学生实习阶段以及就业初期所能从事的工作岗位。酒店管理专业学生入职初期所涉及的工作岗位较多，由于酒店行业实践性和应用性的特点极为突出，多数学生在入职初期均从事基础服务工作，经过一段时间的锤炼可进入初、中级管理岗位（见表1）。

表1 酒店管理专业学生入职初期工作岗位分析表

旅游酒店、餐饮等相关企业		主要工作岗位
高星级酒店	服务类岗位	礼宾部接待员、前厅服务人员、客房服务人员、楼层服务人员、餐厅服务人员、酒吧服务人员、调酒师、茶艺师、厨师、传菜员、收银员、行李生、门僮、星级酒店高级接待师等
	基础管理类岗位	前厅部、客房部、餐饮部、营销部、行政部、财务部、人力资源部、工程部、安全部等各部门领班、主管等
酒店管理公司	一般行政类岗位基层管理岗位	文员、行政助理、部门秘书 管理培训生、督导、领班
	中层管理类岗位	主管、各技术部门经理
餐饮企业、快捷酒店	基础管理类岗位中层管理岗位	部门领班、主管、中级前台等（依据各企业实际情况而定） 连锁酒店店长、高级前台等

酒店业是一个综合性服务产业，因此酒店业发展所需要的是具备实践才能的综合性人才。这既是学生走向工作岗位的需要，也是我国酒店行业发展的需要，更是用人单位的直接需要。因此，酒店管理专业实践教学的目标是培养适应旅游事业发展需要的，德、智、体、美全面发展，具有一定服务管理理论基础知识，熟练的一线岗位操作技能，较强的应变能力及发现问题、分析问题和解决问题能力的综合技术应用性管理人才。

根据现代旅游职业教育研究分析，现代旅游人才的需求包含了从具有一定技能水平的初、中级服务者，到具有较高职业素质、文化素养和能力的应

用性专门人才、中高级管理人才，以及具有一定创业创新能力的人才（见表2）。

从表2可以看出，高职和本科阶段的旅游酒店人才培养目标和适应岗位集中在初、中级管理人员这一层次，而目前我校主要有高职和自设本科两个层次的学生，因此从此对照表上可以清晰地看到酒店管理专业高职层次的培养目标主要是面向旅游高级服务和基层管理岗位，具有本专业系统技能的高级服务人才和初级管理人才。本科层次主要培养面向旅游的初、中级专业技术岗位和基层、中层管理岗位，具有系统理论知识、专业实践能力和跨文化交际能力的高素质服务人才与管理人才。但无论是本科层次还是高职层次，其毕业后都必须经过一线服务岗位的实践锻炼，才能够胜任现代酒店各主要业务部门基层管理工作的领班、主管人员及部门经理等初、中级管理人员。事实上，在我们看到的四个层次的人才培养目标和岗位能力相对应的表格里，从培养目标来看，中职到硕士是有一定区别的。但是真正到了就业的时候，到了去区分适应岗位群的时候，我们看到的区别却不是很大了，从中职到高职和本科几乎可以说任职初期都是从一线服务员做起，也就是说学历在此并不是就业的门槛，本科毕业生的就业竞争激烈的原因也在此。而这也是本文分析工作岗位群的意义所在，在岗位群清晰之后，为酒店管理本科生的实践教学设计相适应的游学体系，以解决实践教学真正要应对的职业能力；而不是所有的层次都要学习类似的托盘或者摆台练习的单一的实践课程。

表2　酒店管理专业各层次人才培养目标和适应岗位群及职业能力对照表

	中职	高职（专科）	本科	专硕
人才培养目标定位	面向酒店、餐饮企业等服务行业“一线岗位”，具有本专业基本技能的服务人才	面向星级酒店、酒店管理公司、连锁快捷酒店及餐饮企业等高级服务和基层管理岗位，具有本专业系统技能的高级服务人才和初级管理人才	面向高星级酒店、酒店管理公司、连锁快捷酒店及餐饮企业初、中级专业技术岗位和基层、中层管理岗位，具有系统理论知识、专业实践能力和跨文化交际能力的高素质服务人才与管理人才	面向高星级酒店、酒店管理集团、国际酒店及旅游会展等相关行业中、高级专业技术岗位和中层、高层管理岗位，具备国际化视野、战略思维能力和创业创新能力的高级专业技术人才与管理人才

续表

	中职	高职（专科）	本科	专硕
适应岗位	接待业普通服务人员 如：酒店、餐厅服务员	各岗位群高级服务、助理管理人员 如：酒店管家式服务员、高星级酒店服务员（具体有前厅、客房、餐厅、礼宾部服务员等），各类岗位群班组领班、部门经理助理等	各岗位群高素质服务人员，初、中级技术服务人员，部门、中层管理人员 如：高星级酒店管家式高级服务员（接待师），旅行社或旅游在线服务商顾问型服务员（咨询师），旅游规划咨询公司策划师、规划师，酒店、旅行社、旅游在线服务商部门主管、部门经理等	各岗位群中、高级技术服务人员，中、高层管理人员 如：旅游规划咨询公司高级策划师、高级规划师，各岗位群部门经理、总经理助理、总经理等
职业能力要求	酒店服务基本服务技能 酒店服务礼貌礼仪 营销技能	组织与协调能力 酒店专业技能 酒店管理技能 酒店星级意识 客户服务与管理	组织与协调能力 酒店专业技能 酒店管理技能 酒店星级意识 酒店筹备意识 酒店市场分析能力 酒店营销策划与实施能力	酒店市场分析能力 酒店营销策划与实施能力 酒店行业开发研究能力

二、酒店员工职业生涯分析

尽管对酒店管理专业学生就业的岗位群和培养目标进行分析，都分析出基层管理人员和中层管理人员是高职和本科层次学生的主要就业方向，但是，在星级酒店和餐饮连锁企业里，领班、主管、经理和连锁店的店长以上的管理岗位人员必须了解基层管理工作，例如迎宾员、服务员、传菜员、点菜员的工作。我们通常将酒店管理专业岗位工作分成4个阶段，即服务员、基层管理、中层管理、职业经理。比如本科层次的就业方向基本定位在中层岗位管理阶段，但是需要经过多少时间的工作实践锻炼才能达到这个岗位所需的能力呢？在根据不同管理岗位的胜任年限调查中发现：基层管理人员在四星级以上酒店需要2~3年；社会餐饮企业需要0.5~2年。中层管理人员四星级以上酒店需要4~5年；社会餐饮企业需要3~4年。高层管理人员四星以上需要10年以上；社会餐饮企业需要5年以上。然而，根据我们对酒店员工

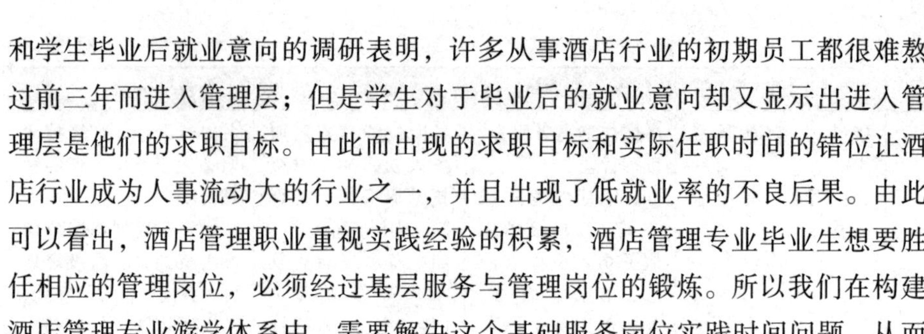

和学生毕业后就业意向的调研表明，许多从事酒店行业的初期员工都很难熬过前三年而进入管理层；但是学生对于毕业后的就业意向却又显示出进入管理层是他们的求职目标。由此而出现的求职目标和实际任职时间的错位让酒店行业成为人事流动大的行业之一，并且出现了低就业率的不良后果。由此可以看出，酒店管理职业重视实践经验的积累，酒店管理专业毕业生想要胜任相应的管理岗位，必须经过基层服务与管理岗位的锻炼。所以我们在构建酒店管理专业游学体系中，需要解决这个基础服务岗位实践时间问题，从而有效地缩短学生的基础服务岗位任职时间，尽快进入管理岗位任职。

三、以工作岗位群为导向的酒店管理专业游学体系的建构

游学体系的内容应适应酒店行业人才需求和行业发展趋势，因此本文以酒店行业“工作岗位”为前提，在充分了解行业现状与需求的基础上，完善人才培养机制，实现人才培养与社会需求的零距离对接，提高酒店管理专业人力资源的科学利用。

本文提出酒店管理专业游学模式必须以就业岗位群为导向，形成基础岗位与管理岗位，提高学生的可持续发展能力；根据岗位能力的要求设计岗位模块，按照岗位模块设计课程，形成具有特色的实践课程体系，并且配备专兼结合的教师队伍，从而培养适应现代社会需求的酒店管理高端技能型专业人才，形成特色鲜明的酒店管理专业人才培养模式。

因此，在制定游学体系前要进行充分的市场调研和访谈，请酒店行业专家参与，以酒店行业人才需求为出发点和依据设计整个游学体系，根据实践教学各环节的目标、功能、内容与设置，使它们之间互相衔接，彼此关联，强化其内在联系，具有连续性，并贯穿于学生学习的全过程。

本文认为系统的酒店管理专业游学体系应当是从学生入学到毕业的一个完整的教学过程。针对酒店管理专业就业工作岗位所对应的职业能力要求，游学模式的主体结构紧紧围绕着其相对应的工作岗位能力培养目标，实践教学安排由浅入深，各环节互助联动，针对学生能力发展的阶段性制定相应教学安排。

本游学体系综合了行业认知、校内实训和顶岗实习三种实践教学模式，是从入校到专业实训再到毕业就业的渐进式、多样化的游学模式；该游学体系在实施过程中又由相适应的游学课程体系、游学教学体系、游学保障体系以及游学指标评价体系组成（见图1）。学生在整个大学期间的实践学习将是

一个完整的体系，用游学体系来强化实践学习，同时为学生搭建学习和工作对接的平台，用游学的方式完成学校的实习学分，在企业用游学的方式获得工作经验和资历，以完成学分和工作经验的积累。有效地缩短了基层工作时间，并且在游学阶段就可以选择就业方向、调整专业兴趣、可以有针对性地进行专业领域研究，提高学生综合素质的同时，可以促进产学研一体化的推进。

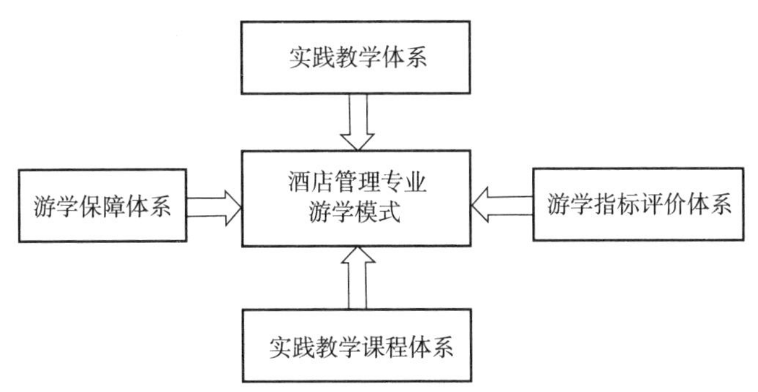

图1　酒店管理专业游学体系结构图

四、结论

本文在以工作岗位群为导向的基础上，根据酒店管理专业应用型本科专业的特点，提出了游学体系的构建思路。在此基础上，扬弃了以往单一课程教学实习的模式，并依据酒店行业构成和毕业生就业方向，提出了三种实践教学模式交替进行的思路。该思路充分考虑了酒店行业的需求，酒店管理专业实践教学的特点，实施分阶段进行、穿插式教学、以游学的方式在四年中让学生对酒店行业完成从初步认知阶段到沉浸式的实习再到学生深入了解行业动态的专业调研阶段，最终通过就业式职业化实习成为合格的专业人才。

参考文献

[1] 白凯，吴成基. 基于迁移理论的高校旅游管理专业本科实践教学模式的构建 [J]. 四川师范大学学报，2009 (3).

[2] 肖华，白羽. 案例与启示：以就业为导向的旅游管理本科专业教育模式理论研究 [J]. 现代教育管理，2015 (9).

[3] 边昊. 关于构建酒店管理专业实践教学体系的研究 [J]. 湖北科技学报，2014 (3).

[4] 刘俊清．高校旅游管理专业实践教学模式初探［J］．教学园地，2012（3）．

[5] 刘艳华．透视旅游专业大学生供需错位现象—兼论饭店管理专业本科教学模式改革［J］．旅游学刊·旅游人才与教育教学特刊，2005：121－125.

[6] 王丽敏．酒店管理实践教学体系的研究［D］．辽宁师范大学，2007：28－29.

[7] 梁瑜．基于就业岗位群的高职酒店管理专业人才培养模式研究［D］．哈尔滨商业大学．2013：25.

本文系北京市高校青年英才计划课题中“以实践为导向的酒店管理专业游学体系的构建——游学体系建设”（课题编号：YETP1893）的部分研究成果。

创新与发展

第六章

教学思考与实践

行动学习理论在沙盘模拟教学中的运用

彭于寿[①]

内容摘要：广泛运用于国内高校的沙盘模拟教学方式，仍存在诸多的不足，致使教学质量参差不齐。在教师的有效组织和引导下，以行动学习五要素模型为基础，在沙盘模拟过程中植入行动学习的理论与方法，使学生明确任务目标，在梳理并对接与课程主题相关的结构化知识基础上，促使学生独立思考、加强团队探索，提高学习行动的有效性，并将质疑与反思贯穿于全过程，将大大提高沙盘教学质量。行动学习运用于沙盘教学，需要教师有清晰的角色认知，并在引导技术、情商和心智改善及化解冲突诸方面加强修炼。

关键词：行动学习　沙盘模拟

沙盘模拟作为一种行之有效的体验式教学方法，普遍运用于我国高等院校。但从近年来的沙盘模拟教学水平以及相应的教学质量和效果来看，仍呈参差不齐之状。综合相关论述，当前高校沙盘模拟教学的不足主要表现在：①师资力量不强，教师对自身的角色认知不清；②教学过程中，教师侧重规则的讲解，淡化了理论知识与演练内容的关联；③教师重对抗过程，而轻总结点评；④学生重经营结果，轻过程反思；⑤学生缺乏对理论知识的驾驭能力，理论与演练过程不能有效衔接；⑥课堂组织中，教师和学生团队用于事务性操作时间过多，造成时间、价值、资源各方面的浪费；⑦沙盘模拟的基础理论缺乏，影响实践教学效果。

沙盘模拟教学既然不同于传统的教学方法，则它应有自身的内在规律。本文试图借助行动学习研究，探讨行动学习理论在沙盘模拟教学内容和方法中的运用以及沙盘教师教学能力的修炼。

---

① 彭于寿（1961—）学士，教授，高级经济师，国内资深沙盘模拟培训师，研究方向：工商企业管理、市场营销、沙盘模拟教学。

一、行动学习原理概述

行动学习（Action Learning）最早由英国剑桥大学雷格·瑞文斯（Reg Revans）教授提出。瑞文斯在“二战”之后受英国政府的委托，进行管理发展研究，开始对行动学习法进行探索。瑞文斯教授通过总结和研究，提出了著名的学习方程：学习（L）=结构化知识（P）+质疑性见解（Q）。他认为，结构化知识（P）主要来自教材或课堂的专业知识，而质疑性见解（Q）则是一种问题驱动的探究。

在运用行动学习理论对英国通用电气等知名企业培进行管理训实践之后，20世纪70年代，行动学习理论进入美国。在美国，经过彼得·圣吉（Peter Senge）等管理学家的进一步研究和完善、杰克·韦尔奇（Jack Welch）等管理大师的具体实践与推广，行动学习具备了以实践活动为重点、以学习团队为单位、以真实案例为对象、以角色扮演为手段、以团体决断为要求的诸多特点。行动学习由此成为美国和欧洲的潮流，并成为许多组织管理发展项目或者内部培训的首选方法之一。

关于行动学习的确切定义，瑞文斯教授并没有给出明确的答案，他认为太过明确的定义反而会限制行动学习的发展。这一主张在一定程度上促进了行动学习的多样性及蓬勃发展，客观上引发了行动学习模式的“百花齐放”，例如拓展训练、主题式冒险、沙盘模拟等各种培训或学习方式，都契合了行动学习原理。

进入21世纪以来，行动学习在中国大陆的高校、咨询和培训结构、企业逐渐展开。不过由于行动学习缺乏明确的定义，导致了一些学者和实践者对行动学习概念和过程认识模糊，对于真正的行动学习应包括哪些内容，往往困惑不已。

华东理工大学高松教授、汪金爱教授等人在《行动学习理论、实务与案例》一书中认为，行动学习区别于其他学习模式的关键是在现有结构化知识和经验的基础上，以团队学习的方式，通过质疑与反思为主的质疑性探究来激发旧的知识、追寻新的知识，并将其应用到实际行动之中来提高对学习过程的可控性，进而产生更为新颖和实用的知识。结合瑞文斯等人的经典理论，以及后续学者和实践者对于行动学习的操作性定义，高松、汪金爱等人提出了一个行动学习的“五要素模型”（见图1）。即行动学习由问题、结构化知识、团队探索、行动和质疑与反思五个要素构成一个循环模型。其核心内容可做如下解读。

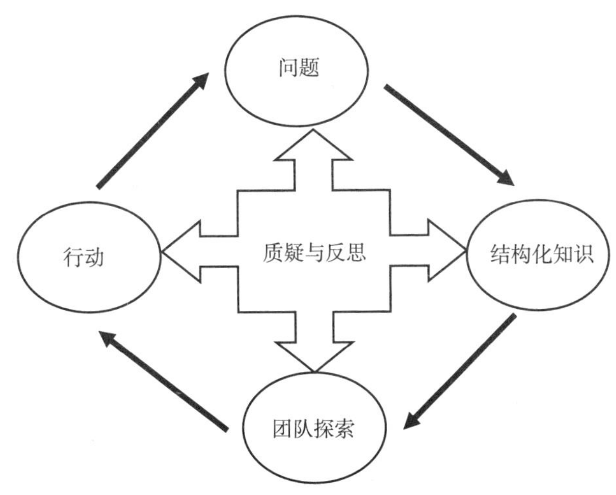

图1 酒店管理专业游学教学体系

(1) 问题往往是行动学习的起点和目标，解决问题就是学习的过程。

(2) 一定的知识广度和专业度则是行动学习的基础，但它需要在所要解决的问题的指引下，适当导入，能够有助于问题的解决和学习过程的开展。

(3) 仅有问题和结构化知识难以形成行动学习，团队探索也是一个重要的环节：问题限定了团队的任务结构和特定的组织情景因素，而结构化的知识包含了团队参与者的知识和能力及其互补性要求等。

(4) 行动最易于理解，它是体验式学习的具体表现形式，但需在引导师的组织下、在计划指导下有效率地进行，并不断进行反思。

(5) 质疑与反思是行动学习的关键，它在这个模型中占据着重要的地位：在以上四个过程中，都需要积极的质疑与反思，以提高学习的兴趣和探究的深度。因此，质疑性见解而非结构化知识成了行动学习的根本性特征。

要指出的是，在上述五要素模型中，引导师（教师）未能列入。引导师的作用就是通过一定的方法和技巧帮助团队成员发挥出自己的潜能，促进团队的发展。引导师的最终目的就是让自己变得“多余”。这对于企业中具有较为丰富的管理经验的学员团队来说，或许是合适的，但对于缺乏管理经验的高校学生团队来说，引导师（教师）的角色尚需进一步探讨。

综上所述，本文将行动学习表述为：一群具有不同技能和经验的人组成团队，在引导师（教师）的组织下，共同解决某实际问题或执行某实际方案。

具有结构化知识的团队成员以有效行动共同探索，并不断地质疑和反思，在探究解决问题的过程中获得学习收获并强化学习效果。换言之，即工作在同一组织或团队的成员，协同应对重大组织难题，努力扭转困难局面，并将其视为学习过程。

二、行动学习五要素在沙盘模拟教学中的植入

综观多数高校的沙盘模拟教学的课堂组织，尽管有所差异，但大多是分为“课程导入—讲解规则—模拟演练—总结（撰写演练报告）”等几个主要阶段进行的。在不对教学阶段进行大幅调整的情况下，植入行动学习五要素，将使沙盘模拟教学产生质的变化。为使论述更清晰，本文将以常见的《企业经营管理模拟沙盘》（简称《经营沙盘》）、《市场营销管理沙盘》（简称《营销沙盘》）为例。

（一）“问题”要素的植入

不同主题的沙盘模拟教学，均有明确的教学目的，这就是“问题”要素的体现。但这远远不是问题的全部。

（1）有些问题是课程进行中必然要面对的。对这些问题的梳理，是每一个沙盘课程的组织者（或教师）必须解决的问题。例如《经营沙盘》，各团队必然要面临的问题是：构建本公司战略、各时期经营目标、资源配置、资金链管理、竞争策略等。

（2）有些问题则是模拟演练中偶然出现的。这些问题，可能是学生提出的，也可能是组织者发现的，事先应有所预料和准备。这些问题诸如团队目标、团队协作、沟通方法、矛盾与冲突等。每个团队出现的频率、程度均有所不同。

行动学习理论认为问题是学习的动机和目标，但我们不能将各类问题堆砌在课前一次性提出，这样会导致学生产生畏难情绪或者抓不住重点。我们的体会是，在总的教学目标的指导下，在上述各问题出现概率最大、频率最高的不同阶段，引导学生独立思考，不断地发现问题、提出问题，并共同寻找解决问题的办法。

（二）沙盘模拟过程与结构化知识的衔接

沙盘模拟课程需要运用到多方面的理论知识，而且结合课程的不同主题，还需要一定深度的专业知识。例如《经营沙盘》，它涉及管理学、营销学、财

务管理、组织行为学等诸方面的理论知识；又如《营销沙盘》，则涉及营销战略设计、市场定位、营销组合设计、销售管理等专业知识和技能。这就是行动学习理论中的所谓“结构化知识”。

现实教学中，许多沙盘模拟课程与结构化知识是严重脱节的。主要表现在偏重于团队对抗和数据处理，甚至认为辅导学生弄懂演练规则就算完成理论学习了（大量沙盘课程教材以大量篇幅介绍规则和演练流程即是明证），课前未做相关的理论知识铺垫，课中未结合相关知识与技能进行辅导与点评，课后未在课程的理论框架下引导学生总结反思，理论与实际未能真正结合。

要实现沙盘模拟与结构化知识的有效衔接，需要从以下方面入手：

（1）编撰不同沙盘课程的《学习手册》，简要汇集本课程所涉及的主要理论知识点。这些知识点，既是对已学习过的、本次沙盘模拟需要运用的理论知识的梳理，也是对由于专业不同而没有开设过、本次沙盘模拟又必须用到的部分理论知识和技能的选取，如财务管理、市场营销、项目管理、商务沟通等。如果是专业主题沙盘，还需纲领性地整理本课程所要用到的专业知识和工具。

（2）在讲解和辅导演练规则时，需结合理论知识讲解。演练规则的制定，不是简单地为了规范和约束演练过程，而是基于一定的理论原理制定的合理规则。换句话说，大多数演练规则的背后，都有相关的理论支撑。组织者（沙盘教师）在讲解和辅导规则时，需尽量结合理论原理进行，才不违背沙盘模拟演练之初心。

（3）演练各阶段的小结，绝不能仅仅评价“输赢”，需要更多地结合理论或专业知识（结合但不限于学习手册）进行，这是夯实理论与实践结合点的重要内容。

（三）沙盘模拟过程中的团队探索行为

促进团队学习是迈克尔·波特所倡导的管理者的第四项修炼。沙盘模拟课程中，团队共同探索、共同完成任务、共同提高的模式，天然地体现了促进团队学习这一特点。

所谓团队，是指少数具有共同的目标、技能互补并且相互承担责任的工作群体。根据这个定义，沙盘模拟课堂如果只是对学生进行简单的分组和分工，还不能称之为团队。在教学中，常常出现有分工但并非人人履行职责、有团队但并非人人参与、有问题有分歧但并非充分讨论而是个别或少数人做决定等现象，没有体现团队探索，更不能达成促进团队学习的目的。

完成团队探索，让团队成员共同提高，在实际的沙盘课堂组织中，需从以下方面进行：

（1）鉴于学生与企业管理者的身份岗位不同，团队内成员专业素质与知识较为同质化，因此可根据课程目标以及演练情景设置模拟角色，要求不同岗位的成员真正理解规则，并深入关注模拟情境中与本岗位相关的任务和工作，从而专注于履行自身职责，以此实现团队内技能互补。

（2）对于问题的讨论、分析，由团队共同完成，而总结与反思，则应布置给个人，由各成员从本岗位的角度和视野出发独立完成。演练进行到一定阶段，也可让成员角色互换，以达成多角度思考、共同提高的目的。

（3）赋予团队负责人建设团队的责任。通过激发团队意识、个人成就感和团队荣誉感，从而促进团队探索和学习。

（四）沙盘模拟课程的演练行动，关键在于效率

行动学习始终强调“在行动中学习，在学习中行动”。从沙盘课堂实践来看，大多数学生的参与热情高，行动的主动性很强。但常常会存在任务不明确、计划性不足、团队协作不够、纠结于非主流细节而耗费大量时间、质疑反思不够等问题，导致学习行动的效率不高，学习效果打折扣。其关键原因还是教师的组织和引导问题。笔者基于多年的沙盘模拟教学实践探索，在提升演练行动的有效性方面试作以下梳理（以《营销沙盘》为例）。

表1　《市场营销管理》沙盘模拟演练行动效率保障措施

行动内容	主要任务（问题）	行动效率保障措施
团队组建（调整）	分工	引导成员厘清岗位职责及责任关系
	规则解读	事前布置预习、课堂集中讲解、课间个别辅导、收集共性问题统一答疑
	明确任务	制定总目标和阶段性目标并给予评价
模拟演练	环境及市场分析	结合知识点提示环境分析要点；指引市场分析思路
	计划会议与资源配置	引导团队学会时间管理；对非目标、非任务行为及时纠偏
	制定竞争方案	引导各团队对竞争格局进行方向性解读、加深对竞争力模型的理解

续表

行动内容	主要任务（问题）	行动效率保障措施
产品销售	市场份额计算	借助电子计算工具简化计算过程；引导各团队厘清进销存数据
	客户订单盘点	
	产品交货	
业绩盘点与成本利润核算	业绩盘点	提供电子报表，主动阐明计算方法和原理，避免无谓耗费过多时间
	财务报表	
总结与反思	团队内部总结	主动引导各时期总结的主要内容和侧重点
	团队间收获分享	围绕主题、提倡质疑、防止跑偏
	点评	精练、聚焦

学习行动的有效性是决定沙盘模拟课程教学质量高低的极为重要的因素。不同主题的沙盘课程有不同的教学目标，教师需根据课程目标和任务对各团队进行具体引导，防止课程跑偏，防止演练沦为一场游戏，或者至多成为一场对抗性竞赛。

（五）质疑与反思应贯穿于沙盘模拟全过程

古人云“学起于思，思源于疑”“学则需疑，小疑则小进，大疑则大进”。沙盘模拟之所以类似游戏，却又高于游戏，就是因为其精髓不在于对抗而在于质疑与反思。

质疑是富有洞察性的问题或提问方式。学生可以按照沙盘模拟的框架和程序分析问题，也可以在结构化知识的基础之上提出质疑性见解。在问题的提出与解决过程中，使问题明晰化，探索出解决问题的新途径。

反思是对个体、团队、组织所提出的问题或解决方案进行批判性思考。反思在团队中占据重要地位，它是持续学习的关键。反思同时也能够确保团队行动过程的理性化。

质疑与反思共同形成了行动学习创造力的来源。团队成员通过对自己和他人的经验进行质疑，并在行动的基础上不断反思，进而寻求具有创新性、突破性的解决方案。

质疑与反思与上述四个要素紧密结合，成为沙盘模拟阶段性和最终总结的重要方法。它贯穿于沙盘模拟的全过程。根据多年的沙盘模拟课程教学经验，结合行动学习理论，笔者就质疑与反思在沙盘模拟中的运用进行了一定的探索（以《经营沙盘》为例）。

表2　沙盘模拟演练中的质疑与反思

主要演练内容	行动学习要素植入	质疑与反思的内容或方法
团队组建	问题、结构化知识	岗位职责质疑；团队目标反思
规则解读	问题、结构化知识、行动	知识与规则对接质疑；规则理解反思
召开经营会议	问题、结构化知识、团队探索、行动	阶段性目标与方针的质疑；知识技能运用质疑；产供销衔接、人财物资源配置等计划与方案的质疑和反思；团队协作反思 方法：头脑风暴、讨论与辩论、深度沟通
制定营销方案		竞争格局质疑；营销组合方案反思
产品销售与业绩盘点	问题、行动	业绩指标质疑；经营结果反思
总结点评	问题、结构化知识、团队探索	盈亏分析方法质疑；知识技能及方法运用的质疑与反思；团队分歧反思；方案执行反思

表2内容表明，尽管质疑与反思贯穿于整个教学过程，但各阶段侧重点是不同的，尤其是演练行动阶段和各阶段的总结点评，质疑反思更是重中之重。

质疑与反思在沙盘模拟教学中的植入和运用程度，决定了该课堂的精彩与生动程度、学生受益程度以及课程教学目标的达成度。

三、引导师（教师）在沙盘模拟教学中的角色定位与能力修炼

行动学习理论认为引导师（教师）的最终目的就是让自己变得“多余”。这是从突出学习者的主体地位角度提出的，其目的是让引导师（教师）退居幕后，充分发挥各团队的主观能动性。

高校学生不同于企业学员之处在于，前者缺乏实际工作经验，后者不仅有管理经验而且学习的目的更具现实针对性。因此，在高校的沙盘模拟教学课堂，教师的职责与作用更甚于企业行动学习中的引导师。其角色应定位于：沙盘模拟课程的策划组织和管理者、模拟演练行动的引导者、与沙盘课程主题相匹配的结构化知识融于演练的催化师、矛盾与冲突的调节者以及质疑反思的评估者。基于这些定位，除了具备课程主题所要求的专业知识以外，沙盘课程教师还应在以下方面不断加强修炼。

（1）具备科学性和艺术性兼备的学习引导技术。引导学生团队提升心智推理能力和改善沟通交流方式，需具有良好的心理学、管理学、团队建设等理论基础，同时团队成员的能力、个性不同，其创造性和复杂性是无限的，

教师也有不同的教学时间经验和个人风格，因此，引导行为必然是科学性和艺术性并存。

（2）行动学习中的观察、表达和随机应变能力修炼。这些能力属于情商范畴，因此提升语言表达技巧、换位思考以及情景氛围感知能力等方面的修炼，是沙盘教师必修的功课。

（3）自我反思、改善心智模式以及化解矛盾、解决问题的能力修炼。行动学习五要素植入沙盘模拟课程之中，各个要素均有质疑与反思环节，并将由此派生出大量的问题、歧见、矛盾甚至冲突，需要教师引导和解决。教师在这方面的修为及水平，则是成功组织一堂高水平沙盘模拟课程的保障。

深受学生欢迎的沙盘模拟课程，仅仅有趣味、有对抗性、有体验式学习的形式是不够的。行动学习五要素的成功植入及有效运用，以及教师的成功组织和正确引导，将大大改进本文开头所述诸项不足，使学生学习收获更大，使沙盘教学更规范，教学质量更高，从而使沙盘模拟教学更具生命力。

参考文献

［1］张庆华，彭晓英．高校 ERP 沙盘模拟教学存在的问题与改革实践［J］．中国管理信息化，2008（12）．

［2］贾宝娣．ERP 沙盘模拟实践教学存在的问题及对策［J］．会计之友，2012（2）．

［3］高松，汪金爱．行动学习理论、实务与案例［M］．北京：机械工业出版社，2015.

基金项目：2015 年北京民办教育发展促进项目，服务区域经济社会发展项目（教育教学改革）——北京吉利学院经管类专业群沙盘实训教学系统建设项目。

从现代教育模式论学生职业素养的养成

关云霞[①]

内容摘要：学生职业素养的培养一直是目前高等职业教育的一大重点问题，同时良好的职业素养也是企业对员工的最基本要求。面对当今企业对新入职员工的要求以及我国在职业素养的培养和国外培养模式的差距等问题，本文在总结国外先进教学经验和分析目前国内成功教育案例的基础上，就如何培养学生职业素养的方面进行了研究，对比了我国培养模式和国外培养模式的特点，同时从企业角度提出了作者的看法，期望对我国职业教育在人才职业素养的培养方面提供一些借鉴。

关键词：职业教育　职业素养　中德合作

据人力资源和社会保障部数据显示，2014 年全国高校毕业生人数为 727 万人。其中专科毕业生人数约占总数的 50%，高等职业教育毕业生人数占了很大的比例。就我国的教育政策改革来看，我国的高等教育正从学术性人才向职业性人才过渡，教育的导向性意味着企业对人才的渴望方向。目前企业所需要的不仅仅是一个人的学术素养，还包括了学习能力、创新能力、团队精神等多方面的能力，只有具备了这样多方面的能力，才能缩短学校到企业之间的距离。而目前各大企业对人才的需求量还有很大的缺口，学生毕业却找不到工作，这就是目前中国的人才发展状况。

一、现行教育的背景

要分析造成目前这种状况的原因首先应该了解我国的教育方式。①分科的依据不够明确。首先应该明确职业教育的目的是培养面向现代企业发展的实用型人才。传统的学科要求已经不能满足于企业的需求，所以必须明确分科的依据，设立更加适应企业发展的科目才是重中之重。②学生依旧是教育

---

① 关云霞（1982—），女，硕士，教授，研究方向：车辆工程。

中的弱势群体。老师讲、学生听的模式无法激发学生的学习兴趣，一味地接受，使学生产生了错觉，长时间这样的教育模式导致了学生质疑能力和创新能力的降低。③注重专业培养，忽视社会能力培养。目前的学校教育中依旧只看重的是学生的成绩如何，依据分数的高低来评断学生的好坏，这样学生就会只关注自己的学习成绩的提高，忽略了其他方面的培养。较少的锻炼导致了其他能力的降低，例如交际、创新、领悟等，这种一边倒的现象很难适应企业的发展。

二、国外典型职业教育模式

德国：校企合作、重在实践的"双元制"职业教育模式 。在德国的职业学院中，除了聘请专职教师外，还聘请了企业中具有丰富经验的技术人员为学生授课，其中专业教师约占了 30%。学制三年，在三年六个学期里，先进行三个月的理论学习，再进行三个月的企业实践，如此交替进行能够让学生更好地将理论应用于实际，加深记忆，不会因为长时间的理论学习而丧失动手的能力。培养人才目的是培养多方面能力的应用型高级职业人才。

美国：美国高等职业教育模式"CBE"，是重视能力培养的教育模式。在美国社区学院教学中，实践课的学时多于或者等于理论课的学时，其中偏于实践性质的课程占的比例将更高，甚至高达 3∶1。在学生的假期时间，还会安排学生在社区里进行相应的实践活动。

英国：英国职业教育（BTEC）是一种在中等、高等职业教育和人才培训方面有高效性的职业教育模式。由于培养面向市场的人才，所以在人才培养过程中教育机构还要根据当地的实际情况定制课程，将整个教学计划分为三大板块即课堂教学、资料查阅与信息搜集、社会实践。强调以学生为中心，实践与理论结合。

三、企业里需要怎样的职业素养

中国知网（CNKI）将职业素养定义为是在职业过程中表现出来的综合品质，包含职业道德、职业技能、职业行为、职业作风和职业意识等。职业教育改革专家姜大源提出，一个人的从业能力主要由三方面构成：一是专业能力，包括职业技能和专业知识；二是方法能力，包括科学的独立的学习方法和工作方法；三是社会能力，即人与人和人与环境互动的能力，包括个体对外界的主动应对，如社会责任感、团队精神、环保意识等。这也正是企业所需要的现代员工的职业素养，每年都会有企业花费大量的资金对员工的素养进行培训，从企业角度考虑，希望的是学生从大学里毕业后不仅掌握技能知识，还需要有敬业精神和团结的态度等多方面的条件，才能更好地适应企业的发展。

"授人以鱼，不如授之以渔"讲的就是方法能力的掌握，就科技含量大，变化万千的市场经济而言，仅仅靠固有的知识是不能满足一个企业的发展的。从企业的长远角度考虑，员工的学习能力很重要，当新的信息被提出时，要依据以前学习的习惯和方法对新的信息进行拆分和理解，而没有学习能力的员工却束手无策。企业环境是对人的心理承受能力的考验，走出校园，到企业里，面临人际交往的压力，产品开发等多重压力，员工是否能长期发展下去，需要的就是社会能力。对于高职院校的教育而言，应该加强面向企业需求的人才培养，学生在校期间就应该考虑到其职业素养的提升，根据其将来要面对的岗位进行专门的定制。

四、中德培养模式、GM1000 项目

中德项目：我国引进德国的"双元制"教育模式始于 20 世纪 80 年代初期，促进了我国具有中国特色的现代职业教育的逐步形成，所以中德合作的教育项目在我国很多高等职业教育院校开展，使我国在高等职业教育上受益匪浅。"双元制"突出特点是具有"双元"特点，即综合企业前沿性、实际性与职业院校学术性、多元性等多种优势的合作办学。该种办学模式目标重点是对学生的专业能力、方法能力和社会能力进行综合培养。其办学特点有：①发挥学生的主体作用。改变了教师为主体，学生为被动受体的教育模式，教师作为组织者和协调者，而学生将是主导教学的中心，激发了学生的学习兴趣和创新能力。②课程设置主要通过学生在学习的过程中的收获为主，强调了学习的过程，这样的过程学习也就巧妙地避开了只谈成绩的考核方式，更重要的是从多方面提高学生的素养。

浙江吉利控股集团 GM1000 项目：随着吉利集团国际化的发展，在研发、制造、采购等众多岗位需求大量的中级人才。面对大量的人才需求吉利汽车联吉利教育启动了 GM1000 项目，其中面向高潜力后备人才的"熊猫计划"就是其中的主要部分。该种培养模式主要是针对刚毕业的应届本科大学生，进行深一步培养，但不同于传统教育的模式是，该项目采用"双轨制"，变学

校培养为学校和企业共同培养，集学校理论教学与企业实践为一体的定制定岗培养模式，学员带项目课题入学。“双导师制”变传统的一师多生制为学校导师、企业导师共同指导，共同培养。“研究课题 = 企业项目”，变传统理论学术课题研究为企业实用项目研究，研究更贴实际，从而增强了学生对企业素养新的理解，增强了企业精神地融入，在学生步入企业时就已经掌握了企业的基本素质和技能。能为企业创造出切实的利益，为学生到企业员工提供了良好的过渡，有利于人才的培养和成长。

五、总结

根据对我国目前的人才培养和分析中德合作项目、GM1000 项目来看，在人才培养的过程中重点关注学生的职业素养的养成是十分重要的。而职业素养的培养在国外早就被重视，我国过去人才培养模式相对单一，但就近几年，随着人才教育越来越受到重视，不断汲取国外成熟的教育模式和不断创新的基础上，教育的模式也发生了翻天覆地的变化。逐渐注意到学生职业素养的培养在现代职业教育中起到了重要的作用。从国外教育模式和目前中国创新教育的发展中，总结归纳教育模式在学生职业素养培养方面的几点改进建议：①培养学生专业技能的同时，不能忽略学生学习兴趣的培养。“兴趣是最好的教师”没有兴趣也就意味着缺乏了学习的动力，以兴趣作为动力来支撑学习将会达到事半功倍的效果。所以，在职业教育课程体系中，应该首先培养学生对学习的兴趣，根据学生所处年龄阶段的性格特点，课堂中适当融入相关兴趣因素，能够更好地增加学生的学习热情。②发挥学生在课堂中的主体地位。对于旧的讲授式教学模式，近几年已经有所改观，但仍有些思想陈旧的老师不习惯这种模式或者不能很好地把握其中的“度”，即让学生太过自主而忽略了课程的目的或不能很好地让学生发挥其创造性，要想全面贯彻该项教育模式的改革需要从教师的培训做起，才能真正地改进课堂的创新性。③职业教育需要有企业导师的参与。职业教育的目的是培养面向企业的人才，而没有企业的参与就等于“闭门造车”。盲目的培养，会使学生真正的走向岗位时不知所措，而融入了企业导师的教育，能充分把握企业发展的动态，更好地让学生接触企业员工的思维模式，使其企业素养大大地提高。④专业技能培训和社会能力培养同等重要。专业能力是一个员工能否将自身知识应用到社会生产中的必要能力，而社会能力是员工适应社会变化的学习能力、人际交往的沟通能力等。社会能力也是职业素养要求的重要组成部分，企业看重员工的职业素养，因此，在学生培养的同时，此项因素是必须融入的，是学生个人发展的重要条件。

本文系北京市英才计划“中德汽车机电师专业系列教材建设项目”（课题编号：YETP1896）部分研究成果。

采访写作课程中的网络嫁接与教学节点

赵　瀛[①]

内容摘要： 传统的新闻采访写作课程需要考虑如何利用网络媒体的信息丰富而多元的优势（文字信息、图片表格、视频、音频），将其导入和嫁接到采访写作的教学过程，增强教学的直观性和视觉形象，再辅以各种知识节点和讲练形式的穿插，从而展开有效的思维训练。新闻专业教师只有熟悉互联网特性、熟练使用相应的网络工具，才可能让网络优质新闻资源极大支持、配合新闻教学。

关键词： 采访写作　新闻报道　网络　信息　教学节点

采访写作是新闻岗位常态的职业活动和业界工作者的基本技能，是高校新闻专业课程设置中处于核心地位的传统的新闻实务课。

网络综合了多种媒体信息形式，是具有不同于传统媒介特性的新兴媒介。网络时代，新旧传媒正在形成大整合的新的业态，今天的记者要求适应这种格局变化，在从事新闻采写的工作中，具备善于整合网络优质新闻资源的能力。新闻采访写作课程需要考虑如何在课堂教学环节中利用网络资源，提升教学效率和教学效果。具体地说，就是利用网络媒体的信息丰富而多元的优势（文字信息、图片表格、视频、音频），将其导入和嫁接到采访写作的教学过程，增强教学的直观性和视觉形象，再辅以各种知识节点和讲练形式的穿插，从而展开有效的思维训练。从根本上说，新闻采访写作是一种缜密、深入的逻辑思维，是对问题进行判断、质疑的思考过程。

一、图片资源与教学节点

新闻报道由真实、丰富的事实材料组成，而事实材料则通过现场的采访获得。这里，新闻和事实、现场和采访是统一的。现场对于采写非常重要，

---

① 赵瀛，女，双学士。编辑高级职称，曾履职北京媒体12年，历任记者、编辑及主编。现为北京吉利学院人文与设计学院新闻系新闻学教授，研究方向：新闻采写编与网络资源开发。

新闻报道提倡现场采访，但鉴于校园各种条件的限制，教学的第一现场机会毕竟不多。利用网络图片、影像活动资源的可视化教学手段可以为学生提供和营造间接的事实现场，也方便适时穿插讲练活动。

新闻图片借助PPT呈现现场和导入案例：

网络的新闻图片非常丰富，其来源广泛，学生与教师可以用PPT制作图片课件，展示社会关注度较高的新闻事件的最新报道（有时也展示学生自己抓拍的新闻照片）。这种间接现场作为案例教学导入新闻事实，从而形象、直观地阐释抽象概念，加深学生对基本新闻原理性、规律性知识的理解。

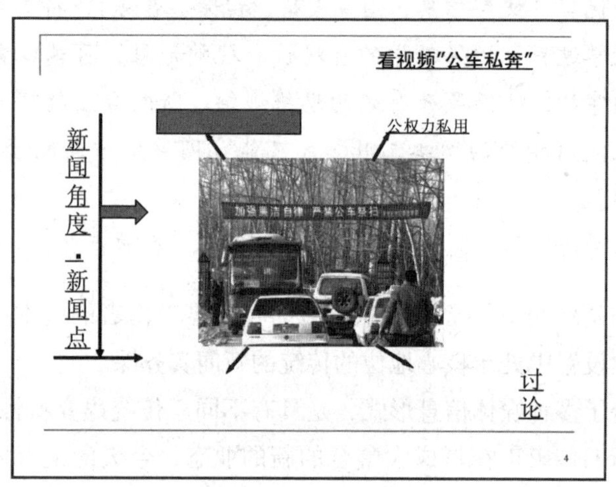

（一）知识节点

理解和掌握原理性知识。

（1）新闻的客观性。

（2）新闻敏感；新闻线索。

（3）新闻价值。

（4）新闻角度。

（二）讨论节点

（1）图片事实反映了怎样的新闻价值？

（2）举例说明如何从某张图片中发现和拓深新闻报道线索。

（3）怎样培养新闻记者的新闻敏感？

（4）什么是新闻观察？观察的意义何在？

判断某个新闻线索是否导致重大新闻发现；
新闻线索与记者的知识和经验积累有关联。

高档饭局：北京东南三环一家豪华餐厅

背景材料：**2004**年，中国**2000**亿元公款餐饮消费。**2008**年全年零售额达到**15404**亿元，其中公款消费达**3600**亿元（中国餐饮行业投资年度报告）。

清晨6点钟，在北京协和医院挂号大厅，正在排队等候挂号的患者。

3

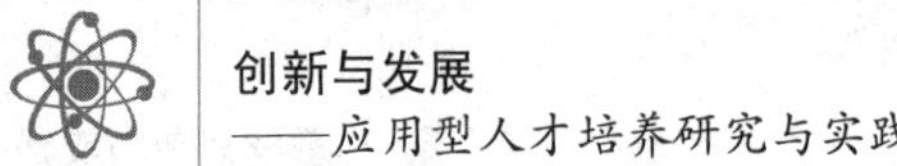

（三）练习节点

（1）依据某图片实例，指出其可以发掘的“新闻点”。

（2）理解新闻客观性的习题训练。

新闻:不能以抽象的描述和主观判断代替新闻事实

下面的哪个句子符合新闻“用事实说话”的要求：

1、他十分称职。
2、他是学计算机的，拥有10年专业工作经验。

1、那是一只高大威猛的洋狗。
2、那是一只重40公斤、高1米的德国黑背，名字叫阿诺施瓦辛格。

1、检察长说这个案件的判决是不公正的。
2、这个案件的判决是不公正的。

[练习]

二、现场直播和教学节点

利用视频直播提供新闻事件采访现场。

随着网络图文直播、音频直播和视频直播的出现，网络新闻的现场性和时效性日臻完善。网络媒体对突发事件的报道可以同步进行，一般都标注了精确到秒钟的发布时间。传播的迅捷是网络媒体的最显著的优势，这个优势应该得到采访写作教学的重视和善用。

直播现场有声音和影像活动，非常直观，现场真实、生动，富于表现力。这种可视化教学手段可以激发学生的兴趣，可使学生通过观察现场情景，体

会采访方法，了解采访要素。直播视频让学生看到某个新闻事实的全过程，借以提炼和验证“用事实说话”的含义，同时也可与前沿的新闻报道充分互动。

（一）知识节点

理解和掌握原理性知识。

（1）采访准备；采访与技巧。

（2）采访与追问；采访与观察；采访与核实。

（3）采访与提炼。

（4）材料整理。

（二）讨论节点

视频观看后的讨论话题。

（1）什么是社会热点话题？什么是社会舆论事件？阐述对该新闻事件或

热点话题的采访报道的意义。

（2）记者在采访中怎样把基本事实摸清楚（5W、事实来龙去脉）的？

（3）阐述什么是有价值的信息。分析记者采访中收集了哪些信息，哪些信息不够清楚，是否有遗漏。

（4）记者的哪些提问最精彩？为什么？哪些追问是“点穴”的？哪些还没有问到或问清楚？为什么？

（5）你认为该采访过程中的关键性疑点是什么？是否通过细节追问得到了核实和解答？

（三）能力训练节点

围绕视频中的事件采访案例，笔答以下测验题：

（1）该事件的采访需要做哪些准备？

（2）该事件的采访如何营造了融洽、真诚的采访气氛？

（3）将该事件的采访记录下来，看看记者获得了哪些有价值的素材，试着这将这些素材作一个分类整理。

设置议题，师生一起解读分析议题的要义：

（1）根据不同的采访任务、采访对象选择相应的采访方法。

（2）现场观察与现场快速反应能力。

（3）掌握采访的节奏，做到既不仓促也不拖泥带水。

（4）在采访中思考和提炼主题。

（5）采访的素材可分成哪几种类型？

可视化教学和讲、练的穿插将枯燥的概念具体可触，不仅使教学内容变化起伏，也使课堂教学中的重点、难点内容得以形象化表述。学生在抽象概念的理解中获得视觉感受和现场感受，实现对理论知识的反哺。

三、背景信息与教学节点

数字化的信息使电脑能够储存海量信息，网站通过超文本、超链接的方式使信息无限汇聚、延伸和扩展。网络媒体可实行全天 24 小时发稿，每日发稿量（包括条数和篇幅）远远大于传统媒体（如新浪网仅新闻频道首页的新闻链接总量就高达 800 多条）。新闻网页广为集纳追踪报道和相关信息，极大地丰富了新闻外延和背景资料。从某种意义上说，网络媒体简直就是一个浩瀚的新闻数据库。

采访写作离不开信息的收集。采访写作课程特别强调利用网络收集、整理信息的重要性。

任何事物都不是孤立存在的，与各种相关事物都有着一定的联系，抛开这些横向或纵向的联系，就很难反映事物的全貌。因此，在新闻报道中，仅仅报道事实有时是不够的，一般需要添加新闻背景即事物产生和发展的背景，才能使事实清晰和完整。美国著名记者迈尔文·曼切尔认为："不使用背景材料，几乎没有什么报道是全面的。忽视这个忠告的记者，他们决不能给读者和听众提供充分的情况。"

新闻背景是指新闻主体事实之外，对这个事实进行解释、补充、说明和衬托的信息。这些背景信息包括国内外以及各行各业的各类报道、数据、图片表格、文字、自媒体信息、网站百科类信息、图书出版类信息、资讯类信息等。新闻报道有时也需要整合有价值的信息素材，撰写非事件性新闻。

（一）知识节点

理解和掌握原理性知识。

（1）背景新闻。

（2）新闻增值。

（3）非事件性新闻。

（二）练习节点

报道案例：

京华时报（湖南岳阳）10 月 12 日电，有水中"大熊猫"之称的江豚，再次传来噩耗。10 日，湖南岳阳市江豚保护协会志愿者巡逻至洞庭湖麻塘水域，发现了一头死亡的江豚。渔政部门将其掩埋后，志愿者给死亡江豚筑了一座没有墓碑的坟墓。

协会巡逻队队长何大明介绍，这头江豚被发现时，全身布满了密密的蛆虫，皮肤已经高度腐烂，死亡时间估计超过了一周。

通过丈量，死亡的江豚长约 1.6 米、胸围 1 米，体重超过 80 公斤，是雄性。隐约可见死亡江豚的脊背后部有两道挂钩造成的伤痕。何大明心痛地说："这头江豚死亡，距离今年春季洞庭湖水域 12 头江豚集体死亡仅仅半年时间。20 多年前，洞庭湖的江豚数量成千上万，现在却难觅踪影，再不救江豚，子孙后代就看不到江豚了！"

习题：

（1）上述报道是否需要背景材料加以补充？为什么？举例说明新闻增值的含义。

（2）网上收集相关信息，为上述报道添加背景新闻。

（三）能力训练节点

（1）举例说明非事件性新闻的特征。为什么有的新闻没有明显时效性但同样具有新闻价值？

（2）“留守儿童”已成为舆论关注的社会问题之一，试在网络收集“留守儿童”的相关信息，整合一篇所在家乡留守儿童状况的非事件性新闻（注意信息源的可靠性）。

毋庸置疑，网络资源的丰富性和传播的广泛性深刻冲击和改变了传统教学方式，新闻专业教师只有熟悉互联网特性、熟练使用相应的网络工具，才可能让网络优质新闻资源极大支持、配合新闻教学。

参考文献

［1］金梦玉．网络新闻实务［M］．北京：中国传媒大学出版社，2001.

［2］蔡雯．新闻报道策划与新闻资源开发［M］．北京：中国人民大学出版社，2010.

［3］［美］理查德·克雷格．网络新闻学［M］．刘勇主，译．北京：中国时代经济出版社，2010.

应用型本科院校教材建设探究

刘聚梅　李俊丽　张　燕①

内容摘要：优质教材的选用和建设是应用型本科院校实现人才培养、提高教学质量和培养学生创新能力的基础，在应用型人才培养模式下，本科院校应关注教材建设。本文通过分析应用型本科院校培养目标的定位和教材建设现状，对进一步加强教材建设和管理提出了相应的策略。

关键词：应用型本科院校　教材建设　人才培养模式

一、应用型本科院校培养目标定位

2001 年 4 月，教育部在长春召开应用型本科大学研讨会，应用型本科大学的理念初步显现。十多年之后，2014 年 2 月，国务院常务会议提出："创新职业教育模式……打通从中职、专科、本科到研究生的上升通道。引导一批普通本科高校向应用技术型高校转型。"十年磨一剑，应用型本科院校的地位和培养定位得到了明确表述。

具体而言，应用型本科大学（教学服务型大学）的内涵界定为："以本科教学为主，根据条件和需要适度发展研究生教育；教学和科学研究以服务地方为宗旨，培养地方需要的应用型人才，产生地方需要的应用性成果；大力开展以满足社会需要为目的的各种服务活动，形成为地方全方位服务的体系。"（刘献君，2007）

在《关于促进高等学校分类发展的意见（征求意见稿）》中，明确了应用技术类型的培养目标，高校主要培养有一定理论基础、掌握新技术、具备较强实践能力和创新意识的高层次应用型人才，主要发展本科教育，适度发展专业学位研究生教育，逐步停办专科教育。具体而言，应用型本科院校的

① 刘聚梅（1981—），女，硕士，副教授，研究方向：企业文化，旅游教育。
李俊丽（1979—），女，硕士，讲师，研究方向：电子商务。
张燕（1985—），女，硕士，讲师，研究方向：酒店运营管理。

人才培养除普通高等教育的一般要求——“厚基础、宽专业、强能力、高素质”外，要突出“能设计、会施工、懂管理”的应用型人才特点，要掌握本行业生产原理和操作技术、管理运行技术、营销与服务技术、技术谈判和商务谈判技术等，在高素质基础上要求实践性更强。

二、应用型本科院校的教材建设状况

（一）盲目照搬本科教材或者高职类教材

许多应用型本科院校因各种原因所致，选择教材时具有盲目性，并未立足本校特色和专业需求，直接选用本科教材或者高职类教材。而应用型本科院校与普通高校、高职院校的培养目标不同，盲目照搬这两类教材弊端明显。因为应用型本科是按学科设置专业，以该学科的理论体系为框架设置课程，根据相关行业的市场需求、发展趋势、技术要求、岗位设置和人才需求来设置专业，专业设置有明显的职业针对性，相应的教材也应该具有针对性，能体现“足够、扎实”的理论基础和相对完整实践技能的有机结合。

（二）自编讲义或者教材

许多应用型本科院校自身在转型过程中，教材建设并不健全，主要通过“输血”方式引入教材是主流趋势，“造血”式的教材编写活动产出不多，但是也有许多相关的尝试。“自编”也是解决应用型本科教材短缺的一种办法。编写校内讲义有其积极的一面。但因长期以来缺乏对这些教材的系统研究和理论指导，自编讲义有着明显的缺陷和不足。部分校内讲义在一定程度上存在转抄内容居多，加工不细以及印刷质量不好等问题，影响了教材质量。而且教师们在编写教材方面具有一定的倾向性，往往与自身的兴趣和知识技能掌握程度相关，因此编写出来的教材或者讲义也有局限性。

（三）教材建设的信息化程度不高

当今是信息化时代，而教材建设必须与时俱进，跟紧时代步伐。在教材信息化方面，部分应用型本科院校因缺乏信息化建设的经费或者重视度不够，在实训室建设、信息化资源投放等方面投放较少，因此发展基础较差，核心实训室不足、多媒体教室缺乏完善、电子化教学资源开发较少、一些专业的电子商务平台的购买和使用不足，都会使一些良好的应用型本科教材得不到应用和共享。

三、应用型本科院校教材建设的对策

教材是承载教学内容的重要载体，教材内容必须与时俱进，体现教学内容的时代性和针对性，增强其与社会需求的契合性。所以应用型本科高校的教材建设与管理必须不断改革、创新、与时俱进。

（一）体现本校的办学定位和特色，构建适合本校的教材体系

目前应用型本科的数量不断增加，竞争也相对激烈，构建自身的专业特色成为很多应用型本科院校的选择，因此，教材建设必须以学校的办学定位和教学特色相匹配，起到锦上添花的作用。

应用型本科教育的重要特点之一就是强调实践教学，这决定了应用型本科教材建设必须以实践价值为尺度建立适合本校办学特色的教材建设与管理模式。

（二）扬长避短，与其他应用型本科院校共享优质教材

各高校在教材研究、教材选订、教材采购时，都自觉或不自觉地将重点放在本校具有特色和优势的学科专业上，而在弱势专业或者新兴专业方面就显得相对薄弱，从而导致教材建设在学科中的不均衡性发展。如果能够将多个同类型高校的优质教材资源进行共享和推广，就能够形成博取众长、形成一种良性共赢的局面。

（三）加强专业建设，完善相关管理制度

在专业设置和人才培养方面学校应严格根据应用型本科院校的培养目标和专业定位把关，因为专业多、课程多意味着教材订购多，若专业因学院合并、专业合并、学生人数减少等原因发生调整，砍掉的专业或者去掉的课程在教材订购量会发生明显的变化，这种不稳定因素应从源头治理，学校在专业设置和课程计划制定方面根据应用型本科的办学定位形成完善的制度，对学院进行宏观指导，认真编制专业培养方案和教学计划之后不要频繁地进行修改，定期修订、完善、落实到教学实践中即可。

（四）完善教材质量评估和激励机制

教材质量评价是对使用的教材的质量和使用情况的一种认定和反馈，是教材建设的核心问题，也是将来选用教材的基础和依据。让更广泛的群体参与到教材使用和评价的平台中，可以借助各种社交资源构建评估平台，实时

及时地收集大家的反馈和评估信息。另外还应听取学生的适当意见，并将这些意见加以整理，使之成为可供决策的评判依据。这就需要建立一套科学的教材研究评价体系，由教师、学生和教材管理人员参加，注重对教材的跟踪分析，评选出一系列适合本校师生使用的反响良好的教材。在高校建立教材评优的激励机制，可以明确优秀教材的质量评估标准。建立优胜劣汰的管理机制和政策导向，有利于教材不断推陈出新。

（五）借助产学研结合，提高教材编写质量

应用型本科高校，强调培养既掌握基本理论知识又具备实践能力的复合型人才，因此在教学中实践教学环节最为重要，不脱离实践的“双师型”教师也较稀缺。而要实现这个目标，应用型本科高校可以加强校企合作，建立产学研基地，既实现“送出去”，即选送一批批优秀的中青年教师深入企业，送学生到企业一线去实践。同时，也要“引进来”，从企业短期或长期地引进一些专业技术人员来强大高校应用型专业的教师力量。在教材编写方面，还可以邀请资深教师和企业技术人员联合撰写高质量的实践性的定位准确的应用型教材，校企之间实现深度交流与合作，能够为应用型高校的专业发展和教材建设工作提供有力的支撑。

（六）加快信息化建设步伐

从教材建设信息化的角度来看，应用型本科院校一定要与时俱进，加强电子资源和信息化教学资源的使用、增加基础设施的投入、引入电子交互教材，利用电脑、平板电脑、手机等媒介实现部分课程的电子化教学，教师应投入精力加强课程电子资源包、电子化教材、多媒体资源的开发，既降低学生教材使用的成本，也能符合“90后”学生的阅读习惯。

总之，应用型本科院校的教材建设要紧密围绕学校的办学特色和办学方向，扬长避短，与时俱进，构建良好的教材编写机制、选用机制、管理机制、评价机制，加强与企业、同类院校的合作，势必会促进本校教学质量的不断提升。

参考文献

［1］刘献君．建设教学服务型大学——兼论高等学校分类［J］．教育研究，2007（7）：31－35.

［2］唐伟元，王松云．应用型本科高校教材建设与管理探讨［J］．赤峰

学院学报，2013，29（8）：234－235.

［3］余辉晴．应用型本科教材建设研究［J］．科学决策，2008（12）：64.

［4］王南华．浅谈应用型本科高校教材建设［J］．常州工学院学报，2008，21（3）：90－92.

［5］付延友．应用型本科教材建设的问题与思考［J］．中国科教创新导刊，2010（20）：19.

市场营销专业大学生职业心理素质训练探究

张建国[①]

内容摘要： 市场营销专业的大学生职业心理素质如何将直接关系到他们未来从事营销活动的质量和效率，进而影响其未来职业生涯的成败。本文从高校市场营销专业人才培养的角度阐述了大学生心理素质训练的含义，分析了专业的营销人员应具备的职业心理素质，并总结了高校提升营销专业学生职业心理素质的方法。

关键词： 市场营销专业　职业心理素质　优秀营销人员　心理素质训练

一、引言

当今社会，毕业生正面临着日益激烈的竞争和工作的压力。企业不仅对大学生的智能素质、思想素质和身体素质提出了要求，也对大学生的心理素质提出了要求。同时职场的竞争也越来越显示人的心理素质的重要性。心理素质的低下与不良，不仅影响大学生的学业生涯，也不利其职业生涯，还可能对其职业生涯带来隐患。

但目前很多高校市场营销专业在人才培养方面还存在一定的误区，仅仅停留在做一些市场营销、销售技巧的基础知识和技能的教学上，比较重视学生的市场调研、市场营销策划、商务谈判、推销公关、市场开拓等技能训练，而对于心理素质训练的重视明显不足，缺乏系统、科学的学习训练。要改变这种局面，最有效的办法就是对营销专业的学生进行职业心理素质训练，这不仅可以让学生更好地完成营销任务，而且可以使他们全面地了解和掌握自己的心理特点，学会自我心理调节，更健康地发展、完善自己的个性。

开展营销职业心理素质训练的目的在于让学生能够具备营销职业心理素质，以尽快实现其进入职场后的角色转换。因此在大学教学中开设职业心理素质实训是一条有效途径。

---

① 张建国（1977—），硕士，讲师，主要研究方向为电子商、市场营销、网络营销。

二、职业心理素质训练概述

心理素质是指以遗传生理为物质前提，在环境和教育作用下，通过社会实践而形成的比较稳定的个性心理特征和社会实践中表现出来的心理活动能力。职业心理素质是指个体顺利完成其所从事的特定职业所必须具备的心理品质。它是一般心理素质基础上的侧重。每个劳动者，无论从事何种职业都必须具备一定的心理素质，如上述的智力性和非智力性心理素质，通用的职业心理素质，如勇于竞争的自信力、经受挫折的容忍力、不断进取的坚毅力、对待批评的分辨力、行为抉择的自我控制力、环境变异的适应力等。心理训练是指有意识地对人的心理过程与个性心理特征施以影响，以发展人的心理品质的过程。职业心理素质训练是指有意识的对学生的心理过程与个性心理特征施以影响，以发展学生在未来职业中所必须的心理品质的过程。

三、优秀营销人员应具备的职业心理素质

当今社会，大学生就业形势日趋严峻，以就业和需求为导向的职业教育改革逐步深化，客观上需要提升学生的职业素质以便适应时代的发展，对于市场营销专业的学生而言，与营销相关的岗位是他们毕业后将要从事的主要工作岗位，而这一岗位对于心理素质要求更高，营销人员的工作态度、工作能力和工作业绩，均与其职业心理素质有密切的关系。心理素质好坏，直接关系到营销人员的营销水平的综合素质的提高。对其事业成功与否具有决定性的影响。因此，我们在对营销专业的大学生进行培养的时候，一定不能忽视其职业心理素质的培养，只有如此才能让学生的学校教育和社会需求无缝连接，才能使大学生毕业后能更好地适应工作岗位的要求。

调查研究发现营销人员必须具备的心理素质有以下几个方面。

（一）富有自信

自信就是发自内心的自我肯定和相信，是获取销售成功最重要的精神力量 。销售其实就是一个用自信创造销售业绩的职业，即把自己对产品或服务的信心传递给客户，进而影响客户选择的过程。

（二）积极主动

积极主动是人们对现实环境做出的积极回应，它能够驱使销售员在不被人监督和敦促的情况下主动去做自己该做的事。

（三）充满热情

热情是一种对学习、生活、工作和事业的炽热感情，它是一种积极的精神状态，做销售要尽可能地将你对销售工作本身和所销售产品的激情展现给客户。

（四）善于沟通

沟通是人与人之间双向的信息交流，销售员需要与各种类型的人打交道，那就要善于和客户沟通。成功的销售员始终都把客户放在首位，认真倾听，善于沟通，以达成共识。

（五）全力以赴

全力以赴，是千方百计、想方设法。尽力而为和全力以赴比起来，在面对成功的时候往往只差一步，可往往就是这一步决定了一个人、一个项目或者一个公司的兴衰。销售员要想实现职业梦想，需要全力以赴。

（六）坚持不懈

坚持不懈就是指坚持到底，毫不松懈。成功的销售员是屡败屡战的，但他们能够正确面对销售拒绝，保持良好的心态，有恒心、有毅力、坚持不懈、持之以恒，创造出超常的业绩。

我们的学校教育在教育教学过程中也应适应社会的需求，积极主动的训练并提升学生以上这些方面的素质能力。

四、职业心理素质训练的途径及方法

（一）在课程设置与建设中体现职业心理素质教育内容

要培养高校市场营销专业学生职业心理素质，首先就应从课程体系的构建出发，在专业培养要素调整的过程中应以市场对营销人才的动态需求为导向，淡化原有的课程界限，对一些相互之间有内在联系的课程进行有机融合，形成一组新课程的过程。与此同时，要加强以职业能力为核心的职业素质培养为本位的课程体系的建设。其中对本专业的主干课程，如《市场营销学》、《营销策划》、《网络营销》等进行重点课程建设的过程中要以职业能力模块为出发点整合课程内容。

（二）通过教学方法与手段改革实现职业心理素质培养

市场营销专业学生的营销调研、决策、策划能力，营销管理能力以及相应的商务运作等职业能力很大程度上依赖于在相关专业课程教学中来培养。因此要培养学生的职业心理素质，可以从教学方法与手段的改革着手。在课程教学中有针对性地开展职业心理素质训练，实现培养学生职业心理素质的目标。具体来说可以采用以下几种方法。

一是情景模拟法，在教学过程中教师应该巧妙地创设一定的情景，让学生分别扮演不同厂商、推销者、顾客等不同角色，给教学相关知识点创设一个平台，使学生把学习知识融入一定的场景中，达到在演练中学习，在演练中提高。

二是采用理论教授与案例分析结合法，在教学过程中把理论教授与案例分析有机结合起来，做到融会贯通，充分发挥出教师的主导性和学生参与的主动性、积极性，使市场营销的理论讲授变得生动活泼，具有实用性、趣味性、启发性，让学生在较短时间里掌握市场营销学原理，并能灵活运用到企业的营销活动中。

三是运用综合模拟实验法，综合模拟实验是结合虚拟现实技术和互联网络通信技术构造一个有效的无风险的营销环境，让学生扮演企业营销过程中各种不同角色，从各个角度分析营销案例，进行营销决策，并且得到决策的结果，然后做出下一阶段的决策的一种形式。教师还可以利用传统工具与现代摄像设备相结合应用模拟销售、谈判训练，这样不仅增强了实践教学的直观性，同时也有利于学生职业习惯的养成，有助于学生职业心理素质的培养。

（三）通过比赛、活动等开展职业心理素质训练

具体来说，可以从以下几个方面做起。

一是通过组建课外兴趣社团，例如广告策划兴趣社团、市场调研社团等，提高学生的职业兴趣，提高学生的市场营销能力。为不影响正常教学活动的开展，这些兴趣小组的活动一般可安排在假期和课余时间。

二是要将营销技能大赛、运动会、文化艺术节等活动贯穿于市场营销学生的学习生活中，例如可以通过广告设计大赛、推销大赛、营销策划大赛等营销技能大赛，提高学生专业学习兴趣，培养他们持之以恒、积极进取的精神，以及勇于承担风险，面对失败与压力的心理承受能力等。

三是要采用“请进来”与“走出去”策略，通过聘请企业营销总监、经理、销售人员为学生举办各类讲座，与企业营销人员座谈等方式，增强学生对营销职业活动及岗位的认识，建立和加强学生的营销职业意识。同时学校

应组织学生利用假期参与各类营销实践活动，通过实验基地为学生提供实践的机会，提高学生的职业能力。

（四）通过拓展训练营提高学生的职业心理素质

拓展训练起源于第二次世界大战时期的德国集中营，许多战俘不堪忍受纳粹的暴行，联合起来集体越狱。在越狱的过程中，遇到高墙、壕沟、电网等种种极限的挑战。只有团结一致，并敢于挑战极限的少数成员生存下来。后人从中得到启示，于是，专门设计了模拟各种极限的户外拓展训练。拓展训练法是一种体验式的学习方法和训练方式，它利用特定的自然环境，通过独具匠心的设计，在解决问题和应对挑战的活动过程中，人的勇气与自信、理解与沟通、进取与互助得到增进。拓展训练活动的形式有许多，如场地项目、水上项目、野外项目、室内项目，应根据实际需要和可能进行设计与编制。

（五）通过角色模拟法提升学生的职业心理素质

角色模拟法就是联系职业岗位中的现实问题创设一定的情境或仿真情境，让学生模拟扮演情境中的角色，通过自己的角色活动、获得心理体验，并分享体验，分析角色行为，纠正错误，以形成特定的心理品质与行为习惯。角色模拟是实际情境或过程的抽象化或简化。模拟情境中，学生们分组，分别扮演特定的角色，并和其中的人或事互动。模拟现实的程度可高可低，视实际情况而定。在这方法中，学生所面对的是与职业岗位活动相仿的情境，它允许真实的训练而不需要此训练所包含的花费与危险。

（六）企业实习实践提升学生职业心理素质

学校通过企业实习的方式安排学生到企业，切实参与企业真实营销实践，提升学生的解决实际问题能力，提升应变能力，培养创新能力。

五、总结

总之，高校市场营销专业学生职业心理素质训练应以促进学生积极适应、持续发展和主动创造为目标，以专业课程中的心理素质训练和针对性心理素质训练为主要途径，以行为训练法、角色扮演法、拓展训练法和实战演练法等为基本方法，结合市场营销专业教学实际情况，有条不紊地开展起来。只有这样，才能提高高校市场营销专业学生职业心理素质，培养出合格的市场营销人才。

参考文献

［1］涂勇．市场营销类大学生职业心理素质训练初步构想［J］．科学咨询，2005 期：51－52.

［2］王云．高职院校市场营销专业职业心理素质训练的系统化设计［J］．青岛职业技术学院学报，2011 期：37.

［3］彭移风．高职生职业心理素质训练的探索与实践［J］．职教论坛，2006 期：50.

大学生参与教师科研课题的现实意义

——以教育部项目“家园共育活动企业生产实际教学案例库”为例

胡烨静[①]

内容摘要：大学生参与教师科研工作有很强的目的性和现实意义，既有助于提高他们的动手实践能力、吃苦耐劳、坚持到底和团队合作精神等，还能积极地促进科研项目的质量。本文以教育部项目“家园共育活动企业生产实际教学案例库”为例，从课题前期调研、立项立意，到课题中期案例库的设计，直至最后课题结题，均将科研课题与学生参与紧密结合，不仅极大地促进了课题顺利完成，还促进了学生的综合素质发展。

关键词：大学生　科研项目　实践教育　综合素质　现实意义

高校作为国家科学研究的重要载体，参与或承担了大量的纵向和横向课题。国家的科研经费逐年增加，学生参与科研课题的比例也在增大。北京吉利学院作为一个民办高校，学生的知识基础相对薄弱，科研能力几乎可以忽略不计的情况下，学生参与科研课题难度很大。恰逢国家教育部 2015 年发布的企业生产实际教学案例库，其明显地体现出高校与企业合作，企业生产案例为教学案例提供原材料，教学案例的优秀成果反过来应用于企业生产，相辅相成，形成合力，达到企业与高校双赢。借此契机，人文学院的领导鼓励老师们申报课题，为自己进行科研探索，为学生提供实践教育。

2016 年 1 月 16 日，英语教育专业企业生产实际教学案例库课题立项通知发出，由人文学院的英语教师和心理学教师们组成的科研团队申请的“家园共育活动企业生产实际教学案例库”项目获批。在校领导的支持和帮助下，该项目依托北京吉利学院的附属幼儿园北京吉利 jingle 金果果双语幼儿园，边

① 胡烨静（1982—），女，硕士，副教授，研究方向：英语语言文学。

研究边实践，利用合理的师资和学科知识结构，最终于2016年7月初顺利完成。

在该项目实施过程中，人文学院的很多同学直接或间接地参与该科研课题中，大大地提高了课题的进展速度，还直接地让这些同学受益，比如专业技术更加娴熟、实际动手能力增强、与教师沟通更加顺畅等，具有很强的现实意义。总的来说，主要体现在以下九点。

一、学生吃苦耐劳的品质

吃苦耐劳往往是招聘单位对于大学生的首要指标，学生无论将来从事什么样的岗位，投机取巧靠小聪明，都不利于自己的职业生涯。此次项目不同以往，要求摄影、摄像、剪辑，这些都需要借助新闻专业的专业设备和知识才能完成。三次大型活动的开展，新闻专业的学生们不辞劳苦，虽是半天的拍摄，都需要早早起床，将设备扛到幼儿园，全程关注。最为难得的是负责视频剪辑的同学们，废寝忘食，牺牲自己的休息时间，往往三四个小时才制作出一分钟的视频，在视频工作室与负责老师一起，一点一滴，耐心细致地完成工作。学生在参与过程中，最后在作品署上自己名字的那一刻非常有成就感，对自己数月的坚持感到自豪。在教师科研课题中，大学生往往负责的是最为基本的环节，烦琐费时，他们的吃苦耐劳的品质在逐步养成，并形成习惯。

二、学生主动性的培养

在参与科研活动的过程中，大学生的平时状态体现得非常全面，比如很多同学也在听从教师的分配，但是大都是被动地执行。究其原因，还是没有主动性，认为是这些事情不是自己应该做的，只是完成任务，有自身的惰性。随着项目的深层发展，学生们逐渐体会到这个项目不是“上头”派的任务，而是自己应该切切实实做好的事情。比如在家长会准备阶段，学前教育的杨镇海同学主动去附近发放家长会的传单；在亲子活动拍摄中，李盛芳同学课后加班去补拍幼儿园孩子离园情况……诸如此类，不胜枚举。在课堂上，教师对于学生主动性的培养所能做的非常有限，而在科研任务中，项目实施的每个环节都是切切实实的案例，他们也乐意主动把握这得之不易的机会，主动性大大加强。

三、学生的文化素养和个人修养得到集中体现

学生的文化素养和个人修养，是学生的综合素质。学生的综合素质在科研课题中能得到集中体现和极大的提高；相反地，学生个人修养还可以对项目的实施有很大帮助。新闻专业的徐微微同学在第一个视频制作过程中，针对视频片头片尾的音乐的选择，有自己独特的个人见解，片头片尾的制作有强烈的个人风格，在课题的期中检查中，得到项目组的认可，助推项目顺利实施。

四、学生的专业素质、业务水平的提高

教师的科研项目之所以大力鼓励大学生参与其中，最主要的目的仍然是为了提高学生的专业素质和业务水平，这是最主要的。此次项目也的确检验了学生的专业水准。幼儿园的实习教师杨小红在公开课环节中，作为带班教师，详细讲解一日常规及日常教学，虽然录制过程中看到其紧张的痕迹，但是明显地针对大型重要场合的应对能力大大提高，得到家长们的广泛赞许。新闻专业的陈状同学从未做过视频剪辑，仍然尽可能地利用专业知识分析，有问题随时求解，解决问题，课堂还没学过的知识，却在实践中逐步扎实地掌握，业务水平不断提高。

五、对学生创新能力的培养

学生在做科研任务中，执行力非常不错，但是创新能力明显不足。虽然在教师的科研工作中，教师起主要作用，但是如果学生的创新能力足够突出，会更大地提高课题的亮点。新闻专业的赵娇洋同学在视频剪辑制作过程中，充分地利用已学知识，大胆地提出各个环节衔接过程中，如果加入淡入、飞出等特殊效果，会凸显每个环节的更替，使得幼儿园亲子活动中的每个细微任务都异常精彩。该同学尽管是首次视频剪辑，任务完成的仍然非常出色，对于自己在此次表现的创新能力亦感到意外。这充分证明，创新能力借鉴实践教育得到发挥。

六、对学生研究能力的培养

科研课题实施过程中，通过教师指导启发和言传身教，学生在逐步地了解一项科研课题从前期调研、准备立项材料、实施计划到人员分工、实施、

课题中期检查、课题成果、成果应用、课题结题等步骤，培养学生勇于探索、严谨认真的科研精神，对学生的研究能力有大大提升。该家园共育课题在家长会、公开课、亲子活动过程中的所有准备工作，大学生都全程参与，比如邀请函、回执、节目流程、发言等，对学生的研究能力是个不小的考验，6个月的项目实施过程下来，真正参与项目的学生在未来的工作中，都对研究工作有了初步的了解。

七、学生的团队精神

大学生在将来就业时，团队精神是单位必不可少的考察环节。而参与科研课题的大学生团队精神极强，有很强的凝聚力，因为大家都心有所想，聚力齐发。比如在摄影过程中，主机位、侧机位和游拍需紧密合作，各司其职，这样后边的视频剪辑才有素材可用，环环相扣。新闻专业的赵娇洋同学在第二个视频制作里面用的技巧在后续的视频制作中有承上启下的作用，而陈状同学需继续使用，二人就需密切沟通，将整个视频完成得自然流畅。

八、增加教师与学生的了解和沟通

教师与学生的沟通是多方面的。班主任与学生的业余生活联系得更为紧密一些，授课教师在课堂上所见到的是学生的某一方面，学生参与科研课题则增加了教师与学生沟通的另一渠道。笔者作为英语教师，只片面地了解学生在英语方面的各种表现，比如学习是否主动，为人是否积极；但是这些判断往往带有局限性。参与科研的新闻专业同学陈如婷在以往英语课堂表现不尽如人意，但是在视频剪辑制作表现出超常的耐心与细致，专业知识技巧熟练。因此，科研课题的大学生参与，另辟蹊径，为师生感情加分。

九、对青年教师和教学管理人员的意义

大学生参与教师科研课题，会给教学管理人员增大工作的难度。因为科研教师懂得如何做科研及实施步骤；一旦科研课题引入学生参与，会存在学生管理的很多问题，甚至存在部分学生不自律、不听从教师指挥等诸多问题，教学管理人员需付出更多的劳动。在家园共育的项目中，青年教师高洁和教学管理教师齐润芝虽是首次参与课题，却付出得太多太多，但是也收获良多。因此大学生参与科研，对青年教师和教辅老师们的挑战很大，相应地，也是不错的提升自己的机遇。

十、总结

大学生参与科研课题具有的现实意义，不仅体现在对学生吃苦耐劳品质的塑造、主动性和个人文化素养的培养、专业水平的提高、创新和研究能力的发展、团队精神的锻造、师生感情的沟通方面，而且还增强了青年教师和管理人员的应对能力，最终保证了科研课题顺利完成，学生的综合素质在实践教育中得到了发展。

参考文献

[1] 沙洪成．构建大学生创新能力培养模式的探讨 [J]．中国高教研究，2004（8）．

[2] 申红艳，刘有智，栗秀萍．浅谈本科生参与科研课题模式 [J]．广州化工，2010（38）．

[3] 易军，李太福，葛继科．大学生参与科研课题的探索与实践 [J]．重庆科技学院学报（社会科学版），2011（18）．

本文系教育部课题“家园共育活动企业生产实际教学案例库”（课题编号：GZYJALK9－1）部分研究成果。

全民终身体育锻炼形势下的大学乒乓球段位测评教学改革模式探析

鞠成军　冯英洁[①]

内容摘要：本论文从改革创新的角度出发，力图创新大学乒乓球教学改革模式，突破传统教学模式，解决体育教育教学中的实际问题。文章从优化教学内容，改革乒乓球运动的教学方法，调动学生学习乒乓球的积极性，通过对全民终身体育锻炼形式下的大学乒乓球段位测评教学改革，以促进大学生学习乒乓球课的积极性为出发点，最终实现"构建体系完备的终身体育教育"的战略目标。

关键词：全民　终身体育　教学改革

一、前言

为实现党的十六大和十七大提出的"建设全民学习、终身学习的学习型社会"，到2020年达到"现代国民教育体系更加完善，终身教育体系基本形成"的目标。本论文从改革创新的角度出发，力图创新大学乒乓球教学改革模式，突破传统教学模式，解决体育教育教学中的实际问题。"全民终身学习体育（乒乓球）测试办法，运用到大学乒乓球课教学中，有效促进大学生学习体育课的积极性，从而达到提高大学生运动水平和身体素质的目标，同时又使学生取得了全民终身学习体育（乒乓球）段位证书，响应教育部要求的大学生体育课必须学会体育项目技能的技术要求，还可以得到学校、社会和用人单位的广泛认可，最终实现"构建体系完备的终身体育教育"的战略目标。在民办普通高校这种环境中，体育教育的开展将面临很多新的问题，但它的发展与民办普通高校的发展还是具有辩证统一相互促进的关系的。因此，

① 鞠成军（1976—），硕士，副教授，研究方向：体育教育管理及训练。
冯英洁（1977—），女，学士，副教授，研究方向：体育教育管理及训练。

对全民终身体育锻炼形式下的大学乒乓球段位测评教学改革的研究就有很强的现实意义。

二、研究方法与主要研究内容

我国民办普通高校除了办学性质上与公办院校有所区别以外，所实施的教育与我国公办高校实施的教育是基本一致的，但其由于发展时间还不长，在德育、智育以及体育方面还存在很多需要解决的问题。体育教育与德育、智育紧密结合一直是我国高等教育的重要组成部分，它肩负着为社会主义培养德智体全面发展人才的历史使命。本课题选取北京市 3 所具有代表性的高校作为研究对象，包括华北电力大学、北京农学院、北京吉利学院。本课题向上述 3 所高校体育教师发放问卷 40 份，回收 40 份，回收率为 100%；向学生发放问卷 200 份，回收 194 份，回收率为 97%。同时还对这 3 所民办高校的体育教研室负责人进行了访谈，就北京市高校体育教学的现状与发展进行了深入探讨。

本课题采用文献资料法、访谈调查法、问卷调查法、比较法和数理统计法等研究方法。

三、高校乒乓球课的教学存在问题

通过访谈和问卷调查，北京市高校都很重视对体育教师学期课时量完成情况的考核，但对于教学内容与方法以及理论教学等体育课程的内涵建设还不够重视，多数高校的体育教学存在“重量轻质”的问题，具体表现在以下几个方面。

（一）乒乓球选课存在问题

虽然大多数高校都实施了选项课教学，并根据自身条件和学生兴趣开设了 8～10 个运动项目，但即使是在形式上建立了俱乐部，实际操作上却并未实现真正的俱乐部教学模式。

（二）乒乓球课场地的局限性

笔者对北京市这 3 所高校调查结果得出，因受场地限制，大多数乒乓球项目均设人数限制，甚至有个别学校统一为学生选定运动项目，在这种教学组织形式下，大多数高校仍然采用行政分班的方式上体育课，尚未打破原有的系别、班级建制。

（三）乒乓球教学文件及内容存在不合理

在问卷调查中发现，大多数高校中没有完整的乒乓球教学大纲和教案，也无固定的体育教材，只有个别所高校选择了 1 ~2 本教材作为体育课教学的参考资料，这些高校在授课内容的选择上随意性比较强。

（四）体育理论教学发展滞后

在调查访谈中得知，有些高校只是每学期象征性地安排 2 学时的理论课教学，有些高校甚至不安排专门的理论课教学，教师也不能有意识地将体育理论知识适当地穿插到平时的教学之中。

（五）缺乏有效的教学设计

高校体育教师在教学方法上缺乏针对性和目的性，不能做到因材施教。目前大多数北京市高校的体育课堂教学仍然以教师讲解示范动作、学生模仿练习为主要授课形式，往往只注重专项运动技能的传授，而不能通过更加多样化的手段将传授体育基本知识、技能、技术与传授锻炼方法、培养对体育活动的兴趣以及良好的个性品质结合起来，因而不能对学生综合素质的提高起到应有的作用。

（六）尚未建立课内外一体化的体育教学模式

近年来，随着素质教育、健康第一、终身体育等理念不断深入人心，高校体育教育越来越多地承担起培养学生终身体育意识和行为的功能。一个完整的体育教学体系应包括体育课堂教学、课外体育锻炼和运动训练三个方面的内容。但由于高校体育主管领导不重视课外体育活动的开展，很多高校尚未建立课内外一体化的体育教学模式。体育教学仍以课堂教学为主，除课堂教学外，民办高校的教师和学生对课外体育社团的参与程度还不够高。

四、改进乒乓球课的一些措施

长期以来我校乒乓球课学习内容比较单一，教学技术以教师讲解示范后由学生被动学习，本课题针对课程体系存在的弊端进行分析，力求突破传统的教学方法，采用实证分析方法进行全方位研究，注重研究的针对性以及对策的可操作性。通过“乒乓球微课视频”以及“趣味乒乓球台”等辅助教具，采用课上练习、比赛积分、理论学习等方法进行创新教学。这些方式不仅改进了教学方法，而且更新了教学内容，活跃了课堂氛围，同时围绕学生练习的考试内容与段位标准为主要目标进行教学，使学生在趣味中学习，在目标中学习，学习效果非常突出。具体改革措施如下。

（一）优化乒乓球课教学内容

乒乓球的教学内容的选择就要以一定的针对性和实用性为出发点，开发一些趣味性和游戏性的活动环节，让学生在兴趣中逐步渗透到游戏中来提高乒乓球技术，从而充分调动学生的学习兴趣，解开课堂上的呆板传授的束缚，最终达到更好的教学效果。还有很重要的一点就是乒乓球教师应该多向学生传授一些乒乓球的新理念。

（二）改进乒乓球的教学方法

教学方法和手段的实施是深化体育教学改革的重要内容。教学手段上要充分体现出娱乐性、趣味性及全面发展的教学原则。有适宜的难度、合理的运动强度和方式，使学生在教学练习中得到身心的全面发展，激发学生终身学习乒乓球技术的热情。改进乒乓球的教学方法，课时的设置环节更要从技术性向娱乐性、实效性延伸。主要内容包括乒乓球课的学生通过学习“全民终身学习体育（乒乓球）测试方法”的测试内容，在教师的指导下自愿申请乒乓球水平技术等级段位，使学生既可以获得乒乓球课的学习成绩，又增加了学生参加段位测试的积极性，达到锻炼身体的目的，又可以取得全民终身学习乒乓球技术等级的段位证书。段位证书不仅可以证明学生在校期间获得了乒乓球这一项目的一技之长，还可以得到学校、社会和今后用人单位的广泛认可，在提高了大学生就业率的同时，又使学生的身心健康得到发展，两者很好的互补使其相得益彰。通过参加段位测试，真正地使学生被动学习乒乓球的技战术最终转化为主动学习乒乓球的技战术。

（三）全面加强乒乓球教学师资队伍的建设

师资力量是影响乒乓球选项课开展的一个瓶颈，通过对高校乒乓球课的调查得知，普通高校现任的乒乓球课教师，很大一部分是从其他运动项目中转型过来的，再就是一些专业乒乓球运动员从事高校普通学生的教学，它们的理论知识普遍欠缺、教授技术动作要么过于复杂要么过于简单。因此建立一支高水平、高学历乒乓球教师队伍是当前高校所面临的任务。

（四）广泛开展乒乓球的课外活动

乒乓球的课外练习是完成乒乓球教学目标、优化教学内容的重要组成部分，由于乒乓球技术的复杂性，只靠课堂仅有的一点学习时间是不够的，它需要大量的实战和不间断的模拟技术动作从而使技术固定成型，开展乒乓球的课外活动是完善课堂内的一种实战演习。学校领导应该免费开放乒乓球馆，延长乒乓球馆的使用时间，高校领导和部门创造条件建立学校乒乓球协会或组织，定期组织乒乓球比赛，通过比赛切磋技术和探讨乒乓球的发展规律，形成良好的学习乒乓球的氛围，让更多的大学生积极参与到这项运动中，达到终身体育锻炼的最终目标。

（五）对于学生的评价，应该将过程性评价与终结性评价有机地结合起来

不能只用《国家体育锻炼标准》作为评价学生体育课学习效果的唯一标准。除了考核身体素质、运动技能方面的指标外，还应注重对学生的学习态度、积极性、课外体育活动次数、身体素质提高程度、合作与情感等方面进行过程性评价。进而调动学生的积极性和终身体育锻炼的教育理念。体育教师不仅关注学生的成绩、体能和身心健康，还要发现学生各方面的潜能培养，例如道德品质、团结协作、个性的体现和创新意识等，最终建立一套科学、公正、合理的评价体系。

五、结语

高校体育乒乓球教学只有认清“终身教育体系基本形成”的目标的变化，更好地发挥乒乓球课终身体育锻炼的理念，加强体育教学内涵建设，充分调动广大师生的主动性和创造性，才能形成质量优良、独具特色的体育教学模块。综上所述，本课题创新之处就是通过“乒乓球微课视频”以及“趣味乒乓球台”等辅助教具进行课上练习、比赛积分、理论学习等方法进行创新教学。这些方式不仅改进了教学方法，而且更新了教学内容，活跃了课堂氛围，同时围绕学生练习的考试内容与段位标准为主要目标进行教学，使学生在趣味中学习，在目标中学习，学习效果非常突出。

参考文献

［1］杜江．浅析高校乒乓球选项课的教学改革［J］．辽宁教育行政学院学报，2007（6）．

［2］王铁伟．浅析高校乒乓球选项课的教学改革［J］．科学大众，2007

(2).

[3] 毛振明．体育教学科学化探索［M］．北京：高等教育出版社，1999.

[4] 教育部．面向21世纪教育振兴行动计划［Z］．1998.

[5] 教育部．全国普通高等学校体育课程教学指导纲要［Z］．2002.

[6] 刘智运．对建构高等教育质量保障体系的探讨［J］．中国地质大学学报（社科版），2002（9）.

[7] 林笑峰．对中国体育问题的辨析［J］．体育学刊，1999（5）.

[8] 李祥．学校体育学［M］．北京：高等教育出版社，2001.

北京吉利学院政治理论课教学情况调查报告

李　闯　王筱宇①

内容摘要：高校政治理论课肩负着用马克思主义中国化的最新成果武装大学生、推动社会主义核心价值体系建设、帮助大学生正确认识中国国情和改革发展稳定现实问题、促进大学生提高政治鉴别力和增强政治敏锐性、培养人才的重要职责。本文采用实证研究的方法对北京吉利学院在校大学生展开政治理论课课堂教学情况调查，厘清目前我校的思想政治理论课课堂教学情况及学生的学习和接受情况，为北京吉利学院的政治理论课教学改革提供理论与现实依据。

关键词：思想政治理论课　教学评价　学习态度　教育现状

一、调查目的

了解我校学生对思想政治理论课的认识和学习情况，并分析形成的原因及应对措施，让"中国梦"进入民办高校思想政治课的课堂，让民办高校大学生明确自己的梦想，明确自己梦想的实现和"中国梦"的实现是统一的历史进程。

二、调查对象及其一般情况

调查对象：北京吉利学院 2014 级计划内所有本科生和部分 2014 级高职学生。

一般情况：所有调查对象都是 2014 级新入学的学生，经过几周的思政课的学习，对思政课有一定的认知但不是十分清晰。

---

① 李闯（1982—），副教授，研究方向：哲学基础理论与思想政治教育。
王筱宇（1965—），学士，教授，研究方向：哲学基础理论与思想政治教育。

三、调查方式

本次调查分为本科学生和高职专科学生，对所有本科生全覆盖进行调查，对高职学生分班级随机调查，班级覆盖率达到1/3。对所选班级上课的学生全覆盖，每份共19个选择题，由学生本人自主填写。采取当场填写并当场回收的方式，共发放问卷482份，回收464份，一部分学生没有上交问卷，对数据进行处理，去掉错误数据，总共得到有效数据459个。这样就保证了样本具有科学的代表性和真实性，能够反映全体学生的真实状况，为后面的科学分析打下了基础。

四、调查时间

2014年10月13日（星期一）至2014年10月24日（星期五）。共为期12天。

五、调研时间内所做工作

本次调查共分三个阶段，具体工作如下：

（1）2014年6月至8月，课题组首先商定调研方向，之后查阅了大量相关资料，做了大量调研前的准备工作，如调查问卷的制作、问题设置，并咨询专家，制定出合理的调查问卷。

（2）12月9月至10月，课题组完成了调查问卷的打印、发放、回收工作，形成了第一手资料。

（3）11月至12月，进行统计分析，完成调查报告的撰写工作。

六、调查内容

（1）学生对思想政治理论课的认识和兴趣。

（2）学生对高校开设思想政治课程的态度。

（3）学生对思想政治课课堂学习的感受。

（4）教师在教学中的作用与效果。

（5）学生对中国梦的了解程度与态度。

（6）对思想政治一系列课程教学方法的认识及意见。

七、调查结果

我们就问卷调查结果统计如下。

（一）学生对思想理论课的态度和认识（频率分析）

（1）关于思想政治理论课对学生今后发展的作用的认识问题上，有21.6%的同学认为思想政治理论课对以后帮助很大，有62.09%的学生认为思想政治理论课对今后的发展有帮助，仅有16.3%的学生认为没有帮助或帮助不大，表明当代大学生绝大多数思想积极，健康向上，有理想、有追求，对马克思主义理论和中国特色社会主义理论的指导地位、中国共产党的领导地位有较高的认同度。

表1

您认为思想政治理论课程对您今后的发展			
		频率	百分比（%）
有效	非常有帮助	99	21.6
	有帮助	285	62.1
	帮助不大	67	14.6
	没有帮助	8	1.7
	合计	459	100.0

（2）学生对思想政治理论课的教学成果的总体印象，有70.15%的学生认为思想政治理论课教学效果满意，有16.6%的同学认为非常满意，不太满意及不满意的仅有13.3%。表明我校在教务管理中对思想政治理论课较为重视，思想政治理论课课堂教学正规，教师的知识水平和掌控课堂的能力达到了要求。但无论在课程设置，教学内容还是教学技巧上都需要进一步提升。

表2

您对思想政治理论教学效果总体印象			
		频率	百分比（%）
有效	非常满意	76	16.6
	满意	322	70.2
	不太满意	52	11.3
	不满意	9	2.0
	合计	459	100.0

（3）学生在思想政治理论课堂上的表现，有40.3%的同学上课只听不做笔记，占了最大的比例，33.8%的同学有选择地听一听，24.4%的同学会认真听讲做笔记，只有1.5%的同学上课会心不在焉地玩手机。表明学生的学习越来越表现出独立性、选择性、多变性和差异性。完全不听课的只占1.5%，说明对这一部分学生，思想政治理论课无论怎么改革都是无效的，起不到作用，但对于70%的学生，只要在课程内容、教学技巧等方面下工夫，就能够提高教学实效性。

表3

您在思想政治理论课课堂的表现			
		频率	百分比（%）
有效	认真听讲做笔记	112	24.4
	只听不做笔记	185	40.3
	有选择地听一听	155	33.8
	心不在焉地玩手机，根本不听	7	1.5
	合计	459	100.0

（4）从学生上思想政治理论课的动机分析，可以看出，“提高思想政治理论素质”和“是必修课必须上”是学生上思想政治理论课的主要原因，其中，为了“提高思想政治理论素质”的学生占了56.2%，“是必修课必须上”的学生占了23.1%。分析表明，学生主动学习思想政治理论课的人数超过一半，政治态度主流健康，有较强的求学欲望，且具有学习的积极性和主动性；为了应付考试和必修课不得不上的占1/3以上，表明这一部分学生对深层次问题存在模糊认识，人生价值取向积极务实，现实性、功利性比较突出；但受老师所讲授内容吸引的只占7.6%，表明教师所讲授的内容需要进一步设计，教师的授课技巧和能力应进一步的提高，以此增强课堂的吸引力。

表4

您上思想政治理论课的主要原因			
		频率	百分比（%）
有效	单纯应付考试	60	13.1
	提高思想政治理论素质	258	56.2
	受老师所讲授内容吸引	35	7.6
	是必修课必须上	106	23.1
	合计	459	100.0

（5）将学生对思想政治理论课的认识与学生上课的动因、学生对思想政治理论课的兴趣与上课的动因交叉分析表明：学生上思想政治理论课的主要原因与学生对思想政治理论的认识有很大关系，认为思想政治课对以后的发展有帮助的同学，其上课的主要的原因是提高思想政治理论素质，而认为思想政治理论课对以后的发展基本没有帮助的同学，则有 1/2 因为是必修课才上的。相比之下，在对政治思想理论可能不太感兴趣的学生中，也会有约 1/3 的学生想要提高思想政治理论素质去上课。可见，兴趣才是最好的老师，在课堂教学中我们需要培养学生对思想政治理论课的认识，改变传统观点认为政治理论课刻板说教的传统形象，另外，提高思想政治理论课的课堂内容的实用性，以便真正地使学生能够提高思想政治素质。

表 5

您认为思想政治理论课程对您今后的发展×您上思想政治理论课的主要原因						
		您上思想政治理论课的主要原因				
		单纯应付考试	提高思想政治理论素质	受老师所讲授内容吸引	是必修课必须上	合计
您认为思想政治理论课程对您今后的发展	非常有帮助	13	76	7	3	99
	有帮助	28	170	23	64	285
	帮助不大	17	12	5	33	67
	没有帮助	2	0	0	6	8
	合计	60	258	35	106	459

表 6

您对思想政治理论课程是否有兴趣×您上思想政治理论课的主要原因						
		您上思想政治理论课的主要原因				
		单纯应付考试	提高思想政治理论素质	受老师所讲授内容吸引	是必修课必须上	合计
您对思想政治理论课程是否有兴趣	非常感兴趣	7	38	4	3	52
	感兴趣	17	166	25	29	237
	不太感兴趣	34	53	6	67	160
	反感	2	1	0	7	10
	合计	60	258	35	106	459

（6）不论什么原因去上课，大家对思想政治理论教学的总体印象是满意

的，只有少数上课原因是“单纯为了应付考试”和“是必修课必须上”的学生对思想政治理论教学的总体印象不满意。值得注意的是，对思想政治理论教学的总体印象非常满意的学生中，上课原因是受教师所讲授内容吸引的学生只占7%，提高讲授内容的吸引力是当务之急。

（二）学生对思想政治理论课课堂教学工作的评价

（1）对学生上课的原因与在课堂上的表现之间的关系分析，从表7对学生进行分类，可以看出，为了提高思想政治理论素质和受教师所讲内容吸引而去上课的学生更偏向在课堂上认真做笔记，而单纯应付考试的学生则偏向有选择地听一听，是必修课必须上的学生则会有选择地听一听或者只听不做笔记。说明学生对思想政治理论课的认识及教师讲课的个人水平在学生学习过程中至关重要。值得注意的是，上课心不在焉地玩手机，根本不听的学生，有很大一部分都是单纯为了应付考试，因此，考核标准及考核方式对这部分学生具有重要作用，要提高思想政治理论课教学的实效性，必须在这方面加大力度，找到合适的方式。

表7

学生上课的原因与在课堂上的表现之间的关系									
		您上思想政治理论课的主要原因							
		单纯应付考试		提高思想政治理论素质		受老师所讲授内容吸引		是必修课必须上	
		频率	百分比（%）	频率	百分比（%）	频率	百分比（%）	频率	百分比（%）
您在思想政治理论课课堂的表现	认真听讲做笔记	10	16.7	80	31.0	9	25.7	13	12.3
	只听不做笔记	17	28.3	112	43.4	15	42.9	41	38.7
	有选择地听一听	29	48.3	66	25.6	11	31.4	49	46.2
	心不在焉玩手机，根本不听	4	6.7	0	0	0	0	3	2.8

（2）关于学生逃课的原因分析：逃课的原因中，有53%的学生认为是对思想政治理论课程不感兴趣，所占百分比最高有45%的同学认为逃课的主要原因是学生自身纪律性不强，抗干扰力和自我约束力较弱。由此可见，加强学生的理想信念教育对学生的自律意识的培养具有重要的作用。

表 8

		频率	百分比（%）	个案百分比（%）
有的学生在思想政治理论课堂逃课，您认为最主要的原因是	有其他更重要的活动	53	8.0	11.5
	学生自身纪律性不强	206	31.2	44.9
	老师讲授效果不好	30	4.5	6.5
	与专业学习关系不大	129	19.5	28.1
	对思想政治理论课程内容不感兴趣	243	36.8	52.9

（3）学生认为在思想政治理论课堂逃课的主要原因和学生在课堂的表现之间的关系，通过表 9 可以发现，上课表现不同，逃课的主要原因也会有些差异，认真听讲做笔记和只听不做笔记的同学认为主要原因是学生自身纪律性不强，其次是不感兴趣。而有选择地听一听和心不在焉地玩手机不听课的同学认为主要原因是对课程内容不感兴趣，其次是与主业学习关系不大。值得注意的是，心不在焉地玩手机不听课的学生 100% 都会选择对思想政治理论课程内容不感兴趣是逃课的主要原因。

分析表明，民办高校学生素质参差不齐，思想倾向与兴趣多元化，民办高校更应该花大气力加强思想政治教育，提高教育培养质量。

表 9

学生认为在思想政治理论课堂逃课的主要原因和学生在课堂的表现之间的关系						
			您在思想政治理论课课堂的表现			
			认真听讲做笔记	只听不做笔记	有选择听一听	玩手机根本不听
思想政治理论课堂逃课的主要原因	有其他更重要的活动	频率	17	19	15	2
		百分比（%）	15.2	10.3	9.7	28.6
	学生自身纪律性不强	频率	65	91	48	2
		百分比（%）	58.0	49.2	31.0	28.6
	教师讲授效果不好	频率	4	10	15	1
		百分比（%）	3.6	5.4	9.7	14.3
	与专业学习关系不大	频率	18	56	52	3
		百分比（%）	16.1	30.3	33.5	42.9
	对思想政治理论课程内容不感兴趣	频率	57	87	92	7
		百分比（%）	50.9	47.0	59.4	100.0
	总计	频率	112	185	155	7
		百分比（%）	100.0	100.0	100.0	100.0

（4）通过对思想政治理论课教学中存在的最大问题和学生对思想政治理论教学效果的总体印象之间的关系进行分析，可以看出，无论对思想政治理论教学效果总体印象如何，学生都认为教学中存在的最大问题是学生的兴趣动力问题，看来，如何提高学生对思想政治理论课的兴趣是学校应该重点考虑的问题。

表 10

思想政治理论课教学中存在的最大问题和学生对思想政治理论教学效果的总体印象之间的关系									
		你对思想政治理论教学效果总体印象							
		非常满意		满意		不太满意		不满意	
		频率	百分比（%）	频率	百分比（%）	频率	百分比（%）	频率	百分比（%）
思想政治理论课教学中存在的最大问题	学生兴趣动力问题	51	73.9	219	72.3	34	70.8	6	66.7
	教学内容问题	6	8.7	54	17.8	11	22.9	4	44.4
	社会环境问题	16	23.2	78	25.7	11	22.9	3	33.3
	教学方法问题	9	13.0	33	10.9	13	27.1	2	22.2
	其他	3	4.3	4	1.3	0	0	0	0

（5）通过学生认为“中国梦”对于提高思想政治理论课的教学效果和学生对这门课的感兴趣程度之间的关系进行分析，认为作用非常大的占 30%，作用不大但还是有作用的占将近一半。认为一点作用也没有的仅占 5%，因此，将“中国梦”引进思想政治理论课对原有课程内容进行改造还是得到很多学生的支持和喜欢的。从表 11 可以看出，“中国梦”统领高校思想政治理论课对提高该课及专业课的教学效果的作用和学生对思想政治理论课的感兴趣程度有很大关系。非常感兴趣的同学认为作用非常大，而感兴趣和不太感兴趣的同学则认为作用不大，对思想政治理论课反感的同学则有 50% 认为一点作用也没有。不同兴趣点的学生对“中国梦”进课堂的作用的评价有很大的分歧。

表 11

学生认为中国梦对于提高思想政治理论课的教学效果和学生对这门课的感兴趣程度之间的关系百分比（%）						
		你对思想政治理论课程				
		非常感兴趣	感兴趣	不太感兴趣	反感	总计
你认为改进教学内容，以中国梦统领高校思想政治理论课对提高该课以及专业课程教学效果的作用	非常大	59.6	33.3	15.6	20.0	29.8
	作用不大	30.8	48.5	55.6	10.0	48.1
	只有一点作用	5.8	16.5	20.6	20.0	16.8
	一点作用也没有	3.8	1.7	8.1	50.0	5.2

（6）对学生上课的主要原因和“中国梦”的作用之间的关系进行分析，可以看出，无论上课的原因是什么，同学认为以“中国梦”统领高校思想政治理论课对提高该课以及专业课程教学效果的作用都不大。得出结论，政治态度主流健康，但对深层次问题存在模糊认识。因此，让“中国梦”进入民办高校思想政治课的课堂，让民办高校大学生明确自己的梦想明确中国梦是个人理想圆梦的强大依托和支撑。切实把思想政治教育工作做到大学生心坎上，显得尤为重要和迫切。

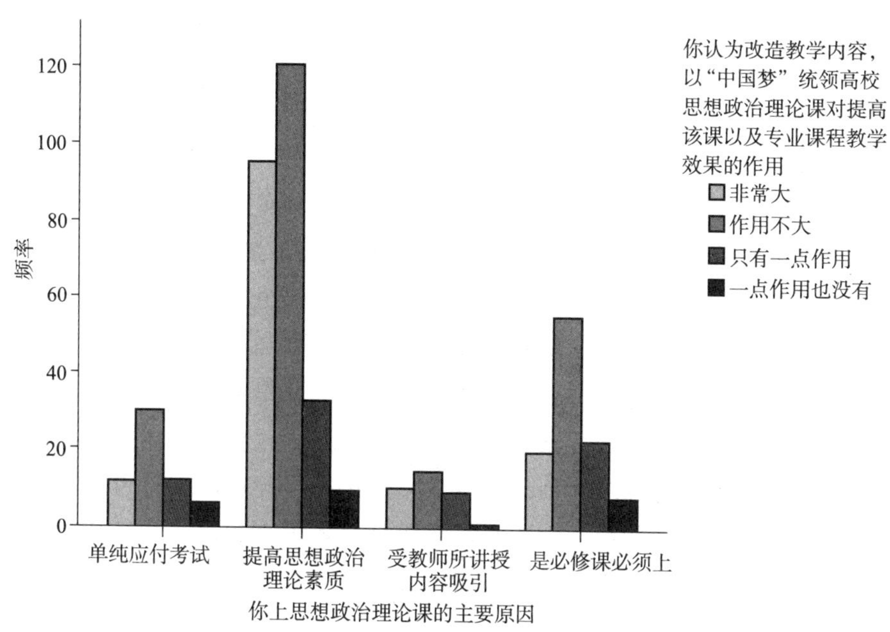

图 1　学生上课的主要原因和“中国梦”的作用之间的关系

（7）对教师授课采用的教学方法问题进行分析，总的来看，采用多媒体、看影像、进行直观教学是最有效的教学方法，教师可以适当地提出教学的重点和难点，并让学生运用所学知识解决问题，不提倡学生以自学、讨论为主。针对分析结果和我校学生的特点，在以后的思想政治理论课的课堂教学实践中，尽量采用多媒体，看影像的直观教学方法，教师在备课过程中应注重相关视频的选择和教学 PPT 的制作。

表 12

学生认为思想理论课程对今后的发展和最有效的教学方法之间的关系百分比（%）					
		你认为思想政治理论课程对你今后的发展			
		非常有帮助	有帮助	帮助不大	没有帮助
你认为最有效的教学方法是	教师讲授为主，能够抓住教学重点、难点	29.3	20.0	13.4	12.5
	教师辅导，让学生运用所学知识解决问题	33.3	21.1	16.4	12.5
	采用多媒体、看影像、进行直观教学	35.4	54.4	55.2	37.5
	学生自学、讨论为主	2.0	4.6	14.9	37.5
	总计	100.0	100.0	100.0	100.0

（8）对思想政治理论课的满意程度和提高教学实效亟待解决的问题之间的关系进行分析可以看出，对思想政治理论课不满意的学生有 55.6% 认为改革考试、评定成绩的方式是提高教学亟待解决的问题。而其他同学则主要认为理论联系实际、解答当前的热点、难点和加强社会实践环节是亟待解决的问题。课程考核方式的改革目前已经取得共识，我校思想政治理论课教师团队也在积极探索，但如何进行改革，改革的具体操作方式在现有条件下仍然具有分歧，要求改革成果的高标准与目前教育投入具有矛盾。另外，解答当前的热点、难点需要教师具备很高的理论功底和对目前国家的政治经济形式和党的最新方针政策及重大会议精神有准确的把握，那么就需要教师不断进修学习，不断更新现有的知识体系和还需要学校给予更多的关注和支持。

表 13

学生对思想政治理论课的满意程度和提高教学实效亟待解决的问题之间的关系											
		你对思想政治理论教学效果总体印象									
		非常满意		满意		不太满意		不满意		总计	
		频率	百分比（%）	频率	百分比（%）	频率	百分比（%）	频率	百分比（%）	频率	百分比（%）
提高思想政治理论课教学亟待解决的问题	理论联系实际，解答当前的热点、难点	43	56.6	157	48.8	31	59.6	0	0	231	50.3
	加强社会实践环节	44	57.9	195	60.6	25	48.1	2	22.2	266	58.0

续表

学生对思想政治理论课的满意程度和提高教学实效亟待解决的问题之间的关系											
提高思想政治理论课教学亟待解决的问题	改革先进的教学手段	12	15.8	59	18.3	13	25.0	3	33.3	87	19.0
	更新教学手段	13	17.1	60	18.6	9	17.3	5	55.6	87	19.0
	总计	76	100.0	322	100.0	52	100.0	9	100.0	459	100.0

（9）通过对学生学习思想政治理论课的主要原因和学生认为可以反映真实水平的考核方式之间的关系进行分析，可以看出，一般情况下采用的“期末考试+平时成绩”的考核方法并没有得到学生的认可，反而无论上课的主要原因是什么，学生都认为社会实践的考核方式可以反映学生的真实水平。反映出我校学生思想活跃，技能训练意识较强，发挥特长意向明显，但综合素质发展不够平衡的特点。可以看出，无论是亟待解决的问题还是考核的方式，学生在思想政治理论课的建议和期望中，均希望理论能与实践相联系，加强社会实践环节，从而提高大家对课程的兴趣，提高教学实效。

表 14

学生对学习思想政治理论课的主要原因和学生认为可以反映真实水平的考核方式之间的关系									
		你上思想政治理论课的主要原因							
		单纯应付考试		提高思想政治理论素质		受教师所讲授内容吸引		是必修课必须上	
		频率	百分比（%）	频率	百分比（%）	频率	百分比（%）	频率	百分比（%）
哪种考核可以反映出学生的真实水平	面试	11	18.3	24	9.3	6	17.1	20	18.9
	社会实践	38	63.3	183	70.9	21	60.0	58	54.7
	期末考试+平时成绩	10	16.7	49	19.0	7	20.0	26	24.5
	期末考试	3	5.0	6	2.3	2	5.7	4	3.8
	总计	60	100.0	258	100.0	35	100.0	106	100.0

（10）对学生进行分类，可以分为四类。

第一类：对思想政治理论课非常感兴趣。这类学生认为思想政治理论课对其以后的发展非常有帮助，本门课程的课堂是提高他们思想政治理论素养的重要平台，会认真听他们讲做笔记，并对思想政治理论课非常满意。

第二类：对思想政治理论课感兴趣。这类同学认为思想政治理论课对其

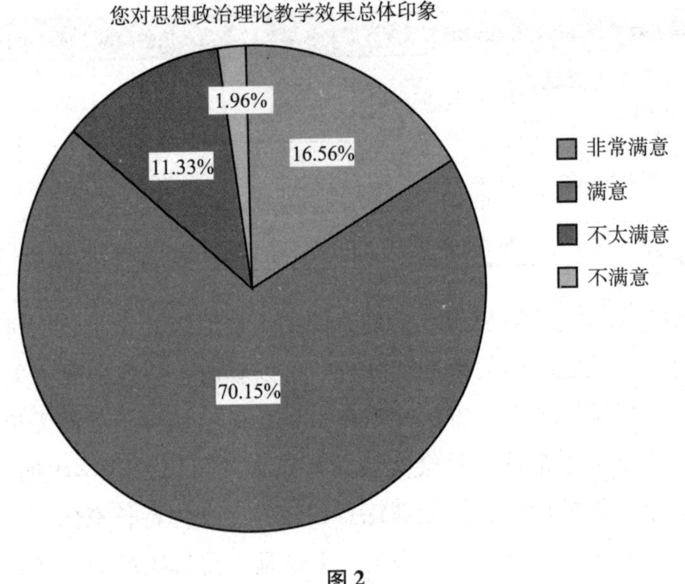

图 2

以后的发展有一定的帮助，上课主要是受老师所讲授内容吸引和提高思想政治理论素质，一般只听不做笔记或有选择地听一听，主要是单纯地应付考试，并对思想政治理论课比较满意。

第三类：对思想政治理论课不太感兴趣。这类同学认为思想政治理论课对其以后的发展帮助不大，由于是必修课，“必须上”是上课的原因，上课主要是有选择地听一听，并对思想政治理论课不太满意。

第四类：对思想政治理论课有反感情绪。认为思想政治理论课对其以后的发展没有帮助，也对思想政治理论课不满意，所以上课会心不在焉地玩手机，根本不听。

八、调查结论

积极、健康向上，是当前我校大学生思想状况的主流；有理想、有追求已成为我校大学生的主体形象。他们积极拥护和支持党和政府的大政方针，对以习近平为总书记的党的第五代领导集体高度信任，对国家政治经济发展前景充满信心，对高举邓小平理论伟大旗帜、坚持中国共产党的领导地位高度认同。他们思想活跃，在变化中思考，在思考中选择；他们渴望成才，准备献身事业，报效祖国，积极思考国家的命运和自己的社会角色，其危机感和使命感明显增强。我校的思想政治理论课教学既有高校思想政治教育普遍存在的共性问题，又有自身的特性问题，我校大学生对思想政治课的重要性的认识参差不齐，政治态度主流健康，但对深层次问题存在模糊认识；人生价值取向积极务实，但现实性、功利性比较突出；自我修养意识较强，但抗干扰力和自我约束力较弱；有较强的求学欲望，但学习毅力和刻苦精神不够持久；思想活跃，技能、特长明显，但综合素质发展思想不够平衡。把“中国梦”融入高校思想政治理论课教学之中，在我校的思想政治教育中就显得更为迫切。更进一步说，让“中国梦”进入民办高校思想政治课的课堂，让民办高校大学生明确自己的梦想，明确自己的梦想的实现和“中国梦”的实现是统一的历史进程，让学生树立崇高的价值理想并为之奋斗，切实把思想政治教育工作做到大学生心坎上。“中国梦”进课堂着重解决以下问题。

（一）大学生尤其是民办高校大学生思想问题

（1）文明素质偏低，理想追求弱化。

（2）自我意识膨胀，信念不够坚定，缺乏自律。

（3）重视知识技能学习，轻视思想道德修养。

（4）学校重视考试与学生轻视混过关的矛盾。

（二）思想政治理论课课教学内容的吸引力问题

（1）教材话语方式仍显刻板，鲜活实例几近空白。

（2）思想政治理论课的理论务虚性和学生学习的功利性之间的矛盾。

（3）教学内容更新慢与社会现实节奏快的矛盾。

（三）教师理论水平提高与教学方式变革的问题

（1）增强民办高校教师的政治鉴别力和政治敏锐性，提高理论水平。

（2）摒弃理论灌输的单一讲授式教学方法，完善案例讨论、项目化实践等互动式教学方法。

基金项目：2013 年北京高等学校青年英才计划——民办大学资助项目“以中‘国梦统’领高校思想政治理论教育提高思想政治理论教学实效性”（课题编号：YETP1898）；2013 年度辽宁省社会科学规划基金项目“西方‘普世价值’批判研究”（课题编号：L13BZX006）。

“小荷”课程建设

——民办院校心理健康教育探索

龚珍奇　杜　莹[①]

内容摘要：因为民办院校教育的特殊性，以及民办院校学生心理健康面临的新问题，有针对性地开展系列心理健康课程显得尤为迫切。“小荷”系列课程因此孕育而生，在近5年教学实践中取得了一些成果。

关键词：民办院校　心理健康教育　课程建设

一、引言

随着招生制度和就业制度的改革，民办院校学生心理健康呈现许多新问题。越来越多的新生向老师表示，担心所读专业找不到工作，并为此焦虑不安。部分学生由于家庭经济困难，一方面对家人感到内疚，另一方面因前途迷茫，对自己自责，加上对考试的恐惧，迫使他们处于一个“心理”绝壁之上。调查发现民办院校学生心理健康方面存在以下问题：网络行为普遍，部分学生网络成瘾；学习被动消极、自卑感强烈，对学院认可度低，恋爱现象较为普遍，且尚未形成正确的恋爱观。基于上述因素，民办院校心理健康教育的工作模式需要转变——心理健康辅导专、兼职老师应主动走出咨询室，深入新生班级、宿舍中去，主动与他们交流沟通，并且有针对性地开设系列心理健康课程。

二、民办院校心理健康教育的特殊性

（一）民办院校学生心理健康水平堪忧

民办高校大学生的心理问题具有一定的特殊性。郭卫珍采用症状自评量表（SCL－90）和自制调查问卷，调查民办高校大学生心理障碍的现状及其

---

① 龚珍奇（1976—），女，硕士，讲师，研究方向：心理咨询。
杜莹（1984—），女，硕士，讲师，研究方向：心理健康教育。

影响因素。结果显示：一是民办高校大学生心理问题达到中等程度以上的各因子项排列依次是：强迫、敌对、人际关系、抑郁、焦虑、恐怖、偏执、精神病性、躯体化；二是女性的心理障碍率高于男性；三是年龄越大，心理障碍率越低，但民办院校学生年龄参差不一，最小的初中没毕业；四是贫困学生的心理障碍率高于非贫困学生的心理障碍率，来自农村的学生心理障碍率高于城市来源的学生；五是民办高校大学生 SCL－90 各因子均分高于公办高校大学生的各因子均分（$P<0.01$）。

（二）职业素养要求与心智发展不匹配

高职院校的教育教学中，不但需要向学生们传授专业知识，更需要提升学生们的综合素质，以及职业素养，这样才能够让学生在市场竞争中拥有相对的优势。学者张幸等对新生进行心理健康测量表（UPI）的调研，发现存在心理问题的学生占学生总数的 28.6%，在这部分学生中，存在中度及中度以上心理问题的占 9.4%，如人际关系敏感复杂，不善于处理各种人际关系、情绪情感控制能力较弱。鉴于此，职业素养的培育任重道远。

（三）对学生职业生涯指导要求更高

民办院校学生相对于一类本科生来说起点低，学习基础相对较差，他们面临着更为突出的就业压力。学生在顶岗实习期间，因付出较多劳动后得到甚微的报酬而引起的愤懑，心理失衡，容易发生心理危机事件。许多高职学生存在心理问题和潜伏心理危机，在一定程度上影响了其实习效果和就业态度。民办院校的学生不能够被社会所认可，加上求职择业消极被动，探索适合民办院校学生生涯规划道路迫在眉睫。

三、明确任务，落实措施

小荷训练课程的开设面向新生入学阶段，该阶段的学生会面临许多相同或相似的发展问题，因为学生注重同伴的肯定，所以课程的目标设定在“适应环境”和建立“伙伴关系”两方面。课程利用团体辅导的形式展开，团体辅导重视成员之间的互动，通过相互接纳、相互理解、相互支持、相互帮助达到课程预期目标。实践证明，小荷训练特别适合我校新生入学教育。小荷训练课程旨在普及心理科学知识，帮助学生掌握一般心理保健方法，增强培养学生良好心理素质的自觉意识。课程以学生为主体，针对学生身心特点、有的放矢。教学中轻松自然地导入，通过生动有趣的案例、引人入胜的团体训练、情境剧表演、角色扮演等练习，反馈互动之中，达到提高学生心理素质的目的。

（一）丰富多样的课程形式

（1）体验式课程，创设温馨的课堂气氛。体验式的游戏为学生创设获取知识的愉悦心境，启动学生认知建构的自主化模式。

（2）案例教学，引发学生的思考。如课程“问候100”中，引用的是吉利毕业生的案例，既具有现实参考的价值，又具备学生模仿的可操作性。

（3）角色扮演与情景模拟相结合，达到自我教育。如课程“超级秘书”通过角色扮演，模拟职场中的人际互动，产生情感体验，达到“换位思考”的沟通技能训练目标。

（二）切入深度辅导

心理咨询与辅导配合心理健康教育，是达到学校心理健康教育整体目标的重要途径。通过课程建档，依托心理咨询，将心理健康筛查出的处于困扰和障碍的学生列为重点关注对象。在课程的实施过程中，进行行为观察。其中发现的严重心理障碍的学生，及时转介到专业卫生机构进行治疗；对于有心理障碍隐患学生，与学院及时沟通，整合家庭、学校、社会环境的各种资源帮助，其走出低迷期。

（三）学生朋辈辅导梯队建设

在教学过程中，传播心理健康理念，培养学生队伍。为学生提供实时的心理服务，提高大学生心理健康教育水平。在小荷课堂中搭建训练平台，以训带练，培养朋辈花粉。从中再次选拔合格学生进入“小荷社团”和“心理协会”，通过后期培训，成长为学生朋辈辅导队伍。

四、课外延伸，丰富校园心理文化氛围

（一）建立心理健康教育新模式

第一、第二课堂相融合，开展学生喜闻乐见的活动形式，增强学生的主体参与意识，实现寓教于乐，完成主体自我教育。2014年“5.20～5.25心理健康周”系列活动，是“小荷课堂”与第二课堂融合的第一次尝试。

（1）色彩跑。色彩跑依据的是“行为治疗理论”，该理论认为身心相连，人的身心相互影响，通过改变一个人的肢体动作，进而对人的心灵产生积极

影响。

(2) 舞动工作坊。通过舞动工作坊，使学生在舞动中放松身体，洗涤心灵，起到了引导情绪“正宣泄”的作用。

(3) 露天电影院。运用近年来发展起来的“意象技术”分析影片，与学生一起分析剧中出现的事物象征、人物象征、剧情发展的象征，针对剧中反映的心理问题及心理成长进行深入的心理学探讨和分析。

(4) 心理情景剧。“心理情景剧”是精神分析学派的一种治疗方法，通过团体成员扮演日常生活情境中的角色，使平时压抑的情绪通过表演得以释放、解脱。并且在人际互动中学习人际交往的技巧，为学生提供了一种发现、思考及解决自身问题的思维方式。每年 5 月 25 日举办班级“心理情景剧大赛”，为学生们提供一个展现自我、升华自我的平台，促进大学生健全人格的塑造。

（二）小荷课堂与思想政治课程融合

心理健康教育是思想政治教育的基础。思想属于心理现象的一个高层次组成部分，思想由感性认识上升到理性认识的过程实际是人的意识运行的过程，即心理的发展过程。思想是心理活动长期积累的结果，思想的发展变化受心理因素的影响和制约。因此，思想政治教育掌握人的心理发展及变化规律，就可以为解决人的思想问题提供科学的方法和思路，从而提高解决实际问题的能力，增强思想政治教育工作的全面性、准确性、深刻性和感染力。心理健康教育在为思想政治教育提供新途径、新方法的同时，作为一种理念在如何认识人、理解人的问题上也会深刻影响思想政治教育及其工作者。而心理健康教育一定程度上也具有思想政治教育的功能，因为许多心理问题的产生是与人们的思维方式、思想观念有着密切联系的。

（三）以人为本，构建和谐校园文化

贯彻落实“以人为本”的教育理念是高职心理健康教育的发展趋势。以人为本即确立学生在学校的主体地位，突出他们在教学和管理等各项活动的主体性。高职院校心理健康教育要真正尊重学生的心理需要，关怀高职生的精神生活。大学生心理健康教育工作者要真正尊重人的心理需要，关怀人的精神价值，即要树立以人为本的服务理念，这已经成为许多心理健康教育工作者的共同信仰和思想先导。赵辉老师主持的“人本主义在民办高等教育、教学管理中的运用”课题，正是基于这个理念。为了帮助大学生塑造健全人格提高适应能力，有效解决成长过程中的困惑，使其了解自己与他人或社会关系，进而认清人生意义，看清自己未来发展方向，博雅学院推出《领导力》《跨文化沟通》《人际沟通》《沟通与礼仪》《户外拓展》等系列公选课，其目的是为大学生普及心理学的基本知识，引导他们初步掌握心理调适能力，帮助学生增强对自身健康人格的锤炼。

校园是一个大家庭，学校的氛围直接影响着每个在校生的心情。学校环境幽雅、舒适，为学生提供了较丰富的活动设施及场地，心理健康与各种人文环境息息相关。学校以感恩教育、爱的教育为主导，大力倡导建立良好的师生关系，关注每一位学生的发展。校园人文环境的建设，为心理健康教育落到实处打下良好的基础。如今北京吉利学院课程改革如火如荼，开启了教育事业新篇章。

参考文献

[1] 李菊顺．高职院校学生心理健康教育的问题与对策——基于海南软件职业技术学院的案例分析［D］．2015：1－44.

[2] 郭卫珍．民办高校大学生心理健康状况及其影响因素研究［D］．南华大学硕士学位论文，2012：1－50.

[3] 张幸，杨艳．高职院校学生心理健康教育问题及对策［J］．中小企业管理与科技（上旬刊）。266.

[4] 唐继红．高职学生顶岗实习期心理危机干预研究［J］．职业技术教育，2011，5（32）：85－88.

[5] 陆静静，黎天业，黄玉赟．国外高职院校心理健康教育研究综述［J］．科教导刊，2014（4上）：225－227.

[6] 丁燕．论高校思想政治教育与心理健康教育的契合［J］．山东省青年管理干部学院学报，2007，3（127）：65－69.

本文系北京吉利学院校课题“吉利学院朋辈辅导建设探索”部分研究成果。

高职《网络公关策划》教材编写的探索与思考

杨　漾[①]

内容摘要：本文主要就《网络公关策划》这门课的教材设计思路做了一个简要的梳理。这门课当前的教学及思考主要面向高职类学生，在针对当前教材现状问题进行分析的前提下，提出了教学实践之后总结的若干思考。

关键词：高职　网络公关　策划

网络公关主要是指公关主体借助于网络等新媒体平台实现企业传播目标的一种新的公关方式。公关主体及公关工作内容方式仍与传统公共关系类似，只是在应用平台和应用思路方面需要更多考虑互联网用户的思维特点及行为习惯。它为各公关主体掌握市场需求、开拓全球市场、参与国际竞争、减少中间环节、降低营销成本等提供了现代化的信息手段。

随着企业、乃至政府的网络化、信息化进程的加速，网络公关人才的需求也日趋旺盛。因此，《网络公关策划》课程在新闻和广告等公关传播类专业中的地位也逐渐凸显出来，高职类学生在此领域内的从业数量显著增加。然而，目前市场上为数众多的此类课程教材普遍具有模式化的问题。作为新兴领域的课程教学，没有突出行业魅力，不能彰显对应职位的具体工作优势，显然也缺乏对学生思路和技能的培养，大大影响教学效果。

笔者在七年本门课程的教学中，对如何与时俱进地讲好《网络公关策划》这门课做了长足的思考与探索，并使得很多学生产生兴趣直至工作在这个岗位。在此，对过去在教材方面的思考做一个总结。

---

① 杨漾（1978—），女，硕士，讲师，研究方向：网络与新媒体。

一、高职《网络公关策划》教材编写的现状和问题

（一）高职《网络公关策划》教材缺乏高职教育特色

高职教育的特色是理论联系实际，以实操为主，强调学生掌握的应用能力。现有的《网络公关策划》教材普遍采用的是以教师为主导，理论知识传授为主要方式的教学模式。这种教材模式强调了理论的系统性，却不能使学生掌握一定的操作技能，从而导致学校的人才供给和企业的人才需求脱节，与高职高专教育的要求背道而驰。

（二）高职《网络公关策划》教材缺乏专业特色

高职教育的本质是要培养具有职业能力及职业素养的学生。以本门课程为例，不仅要教会学生掌握网络公关策划的思路和技巧，同时更重要的是要培养学生的职业素养。这就要从职业发展、相关岗位的要求开始，引导学生在这个行业自主进行探索，让他们自己发现兴趣所在。这也就是这个课程区别于其他课程和能够带给学生的意义，教材正是学生发现并探索的入口。

（三）高职《网络公关策划》教材缺乏先进性

当前，基本上各大出版社都有此类教材的出版，我手头有近十本不同的教材，内容框架基本雷同，尽管互联网发展早已日新月异、翻天覆地。以“邮件营销”为例，十年前的邮件营销思路及操作方式与当前已经截然不同，因为用户的邮件使用习惯已经发生了颠覆性的改变，但多数教材依然按照传统的模式撰写这个章节。

（四）高职《网络公关策划》教材和“双证制”要求脱节

“双证制”是高职教育的特色之一，它的实施要求学生不仅要获得学历证书，而且要取得相应的专业技术技能等级证书，也就是相应专业的职业资格证书。职业资格证书是国家职业标准在社会劳动者身上的体现和定位。

目前有许多社会培训机构以取证培训作为噱头大肆宣传，而其实际的教学内容与高职教育极其相似，区别只是一纸证书。通常的培训机构均以“网络营销师”证作为结业的证明，用人单位往往也是以此为对应聘者的要求凭证。而在如今的本类别高职教材里几乎没有体现出职业资格证书的要求或鉴定的标准，高职学生为了获得“双证”，不得不同时购买和学习两本教材，不仅造成了经济上的浪费，也耗费了时间和精力。

目前，劳动部门与人事部门合并，在今后几年里，原先由劳动部门认定的职业资格又存在重新认定的问题，应该以此为契机，深入研究职业资格标准，将高职教学内容与职业资格培训内容有机整合，开发出有特色、高质量的一体化教材。

二、高职《网络公关策划》教材编写的探索与思考

（一）根据就业岗位用人需求进行教材定位

高等职业教育培养的是面向行业工作第一线的高等职业型人才，所以高职教材的定位应该是紧紧围绕行业当前对这一工作岗位的要求来设计，培养目标应该能够针对学生的行业知识、能力、素养结构。

综合多家公司的网络公关岗位招聘要求，笔者总结了教材应体现的几点岗位职责，同时也是培养学生应该具备的若干素质：

（1）理解企业与媒体的关系，包括传统媒体及新媒体。

（2）理解品牌的内涵及传播的意义。

（3）掌握市场营销的基本理论及工作方法。

（4）强调沟通能力及团队意识。

（5）熟练掌握各种互联网媒体的应用。

（6）对互联网产品具有敏锐的直觉力。

（二）项目化教学思路体现在教材的编撰中

项目化教学在本校已经推广多年并取得了显著的成效。高职学生的优势在于有着较强的实践能力，应该引导学生在实践中获取必要的理论知识。

同样，高职教材应该引入“项目化”的编写模式。以工作任务为中心组织教材内容，即教材内容按照“总体任务—分解任务—相关实践知识—相关理论知识——般抽象理论—拓展知识—练习与实训”的模式展开。以任务、目标、问题为驱动，在讲解例题和案例的基础上讲解知识点。这样的编写模式能够体现“够用为度、注重实践”的原则，能够化整为零，分散难点，降低理论学习的难度，更易于高职学生消化理解。

以“项目化”教学思路的为依托的教材编撰模式打破了理论知识的系统性，但是没有完整的理论体系不代表高职学生不能掌握技能。学生往往在学期结束之后通过课外大作业的梳理，逐渐领悟本门课程的宗旨及意义所在。

（三）重视实践环节，实训教学应占总学时的50%

《网络公关策划》是一门实践性很强的学科，因此，教学设计上，实践教学的课时要力争达到50%甚至更多。同时为保证学习的效果，教材编撰上应做到提供相关知识，应将其做成网络资源向学生开放，供学生延伸阅读和学习。

（四）深化校企合作，发掘订单式教材

校企合作是提升学生学习兴趣的重要方式，也是提升学生工作能力的主要手段。笔者在校内屡次发现有用人单位在校内张贴有关网络公关专员岗位的招聘信息，可见企业用人之迫切。但当前教材既定的授课进程使得课程无法与企业实施同步进行。

因此，订单式教材是目前可发掘的思路之一。为企业“量身定做”的教材是与“订单式”教育相配套的教材，内容应该根据用人单位对岗位人才的需求状况来组织，使学生所学知识和技能在上岗后可以与工作岗位“零距离”接触。

教材编撰之前必须充分调研企业的岗位要求，了解企业工作流程，再结合教材的常用体系，以确定教材大纲。教材大纲要向相关企业征求意见，双方认可后才能组织编写。订单式教材相当于企业的内部培训资料，不仅可为学生上课教学所用，还可以作为企业为网络公关专员岗位的培训资料。

（五）体现创业实践的指导内容

《网络公关策划》的实用性体现在它不仅可以为企业需求的岗位提供人才，同时，对于有创业梦想的学生也提供了自我运营的思路。

同时，鼓励学生在本门课程学习期间积极创业还能够促进教学的一体化实践进程。

以学生在淘宝网创业实践、开设网店为例，这种综合型的运作模式有助于培养学生的市场意识、团队精神、管理能力，有助于实现与社会的零距离接触（进货、发货、砍价、结算、客户服务），有助于增强学生的生存能力和创业能力。也让学生迫切地需要老师教给他们网络公关策划的方法，以帮助他在早期推广自己的店铺。学生的需求是他们学习最大的动力，如果这种动力来自其自身利益，教学效果更不可小觑。

因此，教材的编撰中应该对学生的创业实践提供具体的指导，从起步到传播，甚至可以考虑多种创业，具体讲解依托于互联网传播应该具备的思路及策略。

笔者曾于2010年主编《商业博客营销与写作》一书，由武汉大学出版社出版。在这本教材的编撰及后期的教学应用中，加强教学中教师的教学体验和学生的应用实践是笔者思考最多的问题，比如项目化运作中的细节化问题应该在教材中一一体现，这是教学七年多来经验的总结，应该与其他教师分享。

总之，自《网络公关策划》开课七年来，这个行业日新月异地展现出在各个领域里的重要地位，不仅是商业公关，现在包括政务领域都提到了非同寻常的高度。因此，教学及教材的改革也迫在眉睫。只有不断地进行教学实践、及时系统地教学反思、不断地深化课程改革，才能克服不足、达到高等职业教育的培养目标。

参考文献

[1] 王冰．高等职业教育教材建设问题的研究［J］．岳阳职业技术学院学报，2007（6）．

[2] 李发林，张存芬，王璟．关于《网络营销》课程改革的几点思考［J］．商场现代化，2010（1）．

[3] 万久玲．高职高专网络营销教学模式的几点思考［EB/OL］．http：//www.docin.com/p-631799346.html，2011-01-03．

[4] 辛曼玉．关于高职院校开设网络营销专业的思考［J］．新课程研究·职业教育（中旬刊），2011（11）．

本文系国家社科基金青年项目“基于情景分析的网络舆情事件应急管理动态调控机制研究”（课题编号：13HZKT199）部分研究成果。

浅析 GSF－1 大学生方程式赛车的设计

刘若宸　赵　静[①]

内容摘要： 本文以（英语全称 Formula Student China）（中国大学生方程式大赛）赛事作为背景，依据汽车理论、汽车设计知识与比赛相关规则等，结合北京吉利学院 GSF－1 赛车的设计思路和车手需求，简要介绍了选取整车参数的过程和赛车主要总成的选型以及设计要点，为相关爱好者的设计与制作提供经验。

关键词： 方程式赛车　动力总成　人机优化

一、中国大学生方程式赛事简介

中国大学生方程式汽车大赛（简称中国 FSC）是一项由高等院校汽车工程或汽车相关专业在校学生组队参加的汽车设计与制造比赛。各参赛车队按照赛事规则和赛车制造标准，在一年的时间内自行设计和制造出一辆在加速、制动、操控性等方面具有优异表现的小型单人座休闲赛车，能够成功完成全部或部分赛事环节的比赛，被誉为“学术界的 F1”。

立足于中国汽车工程教育和汽车产业的现实基础，吸收借鉴其他国家 FSC 赛事的成功经验，打造一个新型的培养中国未来汽车产业领导者和工程师的交流盛会，并成为与国际青年汽车工程师交流的平台。中国 FSC 致力于为国内优秀汽车人才的培养和选拔搭建公共平台，通过全方位考核，提高学生们的设计、制造、成本控制、商业营销、沟通与协调等五方面的综合能力，全面提升汽车专业学生的综合素质，为中国汽车产业的发展进行长期的人才积蓄，促进中国汽车工业从“制造大国”向“产业强国”的战略方向迈进。

---

① 刘若宸（1988—），学士，在职硕士研究生，讲师，研究方向：机械电子工程。
赵静（1980—），女，硕士，职博士研究生，副教授，研究方向：机械设计与制造。

二、设计 GSF－1 赛车的设计目标

GSF－1 赛车一切设计皆以可靠为出发点，以保证能完整参赛为主要目标。严格遵守大赛规则，规则中要求的所有技术要点在设计初期就严格执行。在确定设计初期思路时制定了如下几个主要目标。

（一）保证赛车运转的稳定性

我们在赛车设计初期对车身管件的选用主要以可靠为主，选用了 4130 无缝钢管。并在设计完成后对所设计的车架进行了全面的（Computer Aided Engineening）分析，以确保其可靠性。upright 主要由 7075 铝进行加工，并且加入表面阳极硬化处理，以保证其在轻量化的同时能够达到要求的强度。并且在设计完成后同样对其进行应力分析，确保可靠。由于大赛规定发动机进气管处需加装 20 毫米限流阀，为了使发动机能在任何工况下稳定运行，所以发动机选用 CBR600 四缸四冲程水冷发动机，并加装动力司令（power commander）半替代式行车电脑，加以优化调试，使发动机在各工况下达到良好的动力输出。

（二）严谨的制造工艺确保制造环节与设计之初的最小误差

我们在整车的制造过程中严格控制每一个部件的加工工艺，使最终的误差最小化。在车架的制作过程中，我们使用三维设计软件 solidworks 将车架中的每一根钢管按 1∶1 的比例展开，并打印，最后包在需要加工的管件外表，保证每一个焊接点和接口处与图纸误差控制在 0.5 毫米。车架的焊接采用整车制造的焊接平台与专业夹具，以保证车架整体误差在毫米级的范围内。所有铝料数控铣的加工部件，均由数控专业的同学严格按照加工工艺标准加工，保证悬架、转向、制动等部件的误差最小。

（三）控制成本

由于学院特色也是我们的优势，在整车的制造过程中，大部分零部件的加工均可由队员在学校里自己完成。所以大大降低了赛车的制造成本，并且提高了加工效率。在采购方面，尽量节省开支，保证最适合赛车的，能够稳定发挥的，不过度追求最好的。

在赛事前期的准备工作中，主要进行对发动机、车架管材、悬架管材、传动、制动、操稳、电气等各系统部件的品牌及规格型号进行筛选由于 2014 赛季是首次参赛，前期准备工作剩余周期较短，详细研究各设备规格型号间

差异，进行择优选取的时间有限。所以我们选取拜访北京地区各FSAE参赛高校，同各高校车队交流学习的形式，参考各高校所提出的建议及分享的宝贵经验进行总结分析，在最短的时间内选定了参赛车辆所需要的各个系统部件的品牌规格型号。

三、GSF-1赛车的设计思路

（一）车架与车身

车架的设计在遵守大赛规则的前提下，主要从稳定可靠，结构紧凑轻量的角度出发。车架采用4130合金钢无缝钢管材料，采用氩弧焊的方式进行焊接。采用简单的三角结构布置管件，以达到结构简单可靠的目的。车身采用全碳纤维的设计，并且加入底部扩散器用来增大赛车在高速行驶状态下的下压力。车架及车身分别进行了车架刚度CAE分析，车架强度CAE分析，赛车外流场CAE分析，整车碰撞CAE分析。

（二）悬架与转向

悬架主要考虑的设计目的是使轮胎更好地贴合地面，使赛车在行驶过程中跟易于操控，从确定轮胎的数据开始，确定轮胎的最佳定位角度，以这些参数为标准去设计悬架的杆系和零部件。出于成本考虑选用了13寸的轮毂，所以只能通过更优化的悬架设计来达到降低质心的目的。GSF-1的悬架设计参考了CFGP赛车的设计，采用了前后双横臂式的形式，前悬采用推杆的换向结构，后悬采用拉杆的换向结构。最终我们将质心高度设定在了280毫米。

为了减轻非簧载质量，对立柱和轮毂以极限工况分析，实现轻量化。立柱选用7075铝，通过数控铣、表面阳极硬化处理的方式进行加工，并在设计时就开始进行CAE分析。

转向机构选用最简洁直接的齿轮齿条转向机构，齿轮齿条采用45号钢制作，转向机壳体使用7075铝制作，轻量化壳体，使用最简洁的设计实现最直接的操纵效果。

为了保证悬架、转向等运动件之间不存在干涉，我们在整车总装后对悬架、转向等运动部件进行了（Digital Mock-Up）分析，确保各运动部件之间不存在干涉，且保证可靠运行。

（三）制动

制动的设计根据整车质量和最大体重车手的总质量为依据，选取最合适主缸和轮缸的缸径比，为保证赛车在高速行驶时四轮抱死时不出现甩尾等危险动作，采用了前大后小（前制动轮缸径 1.75 英寸后制动轮缸径 1.38 英寸）和可调节前后制动比例的设计。为保证制动的可靠性，刹车盘在经过分析后采用铸铁工艺定制了通风孔式刹车盘，在散热和轻量化设计的同时又保证了刹车盘的强度。刹车踏板采用可前后调节的设计并对刹车踏板面进行了左右的限位，能保证不同身高的车手都能有最佳的操作空间和安全性。

（四）动力总成

我们确定使用本田 CBR600 四缸四冲程水冷发动机，该发动机排量满足大赛规定的“排量低于 610CC 以下”规则，并且四缸机具有工况稳定故障率低等优势特点，满足我们第一年参赛保证稳定发挥的要求。该款发动机在 FSC 大赛中使用率最高，可借鉴的改装优化方案较广，成熟经验的学习与借鉴更有利于我们对赛事经验的积累、学习。从技术参数角度考虑该款发动机的功率，扭矩等参数也满足我们初期对整车的设计思路。

GSF－1 使用 CBR600RR 发动机。在加装限流阀之前，我们对原车发动机进行测功，记录原始数据，以便于后期改装进排气系统，加装 power commander 外挂电脑后，进行调校时有据可依。

利用三维扫描技术对发动机进气及油底壳安装孔位进行扫描，以便于后期制作的进气系统和改造后的油底壳可以精准安装。然后对进气系统中喷油器的安装角度进行三维扫描，并优化设计，使发动机在改造后能在各工况下达到最佳工作状态。

对进气系统进行重新设计时使用 Ansys 软件进行了流场分析，实现利用进气谐振达到脉动效应，同时保证稳压腔在不影响进气效率的情况下实现各缸之间进气均匀的作用。排气系统对原有管路进行优化改造。通过 Ansys 对排气进行流体分析，使背压达到最优状态，并使排气噪声在大赛规则的范围内。

进气系统中，进气管路运用碳纤维复合材料制作，已达到整体轻量化，内壁光滑减小进气阻力。进气系统涉及喷油器底座的部分使用 3D 打印技术，实现喷油器孔位与设计尺寸精准无误，以保证后期发动机运转时喷油角度的精确控制，同时降低底座整体质量。

油底壳采用 7075 铝料，根据设计图纸进行数控铣加工，在减轻质量的同时，降低了发动机整体重心，对降低整车质心和提升操控提供了有力支持。

在变速箱操纵方面，加入气动换挡机构的同时也设计了手动拉线式换挡机构。以确保换挡机构的可靠性。气动换挡机构由51单片机控制三位五通中泄式电磁阀作动迷你气缸实现换挡动作。并且利用电磁气缸和气缸位置电磁开关配合工作，试制了气动一键归空挡的功能。

（五）人机优化

从车手视角出发，方向盘、操纵踏板进行了人机设计及优化。方向盘采用碳纤维塑造成型，高度集成化操作按钮包含加减挡按钮、气动离合器按钮、行车电脑菜单设置按钮，以及集成式仪表盘。操纵踏板设计为前后可调节式，能适应不同身高的车手。座椅以标准男性后背为模具，翻模制作出能紧密贴合的座椅，并且座椅可上下调节，极大程度上适应了不同身高体形的车手。

四、设计成果及总结

（一）比赛成绩

此次比赛获得了全国52名的成绩，获得了很多高校和赛方的认可，如表1所示。

表1　比赛成绩表

	名次	竞赛分数		罚分	最终成绩
营销报告	47	33. 52		0	33. 52
赛车设计	53	74. 50		0	74. 50
成本报告	51	35. 80		0	35. 80
	名次	撞锥总数	脱离赛道次数	最快用时(含罚时)	公布分数
直线加速	37	0		5. 280	34. 78
8字绕环	48	1		6. 63	2. 50
高速避障	51	3	0	88. 78	7. 50
耐久测试	45	2	0	423. 24	3. 00
	名次	燃油消耗量（升）	计算成绩		
效率测试	26	0. 000	0. 00		
	名次	罚分	仲裁罚分	总成绩	
总成绩	52	0	0	191. 61	

（二）设计成果

通过近一年的赛车设计制造工作，包括在网上同其他学校FSAE车队的交流学习，以及对赛车动力学和赛车设计的资料的整理总结，来研究设计优秀赛车的基本设计思路，分析赛车为取得优异比赛成绩所需要的主要性能。并在阐明赛车的基本设计思路和所需主要性能的基础上，分析赛车的各种性能特点以及为获得这些性能特点所采用的各种有别于普通车辆的结构和零部件。然后通过对底盘总布置的设计计算，合理选用各总成，合理装配布置，保证底盘各总成运动协调，操纵轻便，使底盘各总成更加高效合理可靠地工作，同时对设计出的赛车进行了动力性计算来评价这款车的性能如何。同时设计出多款车架并进行强度和刚度分析，从而选出性能优异的车架应用于 FSAE 赛车中。

（三）比赛成果

中国 FSC 为国内优秀汽车人才的培养和选拔搭建公共平台，通过该比赛全方位考核，提高了我院学生汽车设计、制造、成本控制、商业营销、沟通与协调等五方面的综合能力，全面提升汽车专业学生的综合素质，为中国汽车产业的发展进行长期的人才储备。

通过中国大学生方程式汽车大赛项目，进行校企联合人才的培养，共同培养汽车企业急需的高素质、高技能型汽车设计、制造和营销类人才。针对汽车产业的发展，依托大学生方程式汽车大赛，汽车工程学院根据汽车类企业任职岗位要求设置并整合课程，整体考虑专业基础课、专业核心课、专业选修课的优化匹配，突破现有课程设置方法和教学组织形式，使课程设置较全面覆盖企业对人才的职业技能要求，为培养优秀的汽车设计和制造人才奠定了基础。

参考文献

［1］王望予．汽车设计［M］．北京：机械工业出版社，2004.

［2］高翔等．某微型客车车架模态及刚度的有限元分析［J］．机械工业与自动化，2013（6）.

［3］刘灵芝等．基于 ANSYS 的车架强度和刚度分析［J］．宿州学院学报，2008.

［4］徐灏．机械设计手册［M］．北京：机械工业出版社，1992.

［5］汽车工程协会，编．中国大学生方程式汽车大赛规则［Z］．2013.

第七章
科　研

互联网金融背景下商业银行业务发展研究

王晓光①

内容摘要： 互联网金融作为中国金融业蓬勃发展的一项创新事物，已经影响到商业银行甚至证券公司等传统的金融机构，而且给人们的日常生活带来了新的影响和变化，不由得使人们对中国未来的金融格局产生了种种猜想。本文从互联网金融的定义、互联网金融对商业银行的影响、商业银行应该采取的对策及未来中国金融业的宏观结构做了一定分析，提出了对应的解决思路。

关键词： 商业银行　互联网金融　金融创新

到目前为止，我国央行已经为 197 家第三方支付公司发放了支付业务许可证。腾讯、阿里巴巴、盛大、百度和 eBay 等互联网公司均获得了第三方支付业务许可。互联网金融的快速发展已经影响到商业银行的负债业务，并有使其支付中介功能边缘化的趋势，对商业银行中间业务构成重大威胁。例如，互联网金融公司提供的支付宝、财付通、易宝支付等产品已经能够为客户提供货款收付、转账汇款、电话费与保险代缴等结算和支付服务，与目前商业银行开展的业务有明显的重叠，存在一定的替代效应。商业银行如何应对互联网金融的挑战无疑是一个重大课题。

一、互联网金融的定义

依靠互联网技术或平台来实现资金融通的模式被称为互联网金融，包括两种形式，一种是商业银行把一部分传统的金融业务借助互联网的形式来运营；另一种是互联网企业做支付和贷款等金融业务。本文主要讨论互联网金融第二种形式的发生和发展及对其商业银行的影响。

最初互联网金融企业为了开展电子商务业务，需要为商户和消费者提供

---

① 王晓光（1962—），硕士，教授，研究方向：商业银行业务、金融电子化、互联网金融。

安全可靠的支付通道，建立电子商务平台与商业银行之间的支付接口成为必然的选择。随着电子商务的快速发展，互联网金融企业积累了大量用户数据，通过大数据和云计算技术，就可以研究消费者在金融服务方面的需求。进而从简单地提供支付结算服务，很自然地过渡到转账汇款、小额信贷、现金管理、资产管理等金融服务。

二、互联网金融对商业银行的影响

除了腾讯推出的微信联合人保财险的手机端支付，淘宝联合天弘基金开发的余额宝，还出现了易付宝、百付宝和快钱等多家第三方支付平台。互联网金融发展速度惊人，阿里巴巴和天弘基金联合推出余额宝可以被看作是 2013 年互联网金融的重大突破，因其超高的活期利率收益以及灵活的资金转入转出，上线短短 5 个月资金规模即超过了 1000 亿元。

（一）相对传统金融机构互联网金融的优势

（1）互联网金融具有低成本、方便和快捷优势。面向大众化的市场，互联网金融企业为中小企业和普通消费者提供了便利的金融交易途径。在方便、快捷、参与和体验等基本诉求方面，得到了市场的认可。而且金融业务主要在互联网上开展业务，可以节省庞大的营业网点费用。互联网金融企业依托网络技术、信息数据处理技术，保证了响应时间和信用期限匹配，简化了风险管理业务流程。

（2）互联网金融具有信息优势。互联网金融企业借助积累的海量客户数据，能比较准确地发现和挖掘客户。依靠大数据的处理技术和数据模型，快速准确地掌握客户的行为特征，包括客户的消费行为和信用等级，这为互联网金融企业开展小微金融业务提供了便利。

（二）互联网金融的发展对商业银行的影响

互联网金融的发展对商业银行的影响主要集中表现在支付结算、小额信贷和客户基础方面。

（1）互联网金融动摇了商业银行对支付结算的垄断地位。几年来以支付宝为代表的第三方支付和移动支付从无到有地迅速发展，已经从网上的电子商务交易，延伸到传统的水电气缴费和信用卡还款等方面。中国互联网支付业务交易规模由 2010 年的 10858 亿元升至 2012 年的 38412 亿元，其中，第三方支付所占据的份额达到近八成。

（2）互联网金融改变了商业银行作为唯一的信贷供给机构的格局。阿里贷款已经累计为超过十万家小微企业发放贷款。另外，人人贷、拍拍贷等贷款平台不断涌现，已经形成互联网直接融资模式。

阿里金融以商户在网上的交易额数据作为信用评估依据，建立了信用形式的小额贷款评估模型，从申请到发放贷款只需要几秒钟时间。与商业银行烦琐的信贷评估过程形成鲜明的对比，已经开始影响商业银行在资金融通过程中的垄断地位。这种公开、透明、直接的理念导致资金在各个主体之间自由流动，从而弱化了金融中介的作用。互联网金融是一种努力尝试摆脱金融中介的创新行为。

2005 年 3 月成立了世界上第一家人人贷公司 Zopa。其最具创新的理念就是在资金融通过程中充当了信息中介的角色。资金需求方在信息平台上列出贷款金额、利率和时间要求，资金提供方在信息平台上自由寻找适合自己的贷款品种，最终按双方的共同意愿达成交易。风险偏好型的贷款方会追求较高的利率水平，并承担较高的风险；而风险厌恶型的贷款人，则会选择较低利率，以保证资金的安全。

（3）提供低交易成本的金融服务。借助搜索引擎、社交网络和云计算，降低了交易成本。理想情况下，这个市场将充分有效，接近一般均衡原理描述的状态。这种资金供需双方直接交易，只需非常低的交易成本，完全超越目前传统金融体系中直接融资或间接融资的资源配置效率。

（4）影响商业银行在微金融领域的拓展。微金融是近几年新兴的一种金融模式，它是对规模较小，时间较短的金融行为的统称。一般情况下，指的是为中小微企业、创业者、个体工商户、小额投资者等提供的金融服务。微金融服务的特点包括：一是以中小微型企业以及贫困或中低收入群体为特定目标客户，二是由于客户有特殊性，它会有适合这样一些特定目标阶层客户的金融产品和服务。

三、商业银行应对互联网金融挑战的策略

互联网金融出现与发展的初衷绝对不是取代传统金融体系，相反，作为一种市场补充，互联网金融比较适合小额、大数量、标准化的金融产品。互联网金融目前并不是在多大程度上侵蚀商业银行的市场，而是在一定程度上填补了市场空白。当然在某些市场领域，互联网金融将大小金融机构及互联网金融企业拉回到同一起跑线上。互联网金融在给商业银行业带来挑战的同

时，也提供了让商业银行业加快变革和发展的动力与压力。

（一）传统金融机构的优势

（1）传统商业银行机构的货币创造功能和在支付结算体系中的地位，是互联网金融在短期内难以替代的。这些优势是金融业长期演变发展的结果，同时也得到了现行法律制度的认可并受其监管。传统商业银行的核心优势，如国家信用、监管保护等，也是互联网金融企业短时间内很难拥有的。

（2）传统商业银行模式在互联网时代仍有优势。商业银行资金实力雄厚、认知和诚信度高，基础设施完善，物理网点分布广泛，实体银行可建立看得见摸得着的信任。此外，同互联网金融迅速发展相比，对于互联网金融的监管却总是显得有些缺失，甚至许多互联网金融业务仍处于灰色地带。

（3）商业银行在金融业务方面有着成熟的管理模式、丰富的行业经营经验和巨大的业务规模。在大额贷款、组合式金融服务方面，商业银行拥有互联网金融模式无法具有的优势。数额巨大、结构复杂的金融交易，需要高深的金融专业知识，以及法律、会计、信用评估、行业专家等专业人员的共同支持。另外，在最基本的贷款之外，商业银行还能提供银行承兑汇票、信用证等多种融资工具的组合，设计包括信贷、投行、租赁、信托等在内的立体融资解决方案，从而降低融资成本。

（4）商业银行的核心金融业务数据处理平台的安全性和数据处理能力超过互联网金融的经营企业，拥有支付结算、票据清算、信贷等领域完善的 IT 基础构架。这是商业银行多年技术研发、设备投资和创新的结果，具体包括网络隔离、事务处理技术和系统整合技术，保证商业银行在短时间内能承受大量交易处理的压力，并且防范黑客入侵。“双十一”网络购物节当天，由于百万订单同时涌入，支付宝一度出现无法正常支付的情况。这说明支付宝网络技术有限公司在技术研发和设备投入方面还存在不足。对于资本短缺、盈利渐薄的部分第三方支付企业来说，是否能有提升安全和数据处理能力，将是一个巨大考验。

（5）互联网金融模式中的某些创新做法还需要进一步在实践中被检验。例如，作为互联网金融中重要信贷模式的 P2P 平台，近期出现倒闭潮，行业待收资金高达数十亿元。一些互联网理财产品“无风险、高收益”的不规范宣传不仅有违规之嫌，也容易对投资者形成误导。如 P2P 模式平衡系数是对外放贷金额必须大于或等于转让债权，如果实际放贷金额小于转让债权，等于转让不存在的债权，涉嫌非法集资。实际上，2013 年 P2P 行业忧甚于喜。网贷之家数据显示，2013 年全国主要 90 家 P2P 平台总成交量 490 亿元，平均综合利率为 23.24%；另外，有 74 家平台出现提现困难，其中大部分集中在第四季度。2013 年 12 月 3 日，中国支付清算协会互联网金融专业委员会发布《互联网金融自律公约》。互联网金融监管真空期即将结束。

（二）商业银行应对互联网金融挑战的策略

（1）商业银行需要从战略思维和管理理念层面出发认识互联网金融带来的影响。研究银行网点建设和业务操作方式等所有层次和整个系统，从业务流程和组织结构的顶层再设计开始，以“小”“快”“简”“整”的原则进行再造和重构。商业银行必须将互联网金融业务当作核心业务来发展，努力提高用户数量。做到以客户为中心，以市场为导向。提高客户参与和体验程度，研究并精简业务流程，提高金融服务业务执行效率。把快捷、便利的金融服务理念作为重要的原则贯彻在企业经营的全过程中。一要打破商业银行传统部门局限，充分整合客户存款、贷款、汇款、支付、银行卡、理财等各类信息，通过数据分析客户的消费习惯和投资偏好，为客户量身定做优质金融产品与服务。二要简化业务操作流程，减少银行卡申请、贷款申请等审批环节，为客户提供快速便捷的服务。

（2）借助互联网技术建立新型的支付平台。具体实施时，可以独立运作，或与其他金融机构、通信公司、第三方支付公司、大型商业企业等进行广泛合作。在新建立的互联网支付平台上，向用户提供一站式的金融服务，由此不断增加网上交易数据的积累。发展理财等金融产品网上销售渠道，不断增加小额信贷服务。逐渐提高小微企业和消费者个人通过信用积累获得资金支持的服务水平。通过数据挖掘技术研究企业和消费者个人的交易数据及信用记录，实现对资金流、信息流、物流的综合管理，提高风险控制水平，保证互联网形式下金融业务的提升。

近期，工商银行“融 e 购”商城正式营业。农行也发布了“e 时代赢精彩”等互联网金融产品。工行“融 e 购”涉及十六大类商品分类，涵盖数码家电、汽车、金融产品、服装鞋帽、食品饮料、珠宝礼品、交通旅游等行业，有数百家商铺、近万件商品。市场售价 4098 元的三星 Galaxy Note 3 N9008 3G 手机在“融 e 购”商城秒杀价为 3888 元。2012 年年末，建行善融商务正式上线。相关数据显示，截至 2013 年 9 月 30 日，已有 7323 户小企业贷款客户入驻善融商务企业商城，获得建行贷款资金644.08亿元。中国银行正在筹备“中银易商”，这将成为中国银行网络银行的重要品牌。

（3）充分研究和利用互联网技术，以物理网点为支撑，建立以客户自助服务为主要特征的商业银行。只要求客户来一次网点，主要通过网上银行和手机银行来办理金融业务。将自助设备与客户服务中心相结合，使客户在自助办理业务的基础上，借助远程视频的协助，实现“无人银行，有人服务”。

（4）发挥商业银行能够提供全面融资服务的优势，在兼顾传统电子商务服务快速消费行业的同时做深做强房地产和汽车行业。

（5）有效防范风险，维持金融稳定。互联网金融在身份认定上通常采取非实名制，使得当前的网络信用环境难以与正在建设的社会信用体系形成有效的对接。互联网形式下的交易过程真实性不易考察验证，如果资金的流向与实物配送相一致，且交易额度可控，那么交易风险不至于失控。商业银行完全可以发挥自身客户资料真实可靠，且数量巨大的优势，彻底解决用户身份认证的难题，为消费者提供安全可靠的互联网金融服务。

（6）未来移动支付必将逐渐替代电脑支付，商业银行应该在移动支付上抢占先机。移动支付就是可以用移动智能设备作为支付终端，形式上就是扫一下、输密码甚至是口令就能完成支付，这类支付可以是网购后直接在移动设备上支付或是如刷卡一样对接终端支付。目前招商银行和手机厂商推出手机钱包业务，把银行卡加载在内置安全芯片3G手机上，实现了合二为一。随着身份认证技术和安全软件的发展，移动支付将在小额支付和大额支付方面发挥更大的作用，甚至完全替代现金和支票，也可能衍生出信用卡功能的创新金融产品。

（7）发展社区银行，拉近与终端客户的距离。通过延伸在社区内的服务触角，社区银行能加强对社区居民消费习惯、消费能力、财力状况和人员稳定度的了解，增强客户黏度，更可以针对客户分层主动推介产品、交叉销售，扩大客户基础。

广大的基础零售客群是世界上成功的商业银行发展壮大的根基。美国的富国银行、美国银行和花旗银行都十分重视网点覆盖率、选址和网点功能；而遍布美国的社区银行的核心竞争力，也在于它拥有社区内的忠实客户群和稳定的储蓄来源。社区银行基于对学校或当地企业的熟悉，会先提供小额度的信用卡，服务地点便利，一般就在校园里，或是小区转角上。

居民社区周边的底商，从水果蔬菜摊铺、烟酒、按摩、健身、洗衣到宠物医院，都可以与社区银行联手。银行作为支付媒介，可以帮助商户管理会员的预存会费，为居民杜绝商户卷走会费关门开溜的风险。社区银行还可以通过消费记录，作相应的积分管理，为周边商户转介客户。有的社区银行还计划提供快件包裹的收取服务，提供冰箱接管生鲜食品。这只是线下服务的几个应用场景，围绕着社区居民的消费和支付环节，可以设计的服务模式还有很多。

四、未来互联网金融发展的前景

在金融业发展的未来蓝图中，互联网公司应该能够获得一定的市场份额。商业银行也许更多定位于金融基本网络，而第三方支付公司则更多发挥业务触角和支付前端的作用，最终发展成“互联网融资市场”或“互联网金融模式”。可以设想，在这种金融模式下，所有账户都只在央行开立，金融资产的交易通过移动互联网络进行，社会生活中无现钞流通。这将对货币政策产生重大影响，同时也会促进货币政策理论和操作的重大变化。当然，这种支付系统不会颠覆由中央银行统一发行信用货币的制度。

五、结束语

总之，尽管互联网金融的发展迅速，对商业银行产生了全面、系统和持续性的影响，大有取而代之的趋势。但是，其发展刚刚起步，而且在金融业务处理上受制于商业银行，总资产规模还比较小，业务量相对有限，央行针对可能发生的风险也在不断出台监管政策，必将制约互联网金融，短期内尚不会对商业银行传统的经营模式和盈利方式产生致命的影响。但是商业银行也应该认识到问题的重要性，需要不断创新，在互联网金融领域与互联网金融展开激烈的竞争，争取合作共赢。

参考文献

[1] 冯娟娟. 互联网金融背景下商业银行竞争策略研究 [J]. 现代金融，2013 (4): 15 -16.

[2] 周华. 互联网金融对传统金融业的影响 [J]. 南方金融，2013 (11): 97 -98.

[3] 邱峰. 互联网金融对商业银行的冲击和挑战分析 [J]. 吉林金融研究，2013 (8): 44 -45.

[4] 宫晓林. 互联网金融模式及对传统银行业的影响 [J]. 金融实务，2013 (5): 86 -87.

关于营销新方法的解读与探析

郭　元[①]

内容摘要：随着信息化时代网络技术的不断发展，在市场营销领域，涌现出很多新的营销方法，我们需要把这些新的营销方法进行归纳、整理、研究、探析，为企业制定市场营销策略提供崭新的营销方法，为将来进一步探索营销新方法奠定理论和实践基础。本文把主要的营销新方法划分为五大类别进行探析。

关键词：软文营销　借势营销　病毒营销　大数据营销

一、工具类营销新方法探析

工具类新型营销方法有很多，比如目录营销、博客营销、微博营销、邮件营销、短信营销、电话营销、电视营销、微电影营销等。本部分仅探讨和分析具有代表性的手机微信营销、搜索引擎营销两种新方法。

（一）手机微信营销

微信是2011年腾讯推出的即时通信应用工具，支持发送语音短信、视频、图片和文字，还可以群聊。微信营销是借助智能手机这一工具而兴起的一种移动网络营销方式。微信的一对一交流方式具有良好的互动性，信息的推送具有精准性，微信平台已经成为继微博之后的又一新型营销工具。

微信营销是指企业组织通过微信公众平台的会员管理系统，宣传推广微官网、微账号、微会员、微推送、微支付、微活动等营销行为，在智能手机或平板电脑移动客户端从事区域定位的一种营销方式，现已成为主流的线上与线下、点对点互动营销方式，其优点是：送达率高、曝光率高、接受率高、精准率高、便利性高，是一种具有时尚性、创新性的营销方法。

（二）搜索引擎营销

搜索引擎是指搜索服务商比如百度、谷歌等，把自动抓取和检索出来的

① 郭元（1965—），硕士，副教授，研究方向为市场营销与创业。

互联网信息，经过整理提供给用户方便查询的一套系统。

搜索引擎营销是指企业用户通过搜索服务商网站的搜索引擎工具参与优化自然排名、竞价排名，使其网站及营销信息被搜索引擎工具收录，被用户优先检索、赚取点击率和访问量、扩大网站关注度和知名度、强化网页体验、促使网站访问者高比率转化成产品消费者，以此实现企业经营目标的一种网络营销工具。

企业亦可通过自己官网的实现搜索引擎营销，其方法包括：分类目录、搜索引擎登录、付费搜索引擎广告、关键词广告、地址栏搜索、网站链接等。搜索引擎营销策略是企业网站内容策略与网站推广策略的统一。

实现搜索引擎营销的九个要素：被收录到信息索引数据库；企业网站内外信息源；用户通过搜索工具栏关键词检索；检索结果罗列信息及链接；用户对检索结果判断选择；点击进入企业网站网页；访问顾客网站体验；顾客转化成消费者；用户检索行为定位分析。

二、手段类营销新方法探析

手段类新型营销方法有很多，本部分只探讨和分析软文营销、饥饿营销、借势营销三种。

（一）软文营销

软文营销是指企业为了达到提升自身及其网站的知名度、促进产品销售、塑造品牌形象等目的，策划编写具有隐蔽性广告功能的新闻、评论、案例分析等付费短文，将其在互联网、手机、报纸、杂志等媒介中进行报道、刊发、转载和炒作，从而达到宣传推广目的的一种营销手段，它也是软文广告的一种拓展和延伸。

软文有三大类型：新闻类（新闻通稿、新闻报道、媒体访谈等）；行业类（权威资料、第三方评论、经验分享、观点交流等）；用户类（知识、经验、娱乐、爆料、争议、情感、悬念、故事等）。

软文营销特点：成本低、受众广、性价比高；感染力和渗透力强，持续力与亲和力强；关注度和接受度高，传播率和覆盖率大。

软文营销追求的是一种界面友好、循循善诱、润物细无声的营销境界。软文标题要求充满诱惑力；软文内容要求对消费者拥有价值；营销策略以攻心为上，以社会热点为切入点，采用心理战术，打动目标受众，使其步入软文设计的“思维圈”。软文创作刻意隐瞒广告身份，企业开展软文营销活动要恪守职业道德，遵守国家相关法律。

（二）饥饿营销

饥饿营销亦称饥饿式营销，是指企业在线上线下发布大量广告进行宣传造势、积蓄人气，激起消费者的购买欲望，吊起消费者的胃口，然而随即却囤积惜售，供货采取休克手法，制造供不应求的热销假象和恐慌气氛，让消费者苦苦等待，在饥饿周期结束时顺势进行提价、泄洪式销售的一种促销手段。

饥饿营销方法有利于维护产品形象及其高价位，提升品牌附加值，增加销售利润率。该法比较适合以下情况：单价较高，不易形成单个重复购买的产品；产品或服务有一定的差异性或领先优势；业已形成一定范围的品牌黏性。如果产品市场竞争不充分、消费者心态不成熟、产品综合竞争力和不可替代性较强，饥饿营销方法能更好地发挥作用。

饥饿营销方法需要精心策划，结合产品状况把握分寸，饥饿周期的长短要适度，不能超越消费者的心理忍耐底线。

（三）借势营销

借势营销是指企业经过策划和创意，趁机借助社会热点或焦点事件、名人或名企活动等产生轰动效应的强势能量，顺势找到企业元素与之存在的关联点即借势点，创作出融联想性、广告性、娱乐性等为一体的文案作品，快速将其投放到媒介中传播，以期提高企业及其产品或服务的关注度、知名度、美誉度的一种顺势谋事的营销手段。

借势营销集新闻效应、广告效应、社区粉丝效应于一体，成为企业新品推介、品牌展示等借势发力的营销方式。强调顺风搭车，跟进的速度要快，势在必行、先声夺人，时效性要强；文案设计须别具匠心，热点与企业元素的融合要有创造性和艺术性。借势切入角度：时政新闻、文化活动、节假日气氛等借势；关联品、旺销品、竞争品等借势；消费者、竞争者、意见领袖等借势。

借势营销是一种顺势搭车的营销方式，优质的借势营销既要自然贴切，又要出人意料，此方法可达到潜移默化和事半功倍的效果。这种新型营销手段成本比较低，对于品牌热度不高的企业比较合适。借势活动采取论坛、贴吧、QQ 群、博客等现代营销手段进行组合推广，效果更佳。借势企业要审时度势，把握分寸和尺度，传播正能量，底线为不要造成受众反感，对自然灾难类的热点事件开展借势营销活动要慎重。

三、传播类营销新方法探析

传播类的新型营销方式有很多，比如新闻营销、品牌营销、感官营销等，本部分仅探讨和分析病毒营销、口碑营销、事件营销三种。

（一）病毒营销

病毒营销即病毒式营销，是由欧莱礼媒体公司（O'Reilly Media）总裁兼CEO提姆·奥莱理（Tim O'Reilly）提出。病毒式营销是指企业经过策划，将其自身及其产品或服务等信息加工和包装成具有杀伤力的“病毒”，传播者自发、自愿、无限地复制和传播，使“病毒”以几何级数增长的传播速度自由蔓延与扩散，以此实现企业经营目标的一种新型营销传播方法。

病毒营销的目的是提高企业知名度，特点是“病毒”的传播者基于“新奇”而不自觉地传播，基本不甚了解传播的内容，但其并不对传播的内容负责，对“病毒”的认知也不代表其认可“病毒”。

病毒营销新方法成功的关键在于找到有感染力的“病原体”，将热点话题融入其中，制作出创意独特的“病毒”，使其具有新闻性、新奇性、娱乐性，令病毒传播者能够获得传播快感；锁定“免疫力”较差的易感染人群；设定引爆点，使每位病毒宿主都能随时激活、发酵和扩散“病毒”；找到原动力后，选择恰当时机引爆感染源。

（二）口碑营销

口碑营销是指企业在品牌建设过程中，通过消费者个体之间关于品牌正面评价的非正式人际口头传播，以此提升品牌形象、促进品牌销售的活动及其过程。

传统口碑营销是指企业竭力提高消费者对品牌或服务的满意度，被感化的消费者把这种好感和赞誉等有意或无意地在其亲属、朋友、同事或邻里等与之关系密切和稳定的个体或群体中进行口头宣传，相对于硬性广告而言，其可信度和成功率都很高，此乃口碑营销新方法之核心特征。

口碑营销的目的是提高企业美誉度；参与传播者基于“信任”而主动传播，了解传播内容，对其真伪承担责任，通过推荐和现身说法进行传播，对传播的内容信任并且认可。

另外，网络口碑营销是口碑营销与网络营销的融合，是指信息传播者借助互联网平台，把对企业的正面印象和价值认同，以文字、图片、视频等为载体，在论坛、微信、微博、播客、相册和视频网站等渠道进行口碑传播的活动过程。网络口碑营销与传统口碑营销都是建立在消费者对品牌和服务良好体验基础之上的，是借助网络舆情为企业做宣传，成本小、产出大；风险低、效率高；针对性强、精准度高；群体性强、成功率高。其作用在于影响消费者决策、缔结品牌忠诚度、提升企业形象。

（三）事件营销

事件营销是指企业通过组织策划，运用新闻传播规律，打造出具有新闻价值、社会影响力，以及名人效应的人物或事件，通过各种渠道进行传播，以此吸引消费者群体、社会团体、大众媒体的广泛关注，提高企业或产品的知名度和美誉度，从而树立良好的品牌形象，最终促成产品或服务成交的促销活动及其过程。

事件营销是一种公关传播和市场推广方法，集新闻效应、广告效应，公共关系、客户关系，以及形象传播于一体，并为新产品推介和品牌展示创造机会，注重品牌识别和品牌定位，形成一种快速提升品牌声誉的新型营销方法。事件营销的本质就是把人物或事件策划成新闻热点。

四、数据类营销新方法探析

数据类营销新方法有很多种，本部分只对数据库营销和大数据营销进行探讨和分析。

（一）数据库营销

数据库营销是指企业通过大量采集与积累或者外购已有客户和潜在客户信息而构建的、可随时更新的动态数据管理系统，用于调取信息分析筛选，呈现客户“基本状态”，有针对性地使用电子邮件、短信、电话、信件等工具，与客户一对一地进行商业信息沟通，借此维护长期购销关系，实现企业经营目标的一种网络营销方式。

数据库营销的核心是客户数据，以此进行消费者分析，确定目标市场，跟踪市场领导者，协助规划营销计划，控制和衡量传播活动，以及进行销售管理等。

数据库构建方法：采集数据（购买、注册、调查、活动、网上搜集等手段获取数据)、数据管理（整理、入库，存放、挖掘、处理)、数据使用（推广邮件、专业邮件营销服务商)、数据完善（不断地收集、发送、反馈、更新数据，提升数据库质量)，数据库运营可以外包，注意数据源的合法性。

（二）大数据营销

大数据营销是指基于互联网、移动互联网、广电网、智能电视、户外智能屏幕等多平台采集的大量数据，以大数据技术为依托，应用于互联网广告宣传活动的数字营销方式。其特色在于对海量数据的挖掘，依托云计算的分布式处理、分布式数据库、云存储和虚拟化技术。

在互联网与移动互联网主导下的大数据营销时代，企业通过多元化平台，以前所未有的速度收集客户海量行为数据，信息充分，对客户行为的还原刻画全面准确，凭借大数据的分析技术与洞察预测能力，使企业广告传递的产品及服务信息更具针对性，更精准，给品牌企业带来更高的投资回报。大数据营销的核心在于让网络广告在合适的时间，通过合适的载体，以合适的方式，投向合适的目标受众。在大数据营销时代，谁掌握了数据，谁就抢占了先机。

五、融合类营销新方法探析

融合类营销新方法都不是一种全新独立的市场营销方式，它们仅是对市场营销传统方式的发展和延伸，一般而言，市场营销新方式与市场营销传统方式组合使用，营销效果会更显著。

企业面对着成千上万的消费者，他们的需求和欲望是千差万别的，会随着环境因素的变化而不断变化。对于这样复杂、变化多端的大市场，任何一个企业，无论规模有多大、资金实力有多雄厚，都不可能满足该市场上所有顾客的所有需求。因此，企业需要通过市场细分把巨大的、异质的市场分解为小型的细分市场，从而使产品或服务更快捷、更有效地满足客户独特的需求。

（一）交叉营销

企业内部交叉营销是指企业借助其客户信息资源，充分发掘现有客户或与其有关联的其他客户的潜在价值，不断吸引其享用企业其他产品或服务，激发其多种需求，在不断的横向市场拓展中获利的一种营销方式。交叉营销针对的是老客户，比开发新客户成本低很多，银行、保险业常使用交叉营销。

企业之间交叉营销是指企业充分利用时空、资金、客户、创意等现有资源，通过在两个拥有相关需求客户群的企业间开展交叉营销，各自推荐成本较低的渠道捷径，接触更多潜在客户，在激烈的市场竞争中交叉借力，向合作企业和自己企业客户推广的一种手段。

网络交叉营销是指两个拥有互补需求客户的企业，利用不同层次的网络资源，比如拥有一定访问量的网站；用户信息资源；各自专业独特资源；免费邮箱、论坛、E-book 等资源，进而进行网站广告交换链接、利用各自注册客户资料互相推广、结成战略联盟，甚至资本合作等交叉营销方式。

交叉营销主要有产品交叉、渠道交叉、市场交叉、目的是削减营销成本、提高顾客保有率。以交叉营销为基础而建立的合作关系，对交叉企业的各自发展都具有战略意义。

（二）跨界营销

跨界营销是指企业与其他行业的企业在不同品牌、渠道、营销、文化之间进行跨界融合，打破行业界限，策划创意活动，联合造势，借助品牌强强联合的协同效应，给消费者带来新鲜体验，使双方品牌更具立体感和纵深感，最终实现双方共赢的一种营销方式。互联网跨界营销已成为企业的时尚营销方式，比如万科广州公司曾经联合腾讯公司推出一款地产互联网金融产品“万科理财通”，即为一例。

跨界营销七大原则：资源匹配、品牌效应叠加、消费群体一致性、品牌非竞争性、非产品功能性互补、品牌理念一致性、以消费者为中心。跨界营销合作企业提炼出各自品牌优势元素，使之相互渗透与契合，把双方品牌形象从平面转向立体，扩充了消费者的想象张力，使消费者从不同角度感受品牌魅力。跨界营销是营销方式的创新，其颠覆了传统营销思维模式，加速了营销方式的新陈代谢，是竞争激烈环境下企业创造品牌奇迹的共赢之道。

六、结束语

各类新型营销方法都是对市场营销传统方式的发展和延伸，一般而言，市场营销新方式与市场营销传统方式组合使用，营销效果才会更显著。新型营销方式拥有传统营销方式所不具备的综合营销能力和无可比拟的优越性，客观上决定了新型营销方法具有强大的生命力，已经成为 21 世纪企业营销方法的主流。

参考文献

[1] 冯丽．论作为一种新型网络营销工具的“微信”［J］．经济师，2014（3）：14-15.

[2] 杨晨．浅析基于微信的新型营销模式［J］．现代工业经济和信息化，2014（Z2）：76-78.

[3] 赵经纬．微信“摇一摇”中的社交营销新方法［J］．通信世界，2015（3）：13.

本文系2015年度民办教育发展促进项目—服务区域经济社会发展项目（教育教学改革）—北京吉利学院大学生科研训练项目—课题“市场营销方式的新探索”的部分研究成果。

调查从身边开始

——用营销思维营销民办高校

闫跃红[①]

内容摘要：最近几年，随着全国高等院校的大幅扩招，民办高校迎来了前所未有的寒冬，本就体瘦多寒的民办高校，日子越发艰难，那么民办高校的春天会不会到来？经过调查，笔者认为，坐等开春，不如捡柴添衣，民办高校要主动用营销的思维来营销自身，充分利用各种内外部资源，准确定位、精准出击，定能抵御严寒，迎来春暖花开。

关键字：营销思维　民办高校　营销

民办高校迅速扩张始于1999年高校扩招之后的几年，在产生之初对高等教育发挥了很大的作用，也产生了积极的影响。主要体现在：第一，在一定程度上缓解了现代化建设的多样化需求与现有高等教育规模有限的矛盾，对保证社会稳定，减轻就业压力起到了良好作用。第二，增加了高等教育供给方式的选择性和灵活性，为更多的青少年提供了接受教育，选择学校、师资和学习内容的机会。第三，进一步挖掘了社会资源的潜力，有效地增加了教育投入，补充了财政的不足，吸纳社会资金，促进资源共享，对优化教育资源配置起到了一定的调节作用。[②] 当时，尤其是2006年到2008年，民办高校的招生规模空前火爆，也致使一部分民办高校盲目扩张，专业建设搞“高、大、全、同”，基本秉持了“别人有我也要有”的建校方针。但是从表1可以看出，从2009年开始，高考的平均录取率接近62%，比2008年提高近5个百分点，以后几年，更是节节攀升，一发不可收拾的录取率高涨势头使得民办高校的生源大幅度下滑。

---

① 闫跃红（1975—），女，硕士，副教授，研究方向：市场营销。

② 原载于《2001年中国教育绿皮书》，是其中“民办教育的现状与政策”的第三部分。

表 1　2006—2015 年参加高考人数、录取人数及录取率汇总如下：①

年份	参加高考人数（万人）	录取人数（万人）	录取率（%）
2006	950	546	57
2007	1010	566	56
2008	1050	599	57
2009	1020	629	62
2010	946	657	69
2011	933	675	72
2012	915	685	75
2013	912	694	76
2014	939	698	74. 3
2015	942	700	74. 3

因此，一些民办高校只得想方设法与普通高校一起挤进普通本科招生的行列，争取从政策中分一杯羹。但是，这杯羹让民办高校苦不堪言，再怎么争，无奈自己也只能是“三本 + 民办”，面对众多的普通高等院校，还有一些著名高校的独立学院，民办高校腹背受敌，举步维艰，生存和发展遇到了前所未有的危机。

是去是留，是摆在民办高校面前最棘手的问题，经过调查，一些民办高校开始慌不择路，采用各种手段进行招生宣传，培养方案也是时时更改，恨不得为了多招一个学生而开设一个专业，更不要说生源不加选择。于是，开课之后常常使得自己处于两难境地，个别专业学生人数过少，开班师资浪费严重，合班又面临与学生所选专业不符遭到投诉的风险，而个别生源高中还没念就来读大学，生活甚至都无法自理，更不要说让他们去适应自制自立的大学生活，人为地增加了学校的管理难度与成本。

其实，民办高校在这个洗牌的时机应该退回来好好评估一下自身，在生源逐渐减少的事实面前，不应该手忙脚乱，自乱阵脚。应该认真思考我们真正的对手在哪里，我们能够提供给社会什么有价值的东西，要用营销思维来营销自身。

我们拿北京吉利学院作为参考案例，对它进行粗浅的分析，希望能够抛砖引玉。

北京吉利学院（原北京吉利大学）是国家教育部批准的普通本科高校，由吉利集团于 2000 年创办。2014 年 5 月，教育部批准北京吉利大学升格为本

---

① 摘自白聪 . 1977—2015 全国高考人数及录取率分析［Z］. 搜狐教育 . 2015 - 11 - 30.

科高校并更名为北京吉利学院。学校位于北京市中关村昌平园区内，下设汽车学院、商学院、管理学院、理工学院、人文学院、设计学院、艺术学院、欧美国际学院、华视传媒学院、健康产业学院、应用文理学院等 11 个二级学院；教职工 800 余人，全日制在校生 10000 余人。①

这所学校是纯粹的民办高校，它是教育部 2015 年公布的 2845 所全国高等学校中的普通一员，而且劣势非常明显——民办、三本。但即使是这样，它仍然是全北京 84 所高校中的 59 所本科院校里唯独两所民办院校中的一员，而北京还有专科院校 25 所，其中民办院校 8 所，所以，它是有优势的，优势也很明显——民办、三本。但是，种种信息显示，北京吉利学院生存在一个“列强林立”、充分竞争的大环境里。生存尚且不易，发展更是问题，那么，北京吉利学院应该如何营销自身呢?

营销思维就是要全面分析、主动布局，评估市场容量、分析外部机会、把握自身优势、合理利用资源，选择目标市场，进行恰当定位，最后综合运用营销策略来满足自己的消费者。

一、确定市场容量、分析外部机会

从表 1 可以看出，高校录取率在逐年升高。据调查，北京吉利学院的三本招生目前来看每届大致有 400 人，本科在校生大致维持在 2000 人/年，如果未来全部剔除专科，但是保留自设专业（现应用文理学院），其实，自设专业的优势还是存在的，我们从表 1 可以看出，每年参加高考而未被录取的学生绝对数在 250 万左右甚至更高。2014 年，全国民办高校共 728 所（含独立学院 283 所）；而民办高等教育在校生 587.2 万人，比上年增加 29.6 万人，增长 5.3%，其中，在校生中硕士研究生 408 人，本科生 374.8 万人，高职（专科）生 212.3 万人；民办普通本专科在校生 574.5 万人，占全国普通本专科在校生总数的比例为 22.6%，比上年提高 0.4 个百分点。这样看来市场容量和外部机会还很乐观，只是竞争会更加白热化。

二、确定自身优势、合理利用资源

北京吉利学院背靠吉利集团，品牌价值严重依附于“吉利”和“北京”两个词语。历届招生当中表现极为明显的，吸引家长和学子前来报名就读的也是

① 摘自北京吉利学院官网。

这两个词语。社会认可“吉利”是因为吉利汽车这些年来在老百姓眼中的发展和心中的分量，北京吉利学院承载了吉利汽车的文化和精髓，孩子在这里求学，有机会就业于蒸蒸日上的吉利集团；而“北京”二字又充分体现出地理的优势，北上广一直是中国的发达城市，是老百姓心中的神话，北京是政治经济文化的中心，是祖国的心脏，是党和国家领导人的根据地。全国人民都向往能够生活、工作在这里，希望能够离祖国更近些。家长和孩子自然也希望通过就读北京高校，率先全方位体验和感受一下北京的魅力，为以后去留北京工作探探路。更何况，北京吉利学院的校训是李书福董事长提出的“走进校园是为了更好地走向社会”，非常接地气，为家长和学生勾勒一幅美好的蓝图。

三、选择目标市场

对民办高校有需求的学生，有一部分高考分数是十分尴尬的，平时模拟分数忽高忽低，发挥好就进入二本，但是多数情况可能刚好能进三本，所以家长为了抗风险就会找到民办三本高校，挑一个喜欢的或者有前景的专业稳稳地进去学习几年；对民办高校有需求的另一部分，也是比较多的一部分，是平时分数在 140 ~ 200，其他高校又没有希望，但是家长希望孩子能在学校学得一技之长，或者在学校把危险的或者不适合工作的年龄给消磨掉的；还有一些是偏科极其严重的，总分数也很低的。这三部分都是我们的目标市场，关键是我们能提供给他们什么，我们要培养出什么样的人才。

四、恰当市场定位

对选择我们民办高校的学生、家长，我们是应该照单全收，还是应该按照自己的培养规划，有节操地选择符合我们目标市场定位的生源？答案自然是后者。

北京吉利学院的定位是什么？我们的培养层次是什么？侧重于发展哪个层次？哪些层次的培养是我们要发展的，哪些又是我们即将逐步淘汰的？这些问题相信北京吉利学院也一直在探索，就目前而言，它定位在本科应用型院校，围绕汽车、商务、管理、设计等特色专业重点培养高级的应用型人才，应用型人才包括招来的三本学生和自设生源。三本学生需要按照国家的计划招生，但是要保证招满还需要有特色专业带动，如汽车。而自设专业就需要认真论证，我们应该培养什么样的技能型人才。北京吉利学院要成为最受尊敬的民办大学，那就需要先把学生培养成“人”，同时培养他的“才”。所以，通识教育承载了培养“人”的功能，但是不能盲目照搬国外和其他高校的通识教育，要符合我们自己的生源特点，有的放矢。而“才”就需要论证是培养大众之才还是小众之才。北京吉利学院的生源比较复杂，校园内不乏一排排豪车，一部分学生的家长是小微企业主，可能是由于在孩子初高中没有时间照顾，或者认为书本知识无用，总之有一部分家长就是希望把孩子送来，四年之后能够接替家族产业或者子承父业，不需要毕业证等证明，但是需要学到东西。对于这部分需求，应该尽量整合校内外资源予以满足。当然，针对大众部分，也要多学学培训机构，书本知识必须转化成实际应用的实操课程。无论是技术类还是管理类，无论是商科还是理工都应该大胆探索适合我们人才的教育方式方法，并且尽量使得本科教育与自设培养相得益彰，资源互补。这样才能在民办高校中占有一席之地。

五、综合运用营销策略营销民办高校

在市场确定、自身清楚之后，我们要能够运用营销策略来营销自身，来吸引和留住我们的目标人群——学生，并且在有余力的情况下尽可能吸引一些高层次的生源来学校就读，进而带来更好的连锁效应，为学校今后的发展打下良好的基础。

营销策略的运用要强调学校的办学理念、品牌诉求，要强化优势专业和特色办学，要有生源门槛，要敢于宽进严出。要充分利用学生、家长、互联网等平台宣传自身。当然，前提一定是办学理念清晰、品牌诉求精准、优势专业明显、特色办学有力，而且师资、管理、服务都要齐抓共管，争取能给学生和家长带来最大附加价值。只有这样，民办高校才能在这滚滚浪潮中稳立不沉，从容不迫地应对外来的冲击，在激烈的市场竞争中游刃有余。

参考文献

[1] 丁纪平．市场营销学［M］．北京：人民邮电出版社，2011.

[2] 彼得多伊尔．营销管理与战略［M］．北京：人民邮电出版社，2006.

[3] 王光娟．市场调查与预测［M］．北京：中国传媒大学出版社，2014.

基金项目：2015 年北京民办教育发展促进项目，服务区域经济社会发展项目（教育教学改革）——大学生科研——部分研究成果。

首都民办高校大学生微商创业情况调研报告

张艳萍①

中文摘要： 本文将调研视角定位于首都民办高校大学生微商，通过问卷调查方式对其创业情况开展调查研究。并运用 SPSS 软件对问卷所得数据进行详细分析，指出目前首都民办高校大学生微商存在诸多问题，如整体经营状况欠佳，营销技能缺乏导致人际关系压力加大，个人能力、人脉关系等多种因素综合作用阻碍大学生微商创业的发展等。最后从政府、学校、学生自身三个方面提出了相应的对策建议。

关键词： 首都民办高校大学生微商　创业　经营状况　建议

党的十八大报告提出要“鼓励创业”“促进创业带动就业”“支持青年创业”。在“大众创业，万众创新”的大背景下，大学生微商的蓬勃发展为大学生创业就业开辟了一条新道路。在首都民办高校中，大学生微商创业现象尤为突出。为真正掌握大学生微商创业的现状，本人在汲取现有微商营销理论研究成果的基础上，按照理论研究—实证分析—实证应用的基本范式，对首都民办高校的 500 位大学生微商进行广泛的问卷调查，深入了解大学生微商经营现状，剖析问题，尝试从多角度对大学生微商创业给出建议。

一、调研对象说明

本次调研的对象为首都民办高校在校生（包括专科生和本科生），来自北京吉利学院、北京城市学院、北京科技经营管理学院、北京科技职业学院、北京邮电大学世纪学院等多家院校的 500 名大学生微商参与调查，回收问卷 456 份，其中无效问卷 19 份，有效问卷 437 份，问卷回收率为 91.20%，问卷有效率为 95.83%。Cronbach's α、KMO 和 Bartlett 检验结果显示，调研问卷具有良好的信度和效度。

参与调查的大学生微商中有 45.30% 的同学是男生，其余是女生。如图 1

① 张艳萍（1980—），女，硕士，讲师，研究方向：人力资源管理和创新创业教育。

所示，被调查者中大一、大二、大三、大四这四个年级所占比例分别为19.38%、40.15%、30.76%、9.71%。本人认为，大四年级的学生占比相对较低，与首都民办高校中目前仅有6家本科院校这一事实有关。

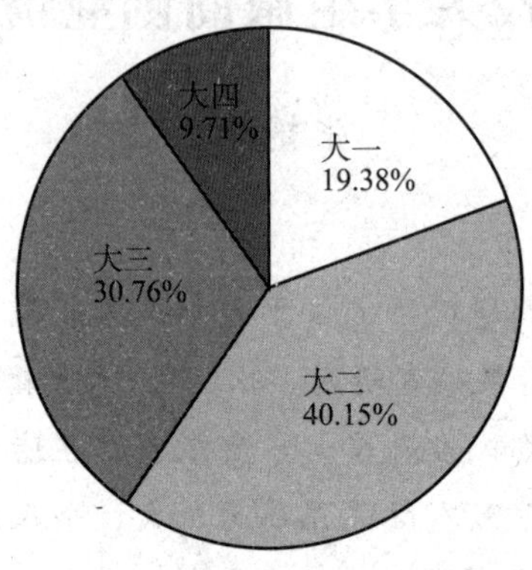

图1　被调查者的年级分布情况

从专业角度来说，经管类同学所占比重最高，达到35.6%；其次是理工类（25.43%）、文史类（20.08%）、体育艺术类（13.25%）、法政类（3.12%），以及其他（2.52%）。

二、数据分析

（一）基本情况分析

调查显示，绝大多数（90.30%）被调查者是通过朋友介绍和好友转发宣传了解到微商并开始进行微商创业的。大学生从事微商的主要动机是想赚钱和实现创业梦想。如图2所示。

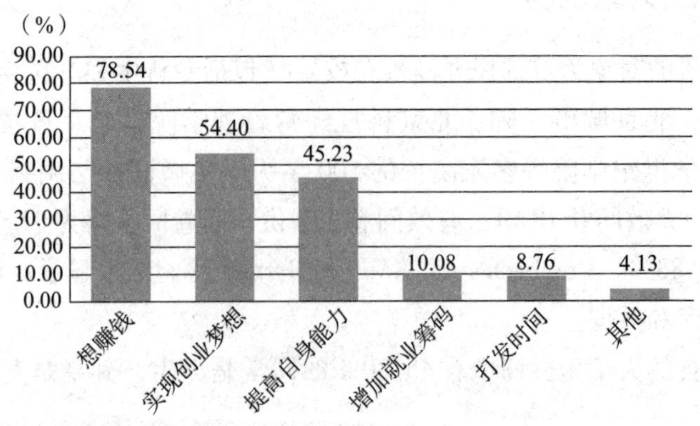

图2　被调查者从事微商的动机

从上图中我们可以看到，近一半被调查者认为自己通过从事微商实现了创业梦想。但事实上，大学生微商的主要动机——“想赚钱”，并没有得到广泛的实现。调研显示，38.65%的大学生微商平均每月从事微商盈利在500元以下，月盈利在500～1000元的则为43.52%，12.56%的人盈利在1000～3000元，盈利在3000～5000元的不足4%，而盈利在5000元以上的不到2%。究其原因，除了经营时间不长（经营时间在一年以上的仅为15.6%）外，大学生微商经营能力不足也是重要原因。

值得这些大学生微商欣慰的是，他们中的大多数都能得到家人的支持，这一比例高达94.51%，且有23.28%大学生微商投资成本来自父母处，另有72.56%的大学生微商的投资成本来自自己的生活费。

但不容乐观的是，在对“您身边的同学和朋友对您做微商持什么样的态度?”这一问题的调查中，仅有23.8%的被调查者选择了“非常支持，并购买过商品”，而选择“反对”的被调查者高达53.21%。

（二）经营情况分析

被调查者的经营项目以衣服配饰类（35.78%），化妆品、护肤品类（32.12%），休闲食品类（23.68%）为主，经营母婴用品类、奢侈品类、电子产品类和其他类的相对较少些。这可能与大学生身处校园，接触人群多为同龄人有关。

如图3所示，在销售方式中，100%的大学生微商的首选是“定期推送，刷屏朋友圈”；其次是“呼朋引伴，邀请他人为你做宣传”“时常提供优惠活动，吸引他人眼球”和“晒顾客反映，让人主动上门”。

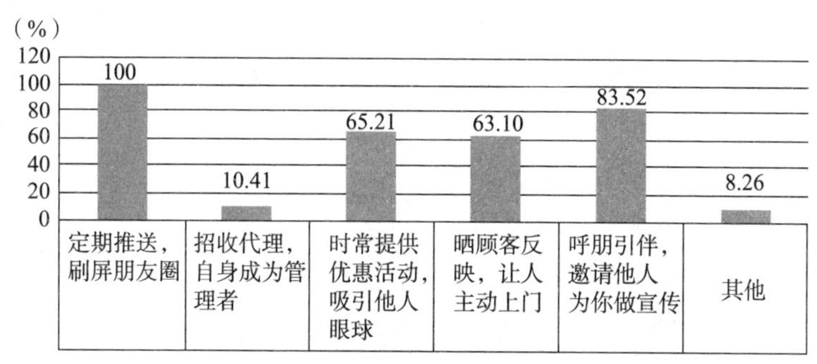

图3 被调查者的销售方式

在对“您有没有为了宣传产品而在朋友圈连续刷屏的情况”这一问题的

回答中，选择“经常有”和“偶尔会有”的比例高达98.23%。这与调查者对“您身边的同学和朋友对您做微商持什么样的态度”相符，可以说正是因为这种狂刷朋友圈的做法导致了较高的“反对”比例。

在对经营产品的了解程度上，我们发现，不了解自己所经营的产品品质的占48.6%，有75.4%的大学生微商没有使用过自己的产品。

通过对“您在经营过程中经常会遇到哪些问题”的调查得知，被调查者普遍认为有三个主要问题，分别是：“缺乏人脉关系拓展市场”（91.45%），“频繁刷屏，影响同学/朋友关系”（88.15%），“对所代理商品了解不透彻”（68.46%）。如图4所示。

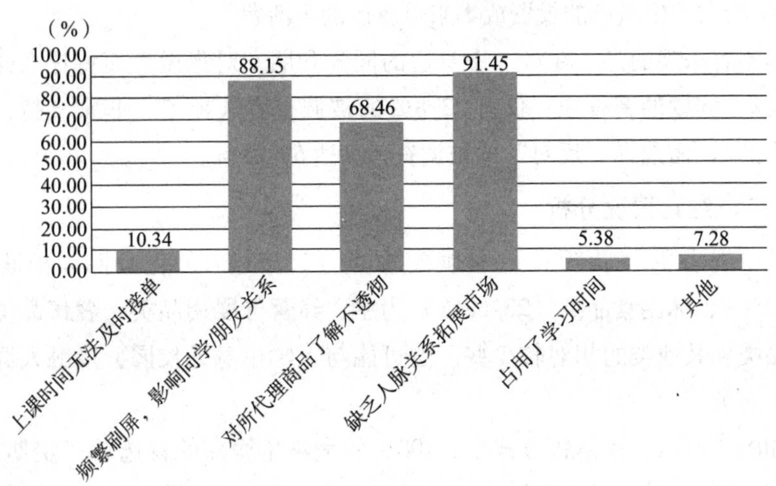

图4　被调查者在经营过程中经常会遇到哪些问题

在对“您认为哪些因素影响了您进一步发展的空间”的回答中，排在前三位的依次是：人脉（89.49%）、个人能力（81.23%）、货源（78.54%），见图5。

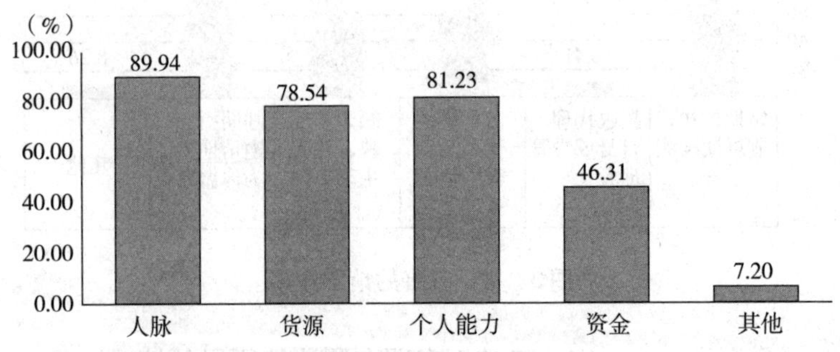

图5　被调查者对制约其进一步发展因素的看法

（三）产生影响分析

如图 6 所示，在从事微商的过程中，仅有 1.35% 的被调查者认为没有什么变化。可见，这些大学生微商普遍都会产生压力，且主要压力源为人际关系压力和心理压力。

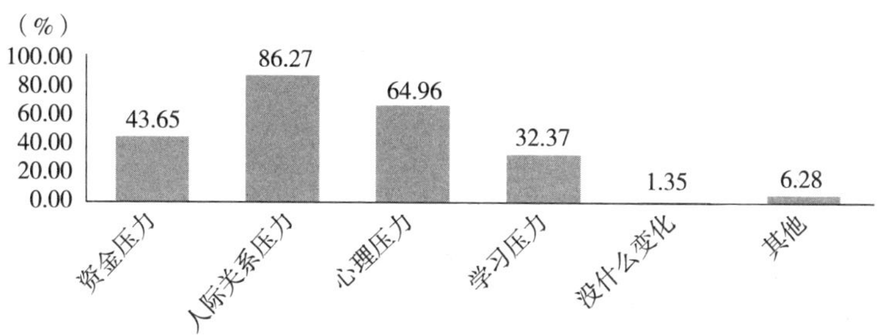

图 6　被调查者从事微商产生的压力情况

同时，几乎所有的被调查者都出现过"急躁焦虑"（93.17%），"心情郁闷"（89.35%），"丧失信心"的比例达到 41.68%，少数人甚至"有过抑郁情况"（4.19%）。

虽然从事微商给这些大学生们带来了各种压力和心理问题，但仍有 95.87% 的被调查者认为大学生从事微商是利大于弊的。这种几乎一边倒的观点主要是因为这些人在从事微商中的个人能力普遍得到提升。通过图 7 我们可以看到，在从事微商的过程中被调查者能力提升最为显著的是"表达沟通能力"和"分析思辨能力"，接下来依次是"组织协调能力""人际交往能力"和"团队协作能力"。

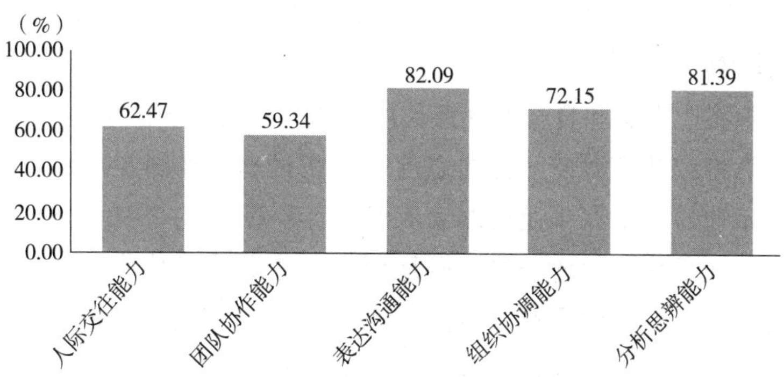

图 7　被调查者从事微商获得的能力提升

针对“学校应该鼓励大学生做微商吗?”这一问题，被调查者中有84.29%的人认为学校应鼓励，持反对意见的仅有2.36%。而且仅有3.82%的被调查者认为不需要学校提供帮助，大多数被调查者希望学校能提供相关帮助。如图8所示，被调查者需要获得的帮助分别是推广培训（93.57%）、选择产品（86.38%）、资金支持（51.46%）、场地（38.12%）、其他（6.31%）。

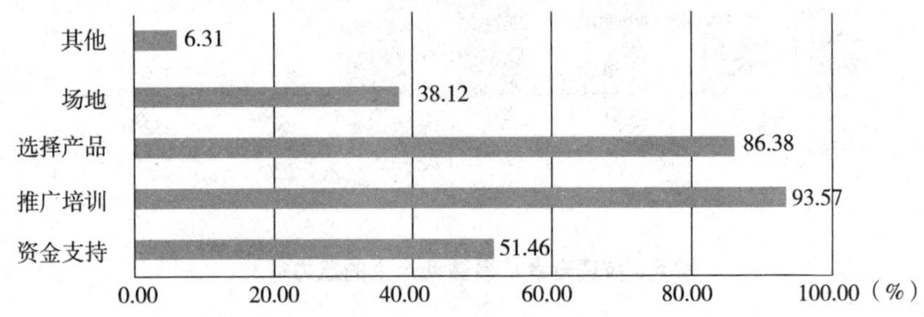

图8　被调查者需要学校提供的帮助方向

（四）发展前景分析

参与调查的学生中有14.25%的人表示希望进一步了解微商创业，不希望和考虑中的各占48.43%和37.32%。针对“你会参加微商培训吗?”这一问题，被调查者中有13.2%表示会参加微商培训，39.71%表示会考虑参加，余下的47.09%表示不会参加。

大多数学生对微商创业的前景持乐观态度，但不会作为第一就业选择。参与调查的学生中，有72.08%的学生认为微商的发展前景比较光明，有19.91%的学生认为微商的发展前景一般，另有8.01%的学生认为微商的发展前景比较黯淡。

受传统就业观念和自身客观条件的影响，参与调查的学生对将来毕业后是否愿意继续从事微商经营的态度也大相径庭。如图9所示，15.36%的学生表示非常愿意在毕业后继续从事微商经营；48.29%的学生表示可以考虑在毕业后从事微商经营，但是会优先考虑从事其他工作；17.28%的学生表示继续从事微商经营值得一试，但是只能作为自己本职工作以外的兼职；10.32%的学生表示不太愿意继续从事微商经营，但是在自己找到满意工作前，可以将微商作为就业的跳板；仅有8.75%的学生表示不会从事微商经营。

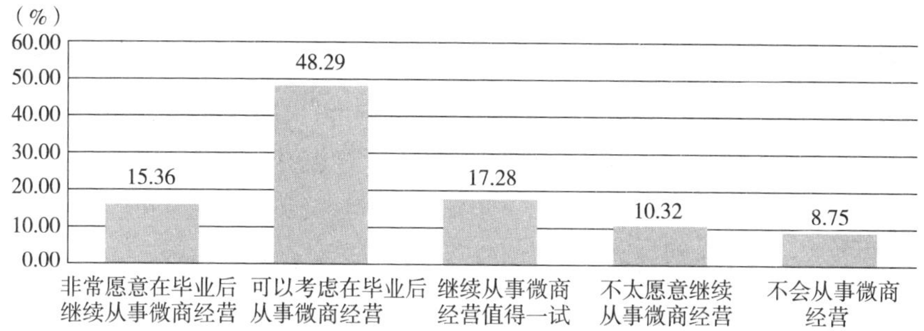

图 9　被调查者对将来毕业后是否愿意继续从事微商经营的态度

（五）因子分析

笔者通过 SPSS 分析将上述因子划分为 3 个主要成分，即微商经营的情况、对微商及微商创业的态度、主观准则。

1. 微商经营的情况

该因子主要包括做微商的时间，投入的成本，投资成本来源，盈利情况，经营种类，销售方式，对自己经营产品的了解程度，经营过程中遇到的问题，限制进一步发展的因素，希望学校提供哪些帮助等。

2. 微商及微商创业的态度

该因子体现为您是否想进一步了解微商，是否会参加微商培训，以及家人朋友对微商创业的态度，您认为微商的发展前景如何，以及将来毕业后继续从事微商的意愿等。

3. 主观准则

该因子包括做微商给你带来哪些压力，出现过哪些心理问题，带来的能力提升，微商利弊比较等。

三、结论与建议

（一）结论

1. 目前绝大多数首都民办高校大学生微商经营状况欠佳

被调查者基本都有想赚钱的强烈愿望，而门槛低，易上手是被调查对象选择微商创业的主要原因。可以说绝大多数人仅仅是实现了自己的创业梦想，但从其盈利情况来看，被调查者的整体经营水平比较欠佳。

2. 营销技能缺乏带来人际关系压力

被调查者在进行营销时，普遍采用“暴力营销”的方式。忽视受众群体的心理特点，必然导致受众产生厌烦。“频繁刷屏”“邀请他人宣传”的做法虽然提升了产品曝光率，但并未带来利润的显著提升，反而还会带来人际关系上的压力。

3. 多种因素综合作用阻碍大学生微商创业的发展

个人能力欠缺、人脉关系不够广泛等因素成为大学生微商创业的重要阻碍。大部分从事微商的学生营销专业知识欠缺，出现市场定位不准、商品选择错误、难以形成稳定的客户群等现象。同时微商的基础就是人脉，大学生微商朋友圈中是否有具有特定需求的人群也是影响大学生微商创业的重要因素。

4. 大学生微商希望得到相关方面的帮助

微商经营在提升了大学生能力的同时，也普遍给他们带来了人际关系压力和心理压力。同时由于个人能力、人脉关系等多种因素，影响了微商的进一步发展，因此这些学生微商普遍希望得到来自如推广培训、选择产品等方面的帮助。

（二）建议

大学生微商创业不仅关系到大学生自身，也牵涉到政府、高校等多个方面。针对首都民办高校大学生微商营销存在的问题，本文提出以下建议。

1. 政府应加大对大学生微商创业的支持和监管力度

政府等决策机构可通过制定相应的扶持政策、对大学生微商进行正面宣传和舆论引导等方式为大学生微商提供良好的经营条件，通过制定与大学生微商经营有关的法律法规、加大对相关行业的监督、完善交易与投诉机制和加强社会信用体系建设等途径来规范大学生微商的经营行为。

2. 高校应对大学生微商创业提供正确引导和有效支持

在“大众创业，万众创新”的背景下，创新创业教育已经成为高校的重点发展方向之一。高校在进行通识性创新创业教育的同时，针对已经创业的大学生微商可进一步加大具体措施的支持力度，提供可能的援助。如针对正在创业的微商学生提供高端的创业课程，引导他们主动学习如何解决创业过程中遇到的各种各样的问题，如怎样选择货源，如何利用朋友圈开展产品推广，如何构建和谐稳定的客户关系等。还可以成立微商创业者协会，由专业教师进行相应指导，为大学生微商提供一个良好的交流平台。

3. 大学生微商应主动从多角度提高自身能力

（1）应树立诚信意识。大学生微商应该牢固树立“守法经营”和“诚信经营”的理念，要拥有专业知识，分析好货源，确保自己的货不是假货。同时对任何市场的开拓，也都要以产品为基础，所有的宣传推广务必要以产品质量为基础，以诚信经营为基本准则。

（2）应增强自己的交际能力。人脉是微商经营的基本前提。大学生做微商，应有意识地锻炼自己的交际能力，扩大交际圈，拓展潜在客户群体。可以多看一些关于提供人际关系能力的书籍，提升自己的沟通能力，也可以多参加一些社团活动来丰富自己的人际圈。在微商经营过程中遇到的问题，应多思考多体会，勤于总结人际关系的得失。

（3）加强营销技能的提升。大学生微商应广泛学习市场营销、包装宣传、方案策划等有关技能，不断改进自己的经营方式和手段。比如在刷屏方面，可以将图片变为链接，好友可以点开查看具体内容。链接页面内可以详细阐述产品信息、用途、材料、安全等，也可以加入优美的推广软文，吸引他人购买。此外，要想取得更好的业绩，还要敢于对产品的内容和形式加以创新，提升客户的体验效果，提高客户的忠诚度。

总之，在“大众创业，万众创新”的时代，大学生在微商创业领域还有很多问题需要解决，它的发展道路还很长，需要我们多方的共同努力，让大学生微商真正成为青年创业的“孵化器”。

参考文献

［1］国务院．关于进一步做好新形势下就业创业工作的意见（国发［2015］23 号）［Z］．2015.

［2］朱丽娜．解读大学生微营销创业［J］．中国市场，2014（48）：26－27.

［3］张飞琴．微时代背景下大学生创业实践教育研究［J］．商，2015（6）：46.

［4］鲁荻．微商对当代大学生创业的影响调查研究［J］．青春岁月，

2015（11）：124.

［5］高凯．基于微商创业的高校电子商务创业模式研究［J］．中国市场，2015（24）：97，102.

［6］董凤华．大学生微商创业模式的现状与对策分析［J］．法制博览，2015（29）：288.

小米手机网络营销策略研究

张建国[①]

内容摘要：小米手机的成功改变了人们对于品牌建设的理解。互联网时代，一个品牌能够迅速地成长为受人喜欢的品牌。本文重点研究了小米手机的市场定位、市场推广方式、销售渠道建设等内容，同时指出了小米手机所面临的问题。

关键词：小米手机　品牌建设　互联网　营销　网络推广　网络销售渠道

一、引言

营销理论专家总是说：品牌的建设不是一朝一夕能够实现的，它是一个漫长而又复杂的过程。但是，小米手机的发展却改变了人们对于品牌建设的理解。一个品牌能不能迅速地成长为受人喜欢的品牌？能！而且是肯定能！因为这是互联网时代，一切皆有可能！在互联网时代，信息的传播速度更快，覆盖的受众更广，影响力也更大，如果方法运用得当，能够在短时间内使一个产品迅速走红，形成有效的品牌联想，并获得足够多的美誉，并实现销量的显著增长。

小米，一个再普通不过的词汇，在2011年8月16日前，恐怕人们想到更多的是一种农作物、谷物。可是，从那一天开始——在北京798一场乔布斯式的新产品发布会上，雷军隆重地推出了小米手机，一切的一切都发生了变化。小米手机从诞生的那一刻开始便身陷各种争议，销售工程机、掉漆事件、饥饿营销、小米携手联通、推出合约机，小米在质疑声中完成了第三轮9000万美元融资……从万众瞩目到千夫所指，从备受期待到骂声不断，小米从不缺新闻。

但是小米又创下了中国手机业的一个又一个纪录，34个小时预定超过30

① 张建国（1977—），硕士，讲师，主要研究方向：电子商、市场营销、网络营销。

万部，3 个小时销售10 万部，百度指数达到36 万。人们对“小米”有了新的认识：小米是一款智能手机，小米是一个公司，小米是雷军的公司，小米是一个著名的品牌。根据《摩根士丹利报告》，在中国手机市场，小米手机品牌已经排名第九，在国产品牌中排名第一。

没有铺天盖地的广告宣传，没有遍布大街小巷的销售渠道，没有声嘶力竭的终端促销，到底是什么原因让人们的认知在这么短的时间里发生了如此巨大的变化呢？又是什么原因使小米品牌能够如此地深入人心呢？下面我们来分析一下小米手机的营销路径。

二、小米手机的成功之处

（一）成功的定位

为小众设计，服务大众，这是小米手机最核心的思想。小米手机从一诞生，就提出小米手机是为“手机发烧友”而生的口号。在这里，发烧友其实就是意见领袖，是那些在人际传播网络中经常为他人提供信息，同时对他人施加影响的“活跃分子”。手机发烧友是那些喜欢手机，熟悉手机的各项性能指标，泡各大手机专业网站和论坛并互相交流信息的人的集合。这些人对手机的观点往往能对身边的人购买手机产生重大的影响。因此，把握住了这些人，企业的营销推广活动就容易得多了。激烈的市场竞争让用户对产品的鉴赏能力大大提高。只有重视口碑的力量，贴近用户，与之交流，建立情感维系，才能支持产品的发展。小米没有采用大规模投广告的传统方式，而是更注重与用户之间的沟通，进行口碑传播，形成良好的品牌认知。

小米手机引人关注的另一特点是其极具杀伤力的价格。价格是小米手机核心价值主张的最终承载，因为无论性能多么强大，高高在上的定价是无论如何也无法取悦手机发烧友的。如果定价 3000 元以上，小米也就成了众多发烧友关注的高端手机中的一款，然而 1999 元的价格让发烧友惊喜，也让小米与其他竞争产品形成了明显的区隔，在高性能智能手机市场中格外耀眼。

（二）优秀的产品

对于任何企业来说，要想取得经营上的成功，提供优秀的产品都是必要的前提。产品是具体的，品牌是抽象的，品牌是消费者对于产品的感受的总和。没有好的产品，产品必然不能长久存活。人们对于品牌的信任首先是对该品牌产品的信任。皮之不存，毛将焉附。小米手机显然在这方面做足了功夫。高端的产品配置，良好的产品品质，中庸的产品外形，坚固的外包装，都是其获得成功的重要砝码。

小米手机是中国市场首款双核 1.5G CPU 的手机，使用了当时市场最快的芯片高通 snapdragon S3，其他元器件配置也均为市场上的顶尖配置。小米从一上市，就以其出色的配置吸引了绝大多数人的眼球，为行业的发展设置了一个标杆。当再有其他新品手机上市时，人们总是拿出小米来与之做对比。这也正应和了营销界常说的那句话："要么做第一，要么做唯一。"

小米在上市初期发售了部分工程机，正是通过发烧友对工程机的前期使用，才发现了产品研发过程及生产中的一系列的产品问题，通过论坛，小米收到了来自用户的最全面的反馈，并在量产过程中加以改进，有效地保证了产品品质。小米不是在自己生产手机，而是为用户生产手机。

小米手机的外形中庸，没有明显的与众不同之处。但也正是因为这一点，它能做到符合大多数人的审美观点，"没有设计的设计就是最好的设计"，这句话在小米手机上体现得淋漓尽致。

小米的外包装也是一大亮点，简约而又耐用。这一点在电子商务时代尤为重要，毕竟结实耐用的包装能保证产品尽可能地减少快递过程中的破损。这又是能够为产品的用户体验加分的项目。

（三）适合的营销手法

小米公司是一个拥有良好互联网基因的企业，雷军及小米团队的主要成员很多都来自互联网企业，他们深谙网络营销之道。小米手机并没有像传统手机生产商那样开展大规模的广告宣传。而是另辟蹊径，名人营销、微博营销、网络新闻、论坛营销、病毒式营销等营销手段的灵活运用，使得小米手机取得了极大的成功。

1. 名人营销

小米能有今天的知名度，与雷军的个人影响力密不可分，雷军是小米最好的代言人，可以说是雷军成就了小米。当人们探讨名人营销的时候，总是先想到聘用影视明星做形象代言人，但很多时候，企业的创始人也能成为很好的代言人。其实无论是影视明星也好，还是企业创始人也好，其目的都是为企业做宣传，提升产品的美誉度和销量。名牌几乎等于名人代言，而名人的知名度也在一定程度上等于名牌的知名度。合适的形象代言人用自己独特的气质特征或者背景来诠释产品的特征往往能取得很好的效果。

移动互联网的发展，使得智能手机成为人们消费的热门电子产品，同时也成为这两年人们关注度极高的科技产品，而雷军科技界的背景以及成功天使投资人的身份，以及他的奋斗史、职业经历和成功故事对年轻一代具有极大的感召力，这样他的个人魅力和影响力在无形之中便转嫁到了小米手机身上，他的一举一动总会引起媒体的广泛关注，而雷军又适时地在各种场合宣传小米，因而能把人们对雷军的关注迁移到小米上来。

2. 微博营销

微博在最近两年的蓬勃发展让人们看到了它的巨大价值，微博是一种社交平台，通过微博，能传递、分享、获取信息，微博的关注机制，使得著名的博主能拥有大量的粉丝，形成强大的注意力，而网络特征就是注意力经济。注意力越大，价值就越大。利用微博传递信息，甚至是企业产品信息是雷军擅长的营销手法之一，而雷军作为一个拥有深厚互联网积淀的科技人士，自然不会放弃利用这一新型的营销手段。过去雷军每天发微博的数量控制在两三条，但在小米手机发布前后，他不仅利用自己的微博高密度宣传小米手机，还频繁参与新浪微访谈，出席腾讯微论坛，参加极客公园等活动。雷军的朋友们，包括过去雷军投资过的公司高管，如凡客 CEO 陈年、多玩网 CEO 李学凌、优视科技 CEO 俞永福、拉卡拉 CEO 孙陶然、乐淘网 CEO 毕胜等，纷纷出面唱多。

小米手机的新浪官方微博，小米公司的新浪官方微博，米聊的官方微博等一系列微博的建立，使得小米手机的很多内幕消息都是通过微博透露出来的。再通过无数的粉丝转发、评论，形成强大的关注度。这大大提升了小米手机在互联网上的曝光率，为小米手机的营销推广起到了积极的促进作用。

其实不仅是雷军，京东的刘强东，建外 SOHU 的潘石屹，华远地产的任志强都是精通此道的高手。他们在微博上不仅谈论着自己感兴趣的话题，也时不时地发布一些企业产品信息或者行业的内幕消息，而这往往能成为新闻媒体信息的重要来源。这些博主的企业也因他们的微博而备受关注。通过微博来营销自己的产品已经成为越来越多的企业的选择。

3. 网络新闻营销

网络新闻营销也是小米手机推广的重要手法。打开新浪、腾讯等综合类门户网站，人们总能发现关于小米和雷军的新闻报道。这一系列的新闻报道极大地提高了小米手机的曝光率。这些报道有些以访谈的形式出现，如雷军：

“小米”三到五年内不想盈利，雷军：我们正用互联网思想重造手机；有些以事件描述的形式出现，如：总数50万台，小米手机11日1点开始预售，小米手机第三批50万台告罄，小米又被抢空了；有些以媒体评论的方式出现，如雷军的挑战：小米手机能火多久？小米的梦想之慌，小小的米，大大的梦。我们不难发现，小米公司总能借助雷军的谈话或者产品销售的数字巧妙地制造新闻，然后把这些信息通过网络以新闻报道的形式传递给公众，这种新闻的方式有很强的官方性、权威性和迷惑性，相对于广告更容易被人们接受。显然小米公司在媒体公关方面着力颇多。

通过有效的网络新闻营销，小米的关注度迅速提升。小米刚发布的时候，百度指数是36万，而iPhone4S发布的时候百度指数是55万，就是说小米发布时候的热度达到了iPhone4S热度的2/3。百度指数是一个用以反映关键词在过去30天内的网络曝光率及用户关注度的指标。这个指标反映了一段时期内的用户关注度和媒体关注度。如此高的关注指数说明了小米在网络媒体的曝光率之高，以及人们对小米手机较高的关注度。

4. 论坛营销

论坛是小米粉丝的集中地，在这里发烧友不断地交流着各自的心得。小米通过有意识的引导、巧妙回复、适当公关培养了大批忠诚的粉丝，这群人成了小米手机最好的品牌推广者。小米的产品、品牌、企业形象、售后服务等得到了极大的阐释。

打开小米的论坛，我们看到小米的高层经常在论坛里与网友交流，公布产品信息，发布企业活动公告，透露花边消息。这在很大程度上激发了网友的热情。另外小米通过论坛迅速聚集了一批新产品的尝试人群，通过这群人对手机及米UI产品的试用，发现了用户的真实需求，并及时地改进了产品存在的问题。

5. 病毒式营销

网络视频的流行改变了网民传统的接受信息的方式，也改变了企业的信息传播方式，相对于单调的文字图片形式来说，视频能够给网民带来更多的视听享受。一个创意十足的视频短片的影响力丝毫不亚于一部制作精良的广告宣传片，但其在互联网上免费播放、免费传播的特性却是广告片无法比拟的。自百度的短片《唐伯虎篇》《孟姜女篇》在互联网上大肆传播后，越来越多的企业开始认识到了病毒式营销的价值。小米公司也不例外。

小米公司精心制作了大量的产品视频，发布在小米的官方网站及各大视频网站，这些视频极好地体现了小米手机的特性，对于激发消费者的购买热情起到了推波助澜的作用。病毒式的视频短片丰富了小米手机的展示方式，直观地阐释了小米手机的功能特征。这大大激发了网友对于小米的兴趣。

（四）独特的渠道设计

优秀的产品、良好的营销推广，都是小米手机成功的必要前提。但就像足球场上的临门一脚一样，如果不能做好最后一公里的工作，企业所有的努力都会前功尽弃。销售渠道是沟通企业与消费者的管道。这个管道铺设得好与坏，成本高与低，对于企业来讲有着至关重要的影响。

小米采用了在线销售的形式，产品的销售主要通过小米自己的官方网站进行销售（后续为中国联通定制了合约机），不设线下渠道。这样能最大规模地减少中间的渠道成本，大大降低价格门槛。以往消费者为手机付费时，价格=硬件成本+渠道成本+大笔营销费用+手机厂商利润。而小米手机的价格=硬件成本+少量网络营销推广费用+电子商务网站维护费用+利润。众所周知，品牌手机在到达消费者之前，经过层层传统渠道，其成本抬升低则一两百元，高则六七百元。企业产品的渠道费用往往占到了产品价格的30%~40%。而电子商务渠道的选择，则大大地削减了这部分费用。同时直接渠道也有利于企业及时了解用户的特征，建立用户数据库，做好后续的服务工作。小米采用在线直销的方式，是一种先进的销售模式，可以省掉几乎所有中间利润，直接回馈用户，让用户买到便宜实惠的东西。目前来看，这是最好的销售渠道，也是最适合小米的渠道。

二、小米手机发展需注意的问题

当然，小米手机面临的市场境况也不是一马平川，前有苹果、三星、HTC等强大的竞争对手，后有魅族、基伍、金立等追兵，技术不断进步、新产品不断涌现，消费者随时可能转移。只有锐意进取，不断提升自己的综合实力，才能在激烈的市场竞争中处于不败之地。小米在发展的过程中必须做好以下几点：

（一）网络监控

在Web2.0时代，网络已经成为企业危机公关的触发器与放大器，在网络的作用力下，精英媒体时代转向草根媒体时代，来自网络的企业危机一触即发。企业必须加强网络媒体监控，以加强自身网络危机公关能力。

小米手机的低价虽然迎合了手机发烧友的胃口，也仍然有钱可赚，但却得罪了众多手机厂商。雷军翻开了手机行业的成本底牌，也触碰了众多手机厂商的利润底线，因此必然遭到围攻。竞争对手会动用大量的网络水军来诋毁小米，也会利用一切机会发动对小米的攻击。因此小米必须要做好的就是网络监控工作，监控互联网上不利于小米的蛛丝马迹，尽可能地避免在搜索企业的相关人物与产品服务时出现负面信息。一旦发现负面信息，立即着手处理，不让事件扩大化。

（二）整合供应链

小米手机问世后，有很多人质疑小米是在进行饥饿营销，虽然雷军在多个场合予以否认，但小米手机产量严重不足却是不争的事实。小米手机第一批 30 万部手机用了将近 3 个月才完成发货，而最近一批 50 万部要完成发货则需要到 3 月底了。新产品不断涌现，技术进步的脚步越来越快，如果小米不能及时调整产能，很有可能会浪费大好的市场机会。因此小米公司有必要进一步整合供应链，提升产能。

（三）扩充产品线

雷军曾经表示学习苹果，每年推出一款产品。但这个思路在中国并不适用，目前小米手机所采取的是中国联通的 3G 制式，而中国联通的 3G 市场占有率只有 30% 左右，又由于联通所采用的 WCDMA 制式是目前最成熟的一种 3G 制式，因而这个市场存在着最激烈的产品竞争，苹果、三星、HTC、摩托罗拉、华为、中兴，都欲在这个市场上分一杯羹。要想取得更大的收益，小米必须开拓另外 70% 的市场，研发能满足中国电信、中国移动制式的 3G 手机（电信版的小米手机已经发布，但针对中国移动，小米表示暂不考虑），同时加快产品的更新换代速度，以适应瞬息万变的市场状况。

（四）改善物流环节

电子商务企业绕不过去的一个坎就是物流，物流又是影响用户体验的一个重要因素，这个环节做得好与坏，对于开展电子商务的企业有着至关重要的影响。小米开始把物流业务转包给凡客旗下的如风达，但这也成为众多小米粉丝诟病最多的内容之一，增加新的物流配送企业，提高物流速度及质量，增加物流覆盖区域，这是小米手机应着力展开的工作。

三、结语

小米手机从一出生就有着深厚的互联网背景，利用互联网进行推广，利用互联网进行销售。小米自己设计产品，然后进行营销推广，自己组织原料采购，只在自己的官方网站销售。控制产品设计、原料采购、订单处理，终端零售这些环节，把自己不擅长并且需要大量资金投入的产品生产和物流外包给其他公司，这正应和了著名学者郎咸平所提出的 M2C 的电子商务运营模式，这样有助于自己集中精力于产品和用户体验，同时也能有效地降低运营成本，提高产品的市场竞争力。当然，小米手机在营销中也应该注意网络监控、供应链整合、新产品开发及物流环节的改善。小米手机的成功营销为中国企业开展电子商务提供了新的思路，在人力资源成本不断上升、传统营销方式越来越不被消费者认可、互联网蓬勃发展的时候，我们需要更多小米这样的具有创新精神的企业，来引领中国企业开拓新的营销模式。

参考文献

[1] 雷军：我们正用互联网思想重造手机［EB/OL］. http：//tech. qq. com/a/20111219/000011. htm.

[2] 小米梦想之慌［EB/OL］. http：//tech. ifeng. com/magazine/detail_ 2011_ 12/30/11675665_ 0. shtml.

[3] 王宜. 赢在网络营销经典案例与成功法则（第 1 版）［M］. 北京：人民邮电出版社，2008（10）.

[4] 雷军：小米 3 到 5 年内不想盈利 绝非饥饿营销［EB/OL］. http：//tech. sina. com. cn/i/2012 - 01 - 04/09056598406. shtml.

[5] 雷军：小米全盘输掉概率已很低［EB/OL］. http：//tech. qq. com/a/20111230/000397. htm.

借势营销方式的新探索

郭　元①

内容摘要：文章从思维、策划、创意、时机、势能、价值、形象、新媒体八个角度，全方位对借势营销方式的本质和内涵等进行了新的探析和解读，并对准确运用借势营销方式提出了五点建议。

关键词：借势　创意　常态化　新媒体　自媒体

借势营销是众多营销方式之中的一朵奇葩，逐步得到了大多数企业的认同。常言道：小型企业重在“做事”，中型企业重在“做市”，大型企业重在“做势”。在中小企业之间、大企业之间，借助天时地利人和，适时相互借势，树下借荫，早已形成气候，势如破竹。借势营销已经成为企业，尤其是中小企业塑造品牌、提升形象、快速发展的强心剂和催化剂。

一、借势营销乃企业运营新思维

借势营销是指企业实时捕捉社会热点或公众关注的焦点事件等，借助其轰动效应，把企业自身元素创造性地融入其中，在社交媒体中所开展的各种传播或经营活动。

（一）借势营销呈现常态化

企业在经营活动中，越来越重视借势营销方式的采用和创造性的发挥。借势营销因其成本低、操作简便、实时性强等特点，受到了中小企业普遍关注和认同。企业恰当地开展借势营销活动，其实质是一种社会资源的优化利用和价值再造。借势营销是一种新的营销方式，承载着现代企业的新型营销思维，是现代企业利用社会化媒体催生的一种常态化营销态势。

（二）借势营销蕴含新思维

借势营销思维蕴含着资源思维、机遇思维、创新思维、策划思维、价值

① 郭元（1965—），硕士，副教授，研究方向：市场营销与创业。

思维等元素，它是市场营销传统思维模式的一种新突破；在一定程度上它是对市场营销传统观念的一种拓展；它是网络信息时代“互联网 +”创新理念之下的一种新的思维形态，即“互联网 + 势能”形态；它体现的是网络信息化时代的一种“借来主义”思维新模式。

二、擦边借势，巧用资源精心策划

策划能够强化营销活动宣传元素的视觉冲击力，涉及传播平台的构建、互动形式的确定、互动内容的设计等多个环节，以便提高借势的档次，最大限度地发挥借势搭车的效果。

（一）策划乃借势营销之魂

策划是一种展示创造力量的艺术。企业如果要借鸡生蛋，借船出海，就需要企业实施精心的策划活动。不论企业的投资额是多少，不论企业采取的是短期操作还是长线投入，顺势搭车的效果主要取决于企业的策划水平，策划借势活动的关键在于如何围绕企业的经营目标而展开，拉动终端产品的销售，促使线上的借势活动在线下落地，不可逆势而动。借势策划体现的是一种智慧，呈现的是“只能意会，不可言传”的一种意境。

（二）策划及优化资源造势

借势营销的“势”是一种宝贵的再生资源，巧妙借势即善于利用其他企业的资源造势。借他山之石以攻己之玉，借名企的威望壮大自己的声势，其实质是势能资源的一种合理分享。企业采用借势营销方式，多半采取打擦边球等手段借火取暖，才能使其达到剑走偏锋的艺术效果。

比如，在 20 世纪 90 年代，马季曾在央视春节晚会上表演了一段单口相声，节目的名字是一个并不存在的香烟品牌：“宇宙牌香烟”，节目的风格新颖别致，收视效果极佳。晚会结束一段时间之后，黑龙江省和山东省的两家卷烟厂突发奇想，不谋而合地策划并生产出了各自的“宇宙牌”香烟，借助“春晚”的传播力和消费者的好奇心和联想力，使得产品的销路畅通无比。

三、新奇创意乃借势营销之命门

创意是借势营销的生命，创意的核心就是创造激发点和兴趣点，新奇的创意来自灵感，企业的借势营销就是把新奇的点子与社会热点或亮点事件捆绑、嫁接在一起，创造性地激发出消费者关注的兴趣点和闪光点，以此吸引消费者的眼球。

（一）创意文案构思巧妙

创意文案要能够构建出具有关联性的创意主题，构思巧妙、顺理成章，容易使人产生联想。创意文案所表达的内涵是由创新元素的奇特组合来实现的，契合点的设计要有新意，做到天衣无缝、不留痕迹，借势传播的引爆点设计得要恰到好处，使其借势效果自然天成。

（二）创意图文感悟智慧

借势营销方式重在原创和创新。借势营销不是简单的效仿与跟风，也不是简单地借题，其重点在于发挥。企业营销者需要运用智慧去挖掘能够引起消费者共鸣的元素，以新颖且具亲和力的方式与“势源”融合，博得消费者的关注。企业借势活动所嵌入的各种创意元素都能给消费者带来一种悟性或者一种意境。

四、审时度势捕捉时机转成商机

社会事件中各种可借之势的价值对企业而言无比珍贵，且增值空间很大，但却经常稍纵即逝。在捕捉可乘之势的同时，还要适时促其转化成商机，借此为企业的营销活动提气。

（一）借势营销重在把握时机

借势营销的关键点是抓住有利时机，敏锐捕捉社会热点，以及大众关注的焦点，趁热打铁、趁机借势，以防贻误商机。借势重在抢占先机、先声夺人，稍有怠慢，可能就会错失良机，机不可失、时不再来。机会就像窃贼一样，来时无声无息，走时让你刻骨痛惜。俗语说得好，“过了这个村，就没了这个店”，机会难得并稍纵即逝，把握时机是借势营销的重中之重。

（二）适时促进时机转为商机

借势营销需要企业审时度势、因势利导，见缝插针、见机行事，重在打短平快，适时把时机转化为商机，提高“势能”的转化率、利用率、增值度。比如，在高考季，某些出租车公司为考生开展“专车爱心送考”的借势活动，以此为公司树立了良好的亲民形象。再如，某些教育培训机构借时令之势，顺势而为，在寒暑假为学生开展课程辅导或应试培训活动；某些商家经常不失时机地在开学季，为学生强势推出文具、手机、书包、服装等学生用品，趁机销售。

五、借势营销提升品牌形象颜值

借势营销方式是企业推广新产品、塑造企业品牌形象、扩大企业品牌知名度的首选营销方式，以此增加企业形象的颜值，既提升了企业品牌的软实力，又打造出企业品牌的硬实力。

（一）借势塑造企业品牌形象

借势营销能使企业借助外力应势而起，使品牌的能量蓄势待发，使品牌形象的传播势不可当，使企业及其产品的品牌颜值元素比如商标、LOGO 标志、术语、符号、图案等更加凸显和清晰，使企业的 VI（Visual Identity）视觉识别系统更具传播力和感染力，进而增加企业品牌无形资产的价值。同时，开展借势营销活动的附加功能就是随时向消费者展示企业的“存在感”，增加品牌曝光度，强化企业在消费者心中的印象。

（二）借力提升企业品牌声誉

新研发和新上市的产品相对而言比较势微，企业需要借篷使风，挖掘产品的潜在价值，提高产品的关注度和知名度，增加产品的销售量。面对市场白热化的竞争形势与态势，企业需要借风使船，顺势提高品牌的曝光度和美誉度。

比如，蒙牛乳品企业利用借势营销方式树立企业品牌声誉：企业最初制定的口号是“向伊利学习，为民族工业争口气”，主打“第二”品牌形象，反而大幅度地提升了自己品牌的内涵价值，继而成为与伊利并驾齐驱的中国乳业双雄品牌之一。

六、借势营销依托于社交新媒体

新媒体包括社交媒体（社会化媒体）和自媒体，传播的信息具有即时性、交互性、自发性、海量性等特点，凭借网络推手和段子手的娱乐化传播手段，逐渐催生了粉丝经济和眼球经济的形成。

借势营销方式是企业借助新媒体的网络技术、移动技术、数字数码等技术，依托互联网、移动互联网、无线通信网、有线网络等信息渠道，借助电脑、智能手机、数字电视机、数码产品等终端平台而开展的，粉丝参与度较高的新型营销活动。

企业除了借助传统媒体，比如报纸和杂志等平面媒体、电视和广播等视听媒体外，主要借助网站、博客、播客、微博、微信、视频、论坛、邮箱等新媒体元素开展借势营销活动，吸引消费者或粉丝的眼球，进而为企业扬名，借此赋予企业品牌丰富的职业伦理内涵和社会道德品位。

七、结束语

总之，借势营销方式是一把双刃剑，它既是新媒体传播手段之下的一种低成本、高效益的营销方式，又是一种蕴含风险的营销活动。其一，企业要找准“势能”的借势角度和切入点，有效规避风险。其二，对灾难、灾害、宗教等事件的借势一定要慎重，最好制定一个周密的策划方案。其三，企业借势与借力要有理性，不要盲目跟风，不要借机炒作或者作秀。其四，企业开展借势营销活动，要积淀“识势”的借势能力和功底，使之恰到好处，尽善尽美。其五，企业采用借势营销方式开展活动，要讲究职业伦理和职业道德，遵守国家相关法律。

参考文献

［1］刘倩倩．新媒体时代借势营销在品牌传播中的应用［J］．新媒体研究，2016（6）：57－58.

［2］张灿．品牌搭载热点事件在新媒体平台借势营销案例探究［J］．传播学研究，2015（5）：25－29

［3］谭小芳．借势营销：企业提升知名度的道与术［J］．现代企业文化，2012（3）：68－70.

本文系2015年度民办教育发展促进项目—服务区域经济社会发展项目（教育教学改革）—北京吉利学院大学生科研训练项目—课题“市场营销方式的新探索”的部分研究成果。

冷链物流设备供给在生鲜电商行业中的发展研究

王　巍①

内容摘要：冷链物流是生鲜电商发展的关键因素之一，通过对顺丰优选等生鲜电商开展调研，对其冷链物流概况、冷链物流设备供给情况进行研究，详细总结了目前生鲜电商市场下冷链物流设备供给存在的问题，并提出相应的解决措施，以帮助冷链物流更好地发展，满足逐步扩大的市场需求。

关键词：冷链发展　生鲜电商　设备供给

一、生鲜电商环境下，冷链设备分析

（一）包装用冷链设备

生鲜食品要求在贮运过程中保持低温和新鲜状态，因此需要对物品进行有效包装，以保持规定低温和稳定湿度。目前企业经常用到的包装设备和材料有：①EPP箱；②冰板、冰袋；③锡箔纸；④普通泡沫箱。

1. EPP 箱

EPP箱以比重轻、耐温能力强、缓冲性能好和100%回收利用等特点，深受广大电商企业的喜爱，但是它的成本较高，一个EPP箱大概70元左右；可清洗可回收也是它的优势，但需要找专门的供应商来进行清洗，成本还是降不下来。

2. 冰板、冰袋

一块冰板20～30元，一个冰袋2～5元，冰板和冰袋在贮运期以相对低温维持生鲜硬度。冰板对生鲜食品的保鲜效果与其他材料的特性是一致的，升温环境吸收热量，转移能量，此过程近似等温环境，因此可以反复使用以降低成本。冰袋包装简易，吸热过程发生物理变化，使保温效果下降，一般不回收。

---

① 王巍（1980—），女，硕士，讲师，主要研究方向：物流与供应链管理。

3. 锡箔纸

密封辐射层能辐射环境热量和屏蔽保温箱内冷源，从而延长保温箱的保冷效果，但一般不回收。

4. 普通泡沫箱

单价十几元，其中泡沫材料本身传热性能低，泡沫材料中的微孔阻止了空气流通所形成的对流热传导作用，能较好地起到保温作用，但是保温时效较短，一般4～5小时，并且由于材质原因不回收利用。

贮运环境温区不同显著影响生鲜产品的新鲜度，如低温地区，应用EPP箱+冰块组合，可满足冷链包装快运需求。其中EPP箱按规格不同可组合不同数量的冰板，EPP1号箱+1块冰板，EPP2号箱+2块冰板，以此类推，EPP箱和冰板都可回收利用。高温地区，在EPP箱+冰板组合基础上，增加锡箔辐射层隔热处理。

以上包装设备和材料都可根据实际需求进行组合和调整数量以保证生鲜到货品质，但如何降低包装成本却是生鲜电商们考虑的最大问题。

（二）运输用冷链设备

冷藏车作为冷链运输中主要的设备，其车厢生产工艺经历了三个阶段，①整体注入发泡金属蒙皮结构；②整体注入发泡玻璃钢结构；③全封闭聚氨酯板块粘结玻璃钢结构。其中发泡玻璃钢结构和聚氨酯玻璃钢结构在第二代和第三代冷藏车制造企业均有使用。两者都有导热系数低、保温效果好的作用，但前者存在粘结不牢、车厢外蒙皮易咕泡的问题，后者存在材料成本高等问题。

很多生鲜电商定制冷藏车，如顺丰优选，定制南京依维柯作为冷藏车，压缩机制冷，车厢内有冷藏、冷冻两个分区，根据生鲜产品温度要求分区贮运，保持其新鲜度。2010年我国冷藏车保有量不足2万辆，而到2015年我国冷藏车已接近9万辆。伴随着冷藏车的增多，高耗能、高污染等问题凸显出来，并且随着冷链需求的加剧，这一数据将会逐年增大。冷藏车的污染问题带来的社会效应和冷藏车厢生产成本居高不下，又是电商们考虑的一大问题。

（三）储存用冷链设备

冷库是冷链物流体系中不可或缺的一环，也是重要的基础设施。冷库是通过制冷设施的热交换，使该空间内的冷藏食品保持稳定低温以达到保鲜或冷藏目的的仓储系统。冷库一般按温度差别设置不同温区，如顺丰优选就设置常温库 0～30℃，恒温库 15～18℃，冷藏库 8～10℃，冷冻库 0～8℃、-80℃和-60℃。

食品保鲜主要凭借食品冷藏链，将易腐肉类、水产品、果蔬等通过预冷、加工、贮存和冷藏运输，最大限度地保持原有食品的色泽、营养成分及口感，达到食品保质保鲜，延长食品保存期的目的，起到调剂淡、旺季市场需求并减少生产与销售过程中经济损耗的作用。

二、冷链设备供给发展问题

（一）包装设备和材料首先面临的是成本问题

它们的成本组合是这样的，一个 EPP 1 号箱+1 块冰板（70 元+20 元），一个 EPP2 号箱+2 块冰板（70 元+40 元），有的生鲜食品需要加裹锡箔辐射层，这样一个包装设备和材料成本最低都要在 90 元以上，不过 EPP 箱和冰板都可回收利用，但回收之后需要专门的供应商清洗才可再次利用，清洗费用也间接地计入包装设备成本中。但有些包装设备和材料是不回收的，如普通泡沫箱+冰袋（12 元+2 元），这种包装组合由于材质和回收成本等问题并不回收利用，不仅造成污染浪费，还会抬高成本。

以上所提到的包装组合在一、二线大城市的冷链配送中经常出现，但在三四线中小城市和乡镇地区，生鲜产品的贮运过程还停留在使用泡沫箱、纸箱加水冰等落后的保鲜、降温设备上，有的甚至不放冰块降温，导致大量的生鲜产品损耗率很高，这主要归结于乡镇原产地和小电商们承担不起如此高昂的包装成本。而大生鲜电商们就在盈利吗？他们有的凭借雄厚的资本和借助自有的物流网络而侥幸存活下来，其余没有屏障的生鲜电商平台都在亏损甚至倒闭。似乎是这样一个怪圈，生鲜电商们看谁财力雄厚能拼到最后，剩下的几个再来瓜分市场。

（二）乡镇型原产地、生产加工企业、批发市场等关键物流节点缺少相应的冷冻冷藏设备，冷藏车没有形成冷链物流的高效运转体系

如采用普通货运车运送生鲜产品，会导致生鲜产品损耗严重。另外，在一、二线大城市，冷藏车能较好地完成同城冷链配送，但要求跨区、跨省服务，没有完善的物流基础设施和配套的保障体系，没有完备的物流设备和技术，实现生鲜跨省运输较难。同时，冷藏车随着使用年限加长，制冷效果变弱，长期不注意冷藏车箱体内卫生，也是造成制冷效果下降的主要原因。对

于此种情况，需定期对冷藏车进行检查和保养。在大力倡导发展冷链宅配设备和定制冷藏车的同时，也要关注它的低碳经济发展，冷藏车高耗能、高污染问题也需关注。

（三）冷库分析

随着生鲜电商的规模发展，冷链业务市场将加速发展，在行业快速发展的前提下，零售业务将占据更高比例。冷库产业也将迎来一个全新的发展阶段。发达国家把产后贮藏加工保鲜放在农业的首要位置，如美国农业投入30%用于生产，70%用于产后加工保鲜，意大利、荷兰农产品保鲜产业化率为60%，而日本则大于70%。产后产值与采收时自然产值比，美国为3.7：1，日本为2.2：1，而我国仅为0.38：1。大量的初级农产品几乎都是以原始状态投放市场的，因此损耗率很高。例如中国果蔬的损耗在25%～30%，而美国只有1.7%～5.0%，由此可见我国农产品的保鲜加工具有很大的经济潜力。

三、借鉴国外经验，根据本国国情突破冷链设备供给瓶颈

（一）城镇化成为冷库发展的催化剂

中国每年的易腐食品损耗率高达20%～30%。随着城镇化的加速推进，易腐产品的消费量在城镇的比例已高达76%。中国国家人口和计划生育委员会表示，2011年至2015年期间，城镇人口将突破7亿人，人口城镇化率将超过50%（2009年中国城镇化率为46.6%）。城镇人口对生鲜产品的需求将刺激冷库基础建设的大量投资。

（二）当地政府支持，加大生鲜冷库补贴力度

2015年，山东、福建、河南、山西等地政府都加大了对农产品的补贴力度，开始在乡镇为农民进行微型和小型冷库安装。冷库补贴额根据地区不同，补贴额也会有出入，以所在地为主。冷库补贴价格是按照5档进行划分，分别为50立方米以下，50～100立方米，100～200立方米，200～400立方米，400立方米以上，申请冷库补贴的对应单位是当地农业局。

制冷设备市场调查报告显示，冷库补贴金额分为很多项，不同地区的价格不同，其中可以申请的金额有中央补贴额、省补贴额、市补贴额、县补贴额这四大类。目前多数省份只是有中央补贴额，地方省市地区没有设置，具体情况要根据当地政府支持为准。

（三）注重技术突破，加强冷链设备的技术研究从而降低成本

在包装设备和材料技术方面，EPP 箱无疑是目前为止比较先进的贮运设备，可回收利用是一大亮点，下一步可将回收后的 EPP 箱由电商企业自行清洁，无须由专门的供应商清洁，这样简单方便、节省成本。另外，生鲜电商的着重关注点在生鲜产品的快运上，所贮运的产品大多都是标品，如顺丰优选。标品也可以降低成本，如制作标品的包装设备、真空快速冷却机、气调保鲜包装机、YC－BZ 系列真空包装机、熟食隧道式制冷机等，可通过提高技术水平适当降低标品的成本，这样既可以使电商企业降低成本，也可避免农产品原产地采摘后初级农产品直接投入市场。

在储藏技术装备方面，积极采用自动化冷库技术，包括贮藏技术自动化、高密度动力存储（HDDS）电子数据交换及库房管理系统，其贮藏保鲜期可比普通冷藏延长 1～2 倍。气调贮藏是当代最先进的可广泛应用的果品贮藏技术。英国的气调贮藏能力为 22.3×104 吨，法国、意大利、荷兰、瑞士、德国等国也在大力发展气调技术，气调苹果平均达到苹果总数的 50%～70%。

在运输设备技术方面，冷藏运输技术经历了公路冷藏运输、铁路冷藏运输、水路冷藏运输发展到冷藏集装箱多式联运。冷藏运输目前朝着多品种、小批量和标准化、法规化的方向发展，节能和注重环保将是冷藏车技术发展的主要方向。铁路运输在易腐品运输中占有重要的地位，铁路易腐品运输的运量占总易腐品运输量的 55% 左右。欧洲于 20 世纪 70 年代开始实行冷集箱与铁路冷藏车的配套使用，克服了铁路运输不能进行“门到门”服务的缺点，大大提高了铁路冷藏运输的质量。

参考文献

［1］周路菡．生鲜电商布局：如何破解冷链物流短板［J］．新经济导刊，2015（4）：60－65.

［2］蔡宋宋，韩澄，廖甜甜，高勇，姜惠铁．生鲜电商冷链物流包装技术研究［J］．北方园艺，2015（19）：122－125.

［3］李作聚．生鲜电商冷链物流发展模式、问题与思路［J］．中国物流与采购，2013（24）：76－77.

［4］思雨．看国外冷链物流系统的先进经验［J］．中国食品，2015（12）.

[5] 徐超彦，范卫民．从冷库视角看国内冷藏车发展未来前景［J］．专用汽车，2015（11）．

[6] 范凤敏．冷冻冷藏压缩机企业：修炼内功，寻求机遇［J］．制冷与空调，2016（1）．

[7] 夏威威，汤奇．我国连锁超市冷链体系存在的问题及发展建议［J］．中国证券期货，2013（9）．

本文系“2015 年北京市教委提高人才培养质量项目——大学生科研训练项目”课题（课题编号 16）。